Der heilige Ort

Der heilige Ort

*Vom Naturtempel zum Sakralbau:
Wie die Menschen das Heilige
in der Natur entdeckten*

Paul Devereux

AT Verlag

Für Mike, Jean, Karen, Andrea und Patrick Horsbrough

Paul Devereux – Der heilige Ort
Herausgegeben von Lara Mallien und Johannes Heimrath

Übersetzung aus dem Englischen: www.humantouch.de

Die Originalausgabe dieses Buches ist 2000 im Verlag Cassell & Co., London, erschienen.
Copyright für Text und Fotos © 2000 Paul Devereux.

Für die deutschsprachige Ausgabe:

© 2006
AT Verlag, Baden und München
Fotos: Paul Devereux, sofern nicht anders angegeben
Satz: www.humantouch.de
Druck und Bindearbeiten: Westermann, Zwickau
Printed in Germany

ISBN 3-03800-227-5
ISBN 978-3-03800-227-7

www.at-verlag.ch

Schutzumschlag: Das Bild zeigt einen unberührten heiligen Ort der Sioux-Indianer. Die Flechten auf dem Quarzitgestein bilden eine Art Landkarte der Anderswelt. Die Aufnahme stammt aus der Prärie im Blue Mounds State Park, Minnesota, USA. Die Prärie war einst Nordamerikas größtes Ökosystem; heute existieren noch 1% der ehemaligen Fläche. (Jim Brandenburg)
Frontispiz: Die Sonnenpyramide von Teotihuacan, Mexiko, von der Mondpyramide aus gesehen.

Inhalt

DANKSAGUNG	6
VORWORT	7

1 Das alte Bewusstsein — 9

ORTSBEWUSSTSEIN — 11
- *Die innere Landkarte* — 11
- *Ort und Gedächtnis* — 14
- *Der andere Raum* — 16
- *Zeitenwechsel* — 17

DER HEILIGE ORT — 19
- *Der Geist des Orts* — 20
- *Die Natur heiliger Orte* — 22
- *Die Vielfalt heiliger Orte* — 26
- *Gesichter der Natur* — 29
- *Mittelpunkte der Welt* — 32

ZUSAMMENFASSUNG — 40
- *Evolution und Pluralität* — 41

2 Naturplätze, frühe Zeichen — 43

ERSTE ZEICHEN — 49
- *Wo man opfert* — 51
- *Orte im Wandel* — 54

FELSKUNST — 58
- *Südafrika* — 62
- *Nord- und Südamerika* — 64
- *Australien* — 69
- *Die paläolithischen Höhlenmalereien* — 72
- *Das atlantische Europa* — 76

NATURHEILIGTÜMER — 87
- *Ritualhöhlen* — 87
- *Heilige Gipfel* — 96
- *Verehrte Bäume* — 102
- *Wasser des Lebens* — 108

Danksagung

Mein besonderer Dank gilt Damian Walter, dem guten Geist bei meinen Bibliotheksrecherchen. Ich danke der Lifebridge Foundation in New York für die Möglichkeit, im Rahmen der fortlaufenden Förderung eines Projekts zu den heiligen Orten reisen, sie untersuchen und fotografieren zu können. Einige der dabei entstandenen Aufnahmen sind im Buch wiedergegeben. Ich bedanke mich bei Peter Walker für seine wunderbare Hilfe in Manitoba; bei meinem Sohn Solomon für seine Unterstützung in Mexiko; bei meiner Frau Charla für ihre Begleitung bei abenteuerlichen Feldforschungen in Kreta; und bei Richard Bradley dafür, dass er einer der weitsichtigsten und inspirierendsten Archäologen seiner Generation geworden ist.
Die meisten Fotos in diesem Buch stammen von mir selbst, andere Quellen sind bei den Bildern genannt. Ich danke allen Personen und Institutionen, die zu diesem Buch beigetragen haben. Wegen ihrer besonderen Hilfsbereitschaft und Großzügigkeit will ich namentlich nennen: Stuart Abraham, Chris Ashton, Richard Bradley, Thomas Dowson, John Glover, Brian Larkman, Robert Wallis und David Whiteley.

Richard Bradley

3 Geisterfelsen, heilige Steine — 113

DIE ERSTEN STEINE — 117
    Stückchen von Orten — 117
    Magische Spuren — 119
    Der Geist im Stein — 126
LICHTSTEINE — 128
    Quarz und Felskunst — 130
ORTE DES ERINNERNS — 132
    Welchen Weg weist der Stein? — 132
    Kreise ziehen — 134
HIMMEL UND STEINE — 136
    Schattenspiele — 140
HERR UND FRAU STEIN — 141
    Auftritt der Damen — 142

4 Landschaften der Seele — 145

DIE HEILIGE GEOGRAFIE DER STEINZEIT — 148
    Gräber mit Perspektive — 148
    Berge der Mutter — 157
    Verlorene Horizonte — 160
    Seltsame Wege — 165
TEMPEL IN DER LANDSCHAFT — 168
    Minoische und griechische Tempel — 168
    Gebaute Berge — 172
    Das Reine Land — 175
VON SCHAMANEN UND KÖNIGEN — 176
    Eine Landschaft für den König — 176
    Parallelwelten — 178
    Landkarten des Unsichtbaren — 180

EPILOG — 184

LITERATURVERZEICHNIS — 185

REGISTER — 189

Vorwort

Dieses Buch zeichnet mit breiten Strichen den Wandel des heiligen Orts nach: vom unveränderten Naturplatz in der Landschaft über die ersten Ausschmückungen solcher Orte durch den Menschen bis hin zur vollständigen Monumentalisierung und dem Bau von Tempeln.

Man darf Buch als Versuch einer »Naturgeschichte des heiligen Orts« verstehen – wenn auch nur bis zu einem gewissen Punkt. Es lag nicht in meiner Absicht, den gesamten Bogen von den natürlichen Ursprüngen des heiligen Orts bis zu den modernen Weiheorten zu verfolgen. Im Gegenteil: Mein Fokus liegt auf den Zeiten, als Heiligkeit noch erdgebunden, ja ortsgebunden war, als sich das Verhältnis zwischen dem So-Sein des physischen Orts und der Erfindungskraft des Menschen noch in einem gewissen Gleichgewicht befand. In den letzten Jahrtausenden ist diese Balance zunehmend in eine Schieflage geraten. Während die Vorstellung davon, was Heiligkeit bedeutet, immer komplexer, immer stärker mental konstruiert und an Dogmen gebunden wurde, hat sich die Religion zunehmend vom Ort abgewandt. Die modernen Weltreligionen mögen sicherlich ausgefeilte Konzepte über ihre Spiritualität haben, doch über die Heiligkeit, die Orten innewohnen kann, wissen sie nicht mehr viel. Ihrer Gottheiten sind in der Regel »nicht von dieser Welt«. Im Bewusstsein der alten Zeit aber wären die Orte, an denen wir heute leben, nur seelenlose Landschaften. Das vorliegende Buch widmet sich einer kleinräumigeren, im Wortsinn überschaubaren Spiritualität – dem alten Ortsbewusstsein, das den heiligen Ort erkennt. Es beginnt mit der noch ungetrennten Einheit zwischen dem Menschen und der Natur und endet an dem Punkt, wo dem Menschen die Bewusstheit dessen, Teil der Natur zu sein, entschwindet und seine Monumente aufhören, sich auf ihre natürliche Umgebung zu beziehen – wo sie aufhören, die alten Orte, an denen sich die Heiligkeit der Natur zeigt, zu würdigen.

Diese Geschichte folgt keiner Zeitachse, denn der Wandel vom Naturheiligtum zum Kultbau war keine geradlinige Angelegenheit. Er vollzog sich auf der ganzen Welt zu unterschiedlichen Zeiten auf unterschiedliche Weise, und in einigen Kulturen fand er überhaupt nicht statt. Selbst zu Zeiten, in denen man bereits Monumentalbauten und klassische Tempel errichtete, wurden die heiligen Naturplätze nach wie vor aufgesucht. Deshalb muss jeder Versuch, die Geschichte des heiligen Orts als einigermaßen kohärentes Phänomen nachzuzeichnen – worum sich dieses Buch durchaus bemüht – immer zu einem gewissen Grad künstlich erscheinen. Diese Herausforderung habe ich mit einer in vier Aspekte gegliederten Herangehensweise zu lösen versucht. Der erste, einführende Teil wirft einen umfassenden Blick auf die Natur des heiligen Orts. Indem er psychologische, wahrnehmungsbezogene, kulturelle, archäologische und ethnologische Aspekte beleuchtet, bildet er sozusagen die theoretische Matrix des Themas. Die drei nachfolgenden Teile des Buchs eröffnen dann einen an den Fakten orientierten Blick auf die drei weit gefassten Themenbereiche, die mir für eine abgerundete Darstellung der vielfältigen Aspekte des heiligen Orts geeignet erschienen: Es geht, erstens, um Kultorte in der Natur und die ersten Anzeichen ihrer Überformung und Ausschmückung durch den Menschen; zweitens setzen wir uns mit der Verwendung von großen Steinen – Megalithen – im Prozess der Monumentalisierung der heiligen Orte auseinander; und drittens betrachten wir die Verschmelzung von natürlichen und künstlich geschaffenen Kultorten zu einer heiligen Landschaft, einer sakralen Geografie.

Nehmen wir uns also eine kleine Auszeit vom Getriebe der modernen Welt und kehren wir für eine Weile an die heiligen Orte unserer Ahnen zurück. Indem wir die Bruchstücke unserer vorgeschichtlichen Vergangenheit zusammentragen, mag es uns gelingen, uns selbst zu sammeln – und zu finden.

1

Das alte Bewusstsein

»Ein Megalith in ländlicher Kulisse, in Feldern oder Wäldern, schafft immer eine besondere Atmosphäre und prägt sie durch sein Wesen. Ein und dasselbe Grabmal ändert und wechselt seinen Charakter je nach Witterungsverhältnissen, Beleuchtung und Jahreszeit. Die Qualität des Orts wiederholt sich nie.« Christopher Tilley

Der Lanyon-Quoit-Dolmen in Cornwall, England.

1 Das alte Bewusstsein

Heilige Orte sind keine Massenware aus dem Supermarktregal: »Greifen Sie zu: hier – die heiligen Orte, dort – unser breites Angebot an nichtheiligen Orten!« Heilige Orte lassen sich nicht etikettieren wie Konservendosen. Sie entspringen einem komplexen Wechselspiel zwischen dem physischen Ort und menschlichen Bewusstseinsprozessen, das vor dem Hintergrund kulturell bedingter Glaubenssysteme und Wahrnehmungsweisen abläuft. Wollen wir das Konzept des heiligen Orts verstehen – genauer: des historischen heiligen Orts, der Gegenstand dieses Buchs ist – müssen wir herausfinden, wie unsere Vorfahren Heiligkeit empfunden und erfahren haben und wie sich diese Erfahrung in der physischen Geografie manifestierte. Die Beschäftigung mit diesem eigenartigen Wesenszug des vorgeschichtlichen Menschen führt uns zu heute kaum noch für bedenkenswert erachteten Vorstellungen. Denn die moderne Welt meint mit »Ort« oder »Stätte« lediglich einen Standort. Sie degradiert die Begriffe auf die Bedeutung, wo sich etwas befindet oder wo etwas im Wortsinn »statt«-findet.

Der Wert eines Orts wird heute auf die Wirtschaftlichkeit, die Besitzverhältnisse oder den schieren Nutzwert reduziert. Auf kultureller Ebene kennen wir keine Orte mehr, die wir ihrer selbst wegen schon als heilig ansehen. Selbst

Eine Aura des Heiligen: Der seltsame konische Hügel Glastonbury Tor in den stimmungsvollen Somerset-Levels muss immer schon einen Sinn für das Heilige in den Menschen erweckt haben – nicht umsonst nannte man ihn »Holyest Earthe« (heiligste Erde). Schon die Steinzeitleute bestiegen ihn. Man brachte ihn mit dem Feenkönig und keltischen Unterweltgott Annwn sowie mit dem Artus-Mythos in Verbindung. Noch heute ist der Tor mit seiner Kirchenruine ein bedeutender Pilgerort für Christen wie für New-Age-Jünger.

wenn wir heute eine Kirche, eine Moschee, einen Tempel oder eine andere für heilig gehaltene Kultstätte errichten, werden solche Gebäude nur selten aufgrund eines spirituellen Imperativs platziert. Sie stehen zufällig dort, wo sie eben sind, ohne dass wir weiter darüber nachdenken.

Eine weitere Schwierigkeit bei der Beschäftigung mit historischen Sakralorten ist, dass der Geist der alten Zeit, aus dem heraus sie entstanden sind, und die Empfindungen, die Wahrnehmungsweise und das Weltverständnis der frühen Menschen von ganz anderer Art waren als der moderne Zeitgeist. Die alten heiligen Orte gehören zu Völkern, Überzeugungen, Traditionen, Religionen und Ritualen, die heute nicht mehr existieren. Diese Einleitung will jedoch zeigen, dass wir wenigstens bis zu einem gewissen Grad lernen können, die alten Wege des Geistes wiederzuerkennen.

Zwei Hauptfaktoren bestimmen ein grundsätzliches Verständnis von heiligen Orten: erstens die physischen Eigenschaften und Qualitäten solcher Stätten; zweitens die Geisteshaltung, in der solche Orte als heilig empfunden wurden. Der heilige Ort ist aber weder Örtlichkeit noch Bewusstseinsfokus allein, sondern die Summe aus beidem.

Bestimmte heilige Orte konnten ihre sakrale Aura bis heute bewahren, und zwar schlicht dewegen, weil unsere Sinne auf sie genauso reagieren wie die unserer Ahnen. Damals wie heute werden wir dort in unserer Spiritualität berührt, denn selbst wenn unser Denken heute anders geprägt sein mag als das unserer Vorfahren, blieb doch ein Großteil unserer Hirnfunktionen und psychologischen Erfahrungen über die Zeitalter hinweg unverändert. Haben wir womöglich ein angeborenes Bedürfnis, Orte als bedeutungsvoll zu erfahren? Das würde erklären, warum sich so viele Menschen zu den kraftvollen sakralen Orten des Altertums hingezogen fühlen. Die innere Begegnung mit einem solchen Ort schenkt uns Erholung von der erbarmungslos verweltlichten Geografie der modernen Welt. Manchmal brauchen wir Urlaub für die Seele – und nicht nur für Körper und Geist.

Im ersten Teil des Buchs werden wir uns nun eingehender mit diesen Themen beschäftigen, sozusagen als Vorbereitung auf eine ausgedehnte Expedition zur Erforschung des Wesens des heiligen Orts. Wir wollen untersuchen, wie sich das Heilige in der Natur manifestiert und wie es sich in der menschlichen Kultur konkretisiert.

Ortsbewusstsein

Ein Ort bezieht also seine sakrale Dimension bereits aus seiner Interaktion mit dem Denken, Fühlen und Begreifen des Menschen. Meist vergessen wir aber, dass wir sämtliche Orte auf diese Weise wahrnehmen – ein Prozess, den wir eher erfahren als dass wir darüber nachdenken. In diesem Sinn beschreiben STEPHEN FELD und KEITH BASSO (1996) das Phänomen »Ort« als »eine gewaltige Fusion von Selbst, Raum und Zeit«.

DIE INNERE LANDKARTE

Warum kommt uns ein vertrautes Zimmer so vertraut vor? Anders gefragt: Warum wissen wir sofort, dass während unserer Abwesenheit die Möbel verrückt wurden? Hinter der scheinbar naheliegenden Antwort, »weil wir uns daran ›erinnern‹, wie der Raum zuletzt ausgesehen hat«, verbirgt sich ein komplexer Prozess. Jedesmal, wenn wir einen Ort betreten, ob in einem Gebäude oder im Freien, fertigt unser Gehirn buchstäblich eine Landkarte des Wahrgenommenen an, gewissermaßen eine *Mindmap*. Die Gehirnforscher JOHN O'KEEFE und LYNN NADEL (1978) haben festgestellt, dass diese kognitive Kartierung hauptsächlich in der Gehirnstruktur des Hippocampus stattfindet. Dort werden die mentalen Landkarten unserer Handlungsräume laufend aktualisiert, wodurch uns die Veränderungen in unserer Umwelt bewusst werden. Ergänzend zu diesem grundlegenden Prozess der Informationsverarbeitung tragen weitere Eindrücke zu unserem Ortssinn bei. Unser mentaler Archivar hat die Aufgabe, alles Wissen, das in unserer Erinnerung über den Ort, an dem wir gerade sind, gespeichert ist, hervorzukramen. Handelt es sich um einen Baum: Kennen wir seinen Namen? Ist es ein Gebäude: Was wissen wir über seine Funktion, seine Architektur, den Architekten? Erkennen wir jene entfernte Bergkette? Wissen wir, wie sie heißt? Unser bordeigener Archivar wühlt sich durch sämtliche Erinnerungen an Landkarten und Fotos, die wir von dieser Gegend vielleicht gesehen, und durch alles, was wir darüber gelesen haben könnten. Hinzu tritt die Ebene der persönlichen Erinnerung: Sind mit diesem Zimmer, dem Gebäude, dem Baum, der Gebirgskette oder womit auch immer bestimmte Erinnerungen verbunden? (»In diesem Zimmer habe ich meine Mutter das letzte Mal lebend gesehen.« »Im Schatten dieses Baums habe ich als Kind mit meinem Großvater an schönen Sommertagen immer gesessen.« »In diesem Gebäude habe ich geheiratet.«) Dann strömen über unsere Sinne vielfältige Informationen auf uns ein: die Färbung des Lichts, der Geruch des Orts, die Geräusche, die zu ihm gehören. Auch die Ebene der Gefühlsreaktionen ist bei der Ortswahrnehmung angesprochen: Wirkt der Ort deprimierend, inspirierend, enttäuschend, beängstigend, beruhigend, friedlich auf mich? Dazu färben psychologische Filter unsere Wahrnehmung:

Vielen erscheint bei ihrem ersten Stonehenge-Besuch das Monument viel kleiner, als aufgrund der Fotos erwartet.

Welche Ästhetik zeigt der Ort – ist es ein lichterfüllter, erhebender, schöner und exquisiter Platz, oder wirkt er verwirrend, hässlich, düster, unheimlich oder langweilig?

All diese und tausend weitere Faktoren laden unsere Wahrnehmung auf, wenn wir einem Ort begegnen – und all das geschieht in einem so kurzen Augenblick, dass uns diese Prozesse kaum bewusst werden. Wir bewegen uns von einem Ort zum nächsten (unser ganzes Leben lang, denn man kann nicht *nicht* an einem Ort sein), scheinbar ohne auch nur einen Gedanken daran zu verschwenden. Tatsächlich verschwenden wir aber permanent eine Menge Gedanken daran – nur unterschwellig. Gelegentlich wird uns dieser Prozess bewusst, zum Beispiel wenn wir irgendwo zum allerersten Mal sind und unser innerer Archivar keine passenden Akten in der Erinnerung findet. Dann verschaffen wir uns einen »ersten Eindruck«, das heißt, unser Gehirn beginnt, die neue Umgebung zu kartieren, damit sich unser Verstand später darauf stützen kann. Manchmal gelingt uns ein flüchtiger Blick hin-

Als Sigmund Freud das erste Mal vor dem Parthenon auf der Akropolis in Athen stand, hatte er ein starkes Gefühl von Unwirklichkeit. Er erinnerte sich, wie er als Schuljunge daran gezweifelt hatte, die Akropolis jemals wirklich zu sehen, und musste sich regelrecht Mühe geben, sein von Büchern geprägtes inneres Bild der Akropolis mit der tatsächlichen Erfahrung, am Ort zu sein, übereinzubringen.

ter die Kulissen dieser komplexen Informationsverarbeitung, beispielsweise wenn wir von einer langen Reise nach Hause kommen und sich der alte Ort seltsam ungewohnt anfühlt. Unser mentaler Kartograf muss dann erst die Koordinaten neu justieren. Eine ähnliche Dissonanz kann entstehen, wenn wir zum ersten Mal an einen Ort kommen, den wir bereits von Fotos her gut zu kennen glauben. Stonehenge, der Eiffelturm, die Pyramiden von Gizeh, das Weiße Haus und andere solche Plätze kommen uns in der Realität irgendwie anders vor als in dem inneren Bild, das wir von ihnen gezeichnet hatten. Unser Gehirn hat nämlich aufgrund der minimalen Informationen auf den Fotos eine vorläufige Kartierung angefertigt, die nun, wenn wir physisch vor Ort sind, von einer Flut neuer Informationen verändert wird. Sigmund Freud hat dieses merkwürdige Gefühl des Entfremdetseins beschrieben, als er zum ersten Mal die Akropolis in Athen besuchte. Ähnlich geht es einem oft, wenn man einen Ort aus seiner Kindheit wieder besucht. Der nach Australien zurückkehrende Geograf Yi-Fu Tuan schreibt über seine Begegnung mit einem Lieblingsplatz aus seiner Kinderzeit in Sydney:

> »*Der Strand, die Promenade und der kleine Spielplatz mit ein paar Schaukeln waren fast unverändert geblieben ... Der physische Ort hatte sich nicht verändert – aber meine Wahrnehmung sehr wohl: Mit den Augen eines Erwachsenen sah ich den Strand anders, als ich es als Kind tat, mit anderen Werten und anderen Schwerpunkten.*« (Tuan 1995)

Auch von unserem Körper, dem Ort, der unser Bewusstsein spazierenträgt, zeichnet unser Gehirn eine Landkarte. Allerdings ist diese Karte nur schwer zu fassen, denn Neurowissenschaftler haben herausgefunden, dass bestimmte Körperteile in der einen Woche von bestimmten Gehirnzellen kartiert werden und in der nächsten Woche von anderen! So wie der Ort, an dem sich der eigene Körper gerade befindet, im Gehirn kartiert wird, so fertigt das Gehirn auch eine Landkarte des Körpers in Beziehung zu seinem Ort an. Wie wir den von uns bewohnten Raum wahrnehmen und »vermessen«, geschieht immer in Beziehung zu unserem Körper – eine weitere Ebene der kognitiven Kartierung, die, wie wir sehen werden, von essenzieller Bedeutung für das Phänomen des heiligen Orts war. Mit dieser Art der »Körperwahrnehmung« ist unsere moderne Kultur so wenig vertraut, dass der Umweltpsychologe James Gibson dafür den Fachbegriff »haptische Wahrnehmung« einführen musste, um zu beschreiben, wie der Körper Gelenke und Gliedmaßen als zusätzliche Sinnesorgane nutzt, um den umgebenden Raum wahrzunehmen und so buchstäblich mit seiner Umwelt in Berührung zu kommen.

ORT UND GEDÄCHTNIS

Schon lange weiß man, dass Orte und Gedächtnis in besonderer Beziehung zueinander stehen. So kannte schon die klassische Antike die heute noch praktizierte Mnemotechnik namens Loci-Methode (von lat. *locus*, »Ort«). Dabei imaginiert man zum Beispiel den Grundriss eines vertrauten Gebäudes, eine Häuserreihe mit Geschäften in einer wohlbekannten Straße oder irgendeinen anderen bekannten Schauplatz, der zahlreiche kleinere Orte (Zimmer, Hauseingänge, Ablageplätze usw.) beherbergen kann. Um sich später an eine Aufzählung, an Besprechungspunkte oder Sachdetails, beispielsweise für einen Vortrag, erinnern zu können, spaziert man in Gedanken durch den mentalen Schauplatz und platziert dabei jeden Begriff, an den man sich erinnern möchte, an einen spezifischen Ort in dieser Szenerie. Um nun die Begriffe wieder aus dem Gedächtnis abzurufen, geht man den gleichen Weg durch den mentalen Schauplatz zurück. Kurz, die Technik basiert darauf, dass flüchtige Gedächtnisinhalte mit dem nachhaltigeren Erinnerungskontext realer Orte verknüpft werden.

Die Renaissance setzte diese Technik buchstäblich um, indem neoplatonische Philosophen – sogar vom Schlag eines Francis Bacon – und Mystiker Ideen des römischen Architekten Vitruv aus dem ersten vorchristlichen Jahrhundert aufgriffen und derart adaptierten, dass Formen und Proportionen von Gebäuden zum Teil nach astrologischen Mustern und magischen Prinzipien gestaltet wurden, um das Erinnerungsvermögen zu fördern (Sack 1976). »Erinnerungsräume«, ja ganze »Erinnerungstheater« wurden nach komplizierten Plänen gebaut, mit separaten Bereichen und Kammern, die mit mystischen Zeichen und Symbolen ausgestattet wurden. Auch Shakespeares Globe-Theater in London soll mit Hilfe solcher magischer Regeln entworfen worden sein, um das Gedächtnis zu unterstützen und zu fokussieren.

Die neoplatonische Magie ist heute überholt. Tatsache aber bleibt, dass Orte Erinnerungen »speichern« können – und dies ist eine der wesentlichen Kräfte eines Orts. Der Philosoph Edward Casey spricht davon, dass Orte eine »Sammlungstendenz« besäßen. Sie füllten sich von selbst mit Erinnerungen, »die dem Ort genauso angehören, wie sie meinem Gehirn oder meinem Körper angehören« (Casey 1996). Nach seiner Vorstellung »hütet der Ort Erinnerungen« für einen Menschen und gibt sie frei, wenn die Person anwesend ist.

Die alten Stämme (und heute noch traditionell lebende Völker) nutzten die gesamte Landschaft als Gedächtnisstütze, als Ort, in den sie ihre Mythen und ihre religiösen, sozialen und moralischen Vorstellungen einbetten konnten. Casey spricht von »intensiv versammelten Landschaften«. Ein hervorragendes Beispiel geben hier die australischen Aborigines, aber auch viele andere alte Kulturen kannten ein solches Landschaftsverständnis. Die Anthropologin MIRIAM KAHN berichtet vom Volk der Wamira aus Südost-Papua-Neuguinea:

> »In der Landschaft hallen ... Geschichten über die kollektive Vergangenheit wie über persönliche Erfahrungen wider. Sie bietet handfeste Ankerplätze für die Erinnerung ... Die der Landschaft anhaftende Bedeutung entfaltet sich in der Sprache, in Namen, Geschichten, Mythen und Ritualen.«
> (KAHN 1996)

Auch die Kelten assoziierten Geschichten oder Mythen mit fast jedem Hügel oder Felsvorsprung, mit jeder Quelle und Flussbiegung, jedem See, Tümpel, Wäldchen und mit jedem alten Baum in ihrem Land. In der keltischen Tradition der *Dindsenchas* – onomastische (namenskundliche) Chroniken in Gedichtform – wurden die Sagen und Legenden zu einer Fülle von Orten aufgezeichnet. Eine solche Kultur der »sprechenden Landschaften«, wie sie genannt wurden, kann enorme Verfeinerung entwickeln.

KEITH BASSO hat mehrere Jahre lang die Rolle der Ortsnamen im westlichen Apachengebiet bei Cibecue in Arizona untersucht. Dort dienten Geschichten, die mit Orten verknüpft sind, als soziale Lehrstücke. Ein Bösewicht konnte von einer Ortsgeschichte wie von einem Pfeil getroffen werden; die damit verbundene Moral war dem Missetäter Mahnung und Wegweisung zugleich. »Umgeben von Orten ... sprechen die Männer und Frauen ständig von ihnen. Wenn man solchen Gesprächen zuhört und zu verstehen versucht, was gesagt wurde, bekommt der interessierte Außenstehende langsam einen Eindruck, wieviel Bedeutung in der allumfassenden Landschaft liegt«, schreibt BASSO (1996a). Er beschreibt einen Vorfall, in dem ein junger Mann zwei Rinderhirten auf ihren Pferden fragt, ob er wieder bei ihnen arbeiten dürfe. Nachdem er von seiner Freundin verlassen worden war, hatte er sich eine Zeitlang arg danebenbenommen. Nun versicherte er seine Kollegen, dass er seinen Fehler eingesehen habe und wieder bereit sei, gemeinsam mit ihnen die Ochsen auszusondern und Kälber zu brandmarken. BASSO fiel auf, dass sich die beiden älteren Reiter in ihrer Antwort beiläufig immer

Für viele traditionelle Völker wie die australischen Aborigines ist die Landschaft so etwas wie der Gedächtnisspeicher ihres Stamms. Nach einer Vertreibung erleiden sie eine kulturelle Amnesie. Das Bild zeigt Jabarule, den letzten vollständig eingeweihten Ältesten des Stamms der Walbiri. (John Miles)

wieder auf tatsächliche Orte bezogen und etwa kommentierten: »Aha, du bist also vom ›Pfad-geht-hinab-zwischen-zwei-Hügeln‹ zurückgekehrt!« oder »Das stimmt, der ›Pfad-geht-hinab-zwischen-zwei-Hügeln‹ wird dich weise machen«. Diese Ortsbezüge bereicherten das Gespräch zwischen den beiden Reitern und dem jungen Mann um weitere Bedeutungsebenen, denn alle drei kannten die mit den erwähnten Orten verknüpften Geschichten und ihre Relevanz für die gegenwärtige Situation. Für Außenstehende, die nicht ahnten, dass die Landschaft ebenfalls an dem Gespräch teilnahm, hätte die Unterredung ziemlich surreal gewirkt.

Die Vertreibung von Volksstämmen, die ihr Stammesgedächtnis an Orte in ihrer heimatlichen Landschaft ausgelagert haben, gefährdet deren kulturelle Identität in besonders hohem Maß.

DER ANDERE RAUM

Jetzt wird vielleicht klar, dass die Annahme einer objektiven, außerhalb von uns liegenden, festen Größe namens »Ort«, an dem wir uns lediglich aufhalten, reine Fiktion ist. Die Wahrnehmung und Erfahrung eines Orts findet in unseren Köpfen statt. (Tatsächlich erfahren wir immer nur eine mentale Rekonstruktion der Welt, die von elektrochemischen Signalen in der Finsternis unseres Schädels aus den Rohdaten unserer Sinnesorgane zusammengebraut wird. Niemals können wir die Welt »da draußen« so begreifen, wie sie wirklich ist.) Der Ort, an dem wir sind, existiert in Wirklichkeit in unserem Inneren. Das Haus, das uns beheimatet hat, die Lichtung, über die wir geschlendert, der Fluss, den wir hinabgepaddelt sind, die Berge, die wir erklettert, die alten Tempel, die wir erkundet haben, die Straßen, auf denen wir gereist sind – all diese Orte leben ausschließlich in uns. Der amerikanische Anthropologe EUGENE WALTER hat beobachtet, dass zwar das menschliche Erleben den Ort erschafft, jedoch »der Ort die Erfahrung des Menschen an sich bindet« (WALTER 1988).

Wenn wir uns mit vorgeschichtlichen Orten und erst recht mit alten heiligen Plätzen beschäftigen, ist ein grundsätzliches Verständnis der mentalen Natur unseres Ortsempfindens unabdingbar. Da unsere Ortswahrnehmung tatsächlich ein Trugbild ist, unterliegt sie kulturellen Prägungen. Das heißt, dass wir die Illusion von einem Ort – ja sogar der gesamten physischen Wirklichkeit – mit unseresgleichen, den anderen Angehörigen unserer Kultur teilen, weil wir aufgrund unserer Erziehung den gleichen kulturellen Werten und Weltanschauungen anhängen. Unsere Wahrnehmung – ein psychologisches Konstrukt – unter-

Dieser Wasserfall in Brunei in Nordwest-Borneo war angeblich von mehreren Geistwesen bewohnt, bis die moderne Zivilsation zu nah an ihn heranrückte und die Wesen vertrieb.

liegt dem formenden Einfluss der Signale aus der Gesellschaft, in der wir aufwachsen und leben, sowie den Glaubenssystemen, Vorstellungen und Vorurteilen, mit denen sie befrachtet sind. Yi-Fu Tuan hat prägnant formuliert: »Feste Überzeugungen bestimmen, wie man sieht.« Deshalb geraten wir zunächst in einen Zwiespalt, wenn wir der Wahrnehmungsweise traditioneller und alter Völker begegnen, Gesellschaften fernab der expansiven modernistischen Denkweise: Viel zu schnell tun wir Vorstellungen von Geistern, die das Land heimsuchen, und mythischen Wesen, die an bestimmten Orten erscheinen, als reinen Aberglauben ab. Der einzige Grund dafür ist, dass diese fremdartigen Sichtweisen nicht in unser mentales Wirklichkeits-Konstrukt passen, das unsere Wahrnehmung beherrscht. Wir bewohnen einen Raum, der voller Objekte und Lokalitäten ist, in dem aber keine Geister umherflattern oder Ahnenwesen spuken. Wenn Bäume, Felsen oder Wasserfälle plötzlich zu uns sprechen oder wenn wir dort nicht-stofflichen Wesen begegnen, dann sind wir krank und leiden unter Halluzinationen; dann suchen wir schnell Heilung bei den Autoritäten, die das gegenwärtige, stillschweigend akzeptierte Trugbild von der Welt unter Kontrolle halten. Anders in Kulturen, deren Welt mit spirituellen Wesen welcher Art auch immer bevölkert war (und in einigen Fällen zu einem gewissen Grad noch heute ist): Dort hätte man den Glauben an eine von Geistern entleerte Umwelt für eine Krankheit gehalten.

Philosophen beschäftigen sich schon lange mit der tiefgründigen Frage, wie wir Ort und Raum wahrnehmen. Die Diskrepanz zwischen archaischen oder traditionellen Weltbildern und unserem eigenen modernen führt aber auch zunehmend Archäologen, Anthropologen und weitere Wissenschaftler, die sich anhand überlebender Stammesgesellschaften oder der Hinterlassenschaften früherer Völker mit anderen Bewusstseinswelten befassen, an dieses Thema heran. Edward Casey meint, dass für den Anthropologen der Begriff »Raum« an erster Stelle stehe, für den Eingeborenen jedoch der »Ort« – und dieser Unterschied sei keinesfalls trivial (Casey 1996). Moderne Menschen neigen zu einer abstrakten und konzeptionellen Weltsicht, während traditionelle, alte Völker viel enger an ihr Land, an die ihnen vertrauten Orte ihres Aufwachsens gebunden sind. Ein weiterer entscheidender Unterschied zwischen der Moderne und dem Altertum liegt darin, dass unsere Kultur den Faktor Zeit für essenziell hält, während für frühere Völker der Ort von höchster Bedeutung war.

ZEITENWECHSEL

Den Archäologen und Anthropologen wird mehr und mehr bewusst, wie wichtig die Fähigkeit ist, unsere moderne Sichtweise beiseite lassen zu können, wenn wir historische Orte, insbesondere heilige Stätten und Monumente, deuten, begreifen und erfahren wollen. Wir müssen versuchen, so gut es geht in die Denkweise der alten Zeit einzutauchen. Der Archäologe Christopher Tilley schreibt: »Archäologie ist die Arbeit mit den Träumen der Vergangenheit« (Tilley 1993a). An anderer Stelle merkt er an, dass »ein Megalithmonument in städtischer Umgebung nicht wirkt, es hat keine Aura. ... Moderne Bauten, die solche Grabmäler umgeben, lenken von deren historischer Bedeutung ab und entweihen ihren Raum.« Er fährt fort:

> *Ein Megalithmonument in ländlicher Kulisse dagegen, auf dem Feld oder im Wald, schafft immer eine ganz besondere Atmosphäre. Die Kultstätte ändert und wechselt ihren Charakter je nach Witterung, Beleuchtung und Jahreszeit. Sie ist kein zweites Mal derselbe Ort. Solche Anlagen besucht man heutzutage am besten alleine, denn im Gedränge geht der Sinn für den Ort, für die Beziehung zwischen dem Megalithbau und der Landschaft, in die er eingebettet ist, verloren.« (Tilley 1993b)*

Bis vor kurzer Zeit war ein Begriff wie »Ortsbewusstsein« für Archäologen ein Fremdwort. Es wäre abseitig gewesen, über Themen wie eine »Bedeutung« oder »besondere Atmosphäre« von Orten zu sprechen. Tilley aber gehört zu der relativ jungen Gattung der sogenannten kognitiven Archäologen, die sich um einen Zugang zur frühen Art des Denken und Empfindens bemühen. Sie sind überzeugt, dass die vorgeschichtlichen Orte nur auf diese Weise essenzielle Informationen preisgeben, die zu einem besseren Verständnis der Bedeutung der Plätze für ihre längst untergegangenen Erbauer und Nutzer und schließlich zu einer umfassenderen Interpretation solcher Monumente

führen. Dieser Prozess ist mit dem Ringen von Botanikern und Biologen um das lebendige Erbe der genetischen Vielfalt auf unserem Planeten vergleichbar: Die Archäologen und Anthropologen versuchen, einen Rest der Vielfalt der Weltanschauungen zu erhalten, die infolge der stürmischen Ausbreitung des modernen westlichen Bewusstseins von vollständiger Erosion bedroht ist.

In diesem Sinn darf man vorgeschichtliche »Grabstätten« nicht länger auf reine Begräbnisorte reduzieren, sondern muss sie als Monumente sehen, die »die Gegenwart der Ahnen in der Landschaft sichern«, so Tilley. Die alten Baumeister errichteten »dominante Schauplätze« und »bedeutungsvolle Orte«. Keith Basso ist der Ansicht, dass das Bewusstsein für die Ortsqualität in manchen Kulturen »sakramentale Ausmaße« annimmt und dass hier weitere Forschung auch transkulturelle Qualitäten aufdecken würde (Basso 1996b). Wenn das stimmt, müsste man dieses Bewusstsein anhand zumindest einiger archäologischer Überreste heiliger Orte wiedererwecken können. Ein zunächst einfach erscheinender Schritt in diese Richtung besteht darin, die Aussicht, die man von bestimmten Monumenten auf die Umgebung hat, in die Betrachtung einzubeziehen. So liegen beispielsweise auf den Britischen Inseln gewisse Fundstellen von Felsgravuren an Orten mit einem weiten Rundblick. Wie wir sehen werden, kann eine so einfache Beobachtung bereits tiefe Einblicke in das Wesen alter Orte eröffnen. Andere Monumente stehen offenbar in Beziehung zu bestimmten Charakteristika der Landschaft, ein Thema, das wir im vierten Teil aufgreifen werden. Manche vorgeschichtlichen Anlagen, zum Beispiel stehende Steine, waren so geplant, dass man von einem Stein zum nächsten blicken konnte, während andere bewusst keine Sichtverbindungen ermöglichen sollten. Einige Archäologen haben auch erkannt, dass es wichtig ist, sich manchen historischen Monumenten physisch aus verschiedenen Richtungen zu nähern. Tilley stellt fest, dass der Blick beim Verlassen einer Stätte, die einen definierten Zugang besitzt, von den Baumeistern unweigerlich auf eine bestimmte landschaftliche Inszenierung gelenkt oder regelrecht erzwungen wurde. Was ist es, das sie uns vor Augen führen wollten? Ganz offensichtlich haben sich die Menschen früher auf rituellen Wegen durch

Der Blick des Jägers ist anders als der eines Bauern. Diese Felskunst auf einem Stein im Rombalds-Moor in England entspricht dem religiösen Kosmos der frühen Jäger und Sammler.

die Landschaft bewegt, die für sie spirituelle oder symbolische Bedeutung hatten. Was wir an solchen Stätten sehen, die Abfolge der Perspektiven und wie sich die Anlage bei der Annäherung darbietet, war von ihren Erbauern sorgfältig geplant. Mit etwas Achtsamkeit können wir diese Bezüge heute rekonstruieren und uns spannende und lehrreiche Wege erschließen, die alten Sakralorte neu zu erleben.

Auf seltsam wahre Weise bleiben die heiligen Stätten vom Geist unserer entfernten Vorfahren bewohnt. Man kann ihnen noch immer begegnen, denn das Land hat nichts vergessen.

Der heilige Ort

Ist schon der »Ort« schwierig zu fassen, macht es uns der Begriff »heilig« nicht einfacher. Kein Wunder, dass unsere Vorstellung vom »heiligen Ort« wie ein Irrlicht vor uns hertanzt, wenn wir versuchen, sie festzunageln. Wie wir gesehen haben, ist unser Gespür für Orte (wie im übrigen das gesamte Konzept »Ort«) ein mentales Phänomen, das von unserem Bewusstsein und zum Teil auch vom Ort selbst erschaffen wird. Einen Ort als heilig zu empfinden oder auszuweisen, ist eine noch tiefere Dimension dieses komplexen Vorgangs. Die alten Griechen waren sich dessen bewusst. Sie hatten zwei Wörter, mit denen sie den Raum beschrieben: *Topos,* das die physikalischen Aspekte eines Orts meinte, in einem ähnlichen Sinn, wie wir den Begriff heute verstehen; und *Chora,* eine geheimnisvolle, weniger passive Ortseigenschaft mit einer feineren, poetischen Qualität. Wenn wir von *Chora* sprechen, wird der Ort zu einer Kraft, die Gefühle in uns auszulösen vermag und uns an der Wurzel unserer Spiritualität ergreift. Die meisten von uns haben so etwas schon einmal irgendwo erlebt, vielleicht in einer großartigen gotischen Kathedrale oder in einem sonnendurchfluteten ägyptischen, griechischen oder anderen Tempel, an einem stimmungsvoll verhangenen Megalithplatz, auf einem Hügel, einem Berg, bei einem Spaziergang im Wald oder an einem bezaubernden Flusslauf – selbst im Garten sind wir »Gott am nächsten«, wie man sagt. Trotz ihrer weiten Verbreitung gibt unsere moderne Kultur solchen Wahrnehmungen keinen Wert, ja sie wehrt sich sogar dagegen. Man behält sie meist bei sich oder tut sie, falls sie doch publik werden, als mehr oder weniger peinlichen Kitsch ab. Plato sagte, den *Chora*-Aspekt eines Orts könne man nur erfassen, wenn man »mit offenen Augen träumt« (Walter 1988). Eugene Walter zählt eine Reihe von Beispielen aus der klassischen griechischen Literatur auf, in denen *Chora* eine Rolle spielt. Er zitiert unter anderen Sophokles, der in »Ödipus auf Kolonos« Antigone bei der Rast zu ihrem Vater sagen lässt: »Doch dieser *Choros* ist sichtlich heilig, denn er strotzt von Lorbeer, Öl und Wein.«

DER GEIST DES ORTS

Chora war lediglich der alte griechische Ausdruck für etwas, das ein universaler Sinn für das Heilige in ortsgebundener Qualität sein könnte. Die Römer nannten es *Genius Loci,* den Geist des Orts.

> *»Der Genius Loci, der in Italien zunächst als Schlange und später in menschlicher Form dargestellt wurde, stand für die unabhängige Wirklichkeit einer Lokalität. An erster Stelle symbolisierte er die generative Energie des Orts. Er beschrieb eine spezifische, persönliche, spirituelle Präsenz, die den Ort beseelte und beschützte. Auf der tiefsten Ebene war es wohl das Bild des Schutzgeistes, mit dem die Energie, die spezifische Ausprägung, das universale Prinzip und die Kontinuität eines Orts am besten ausgedrückt werden konnte. Obwohl die römischen Eroberer über fremde Völker herrschten und sich ihre Besitzungen aneigneten, haben sie doch die spirituelle Souveränität der besetzten Orte respektiert. Wo sie ein Lager aufschlugen, errichteten sie häufig eine Votivtafel für den Geist des Orts.«* (Walter 1988)

Vor den Römern hatten bereits die Kelten ein ähnliches Bild von ihren Göttinnen, Göttern und Ortsgeistern, die sich an besonderen Plätzen, besonders in Hainen, an Brunnen und Quellen manifestierten. Da die Kelten kaum monumentale Architektur an ihren Schreinen hinterlassen haben, wissen wir davon nur aufgrund von Hinweisen aus Ortsnamen und archäologischen Bodenfunden sowie aus Rückschlüssen, die wir aus relevanten Gegenständen und Kunstwerken aus römisch-keltischer Zeit (siehe zweiter Teil) ziehen können. Beispielsweise standen die heilkräftigen Quellen von Bath im südwestenglischen Somerset unter dem Schutz der keltischen Göttin Sulis, welche die Römer später mit ihrer Minerva gleichsetzten. Sie errichteten dort eine große Therme und ein religiöses Zentrum und übernahmen auf diese Weise einen Ort, der schon lange vor der römischen Besetzung Britanniens als heilig gegolten hatte. In einigen keltischen Randgebieten Europas, zum Beispiel in Irland, in der Bretagne und auf den westlichen Britischen Inseln wurden heidnische keltische Ortsgeister zu lokalen Heiligen des keltischen Christentums umgeprägt.

Der älteste aller religiösen Impulse ist der Animismus, dem Naturerscheinungen, die Landschaft und alles im Land, ob belebt oder unbelebt, als von spiritueller Kraft durchdrungen gilt. Die klassischen Philosophen erdachten eine Weltseele, die *Anima Mundi,* und der Geist eines Orts kann als deren mikrokosmische Version gesehen werden:

> *»Der Animus [›Geist‹] eines Orts darf keinesfalls spiritualistisch verstanden werden, vielmehr informiert er, wie die Geografie, das Klima, die Geschichte und der Charakter des Orts, jeden, der diesen Ort besucht ... Ein Ort strahlt Logos [eine den Ort durchwirkende Gesetzmäßigkeit] aus, so dass sein spezifischer Animus gehört und wahrgenommen werden kann; der Animus ist nicht bloß ein Organ menschlicher Intelligenz.«* (Moore 1987)

Die Tibeter bezeichnen mit dem Begriff *gnas* das, was häufig mit »Sakralort« übersetzt wird, aber der Tibetologe Toni Huber hat gezeigt, dass die Sache doch komplizierter ist. Man kann den Begriff auch in einem aktiven Sinn verwenden, beispielsweise für »sein«, »wohnen«, »verbleiben« und »bleiben«. Für den religiösen Tibeter wimmelt

Die große römische Therme in Bath, einer Stadt in der Grafschaft Somerset in England.

die gesamte physische Umgebung nur so von Heerscharen von Gottheiten und geistigen Mächten; diese nicht-materiellen Wesenheiten können mobil oder örtlich gebunden sein. »Der Begriff *gnas* und seine Ableitungen bezeichnen meistens die Wohnorte von Gottheiten und Geistern und ihre jeweils unterschiedlich wahrgenommenen Seinszustände«, schreibt HUBER (1994). *Gnas* impliziert für die Tibeter die Bedeutungsebenen eines Genius Loci, wenn sie von einem heiligen Ort sprechen. Dieses Konzept ist integraler Bestandteil ihrer Terminologie.

In Sibirien findet der Geist eines Orts Ausdruck in der Vorstellung eines übernatürlichen »Landmeisters«, *gazarin ezen* (HUMPHREY 1995). Der »Meister« sorgt für Wohlergehen in diesem Landstrich, solange man ihn nicht erzürnt. Sonst wird das Land von Dürren und Seuchen heimgesucht. Die wichtigsten »Landmeister« sind Bergen zugeordnet (siehe Teil 4).

Auch wenn wir heute den Geist eines Orts ohne Rückgriff auf einen buchstäblichen Glauben an Geister oder göttliche Wesen, die den Ort besetzen, interpretieren können, entfaltet die heilige Stätte doch ihre tiefste Wirkung, wenn man beim Erspüren ihrer Eigenschaften die moderne Weltsicht hinter sich lässt. In ein archaisches Bewusstsein einzutauchen, wie kurz oder unvollkommen auch immer, vertieft unsere Erfahrung an einem heiligen Ort. Allerdings gestaltet sich die Aufgabe alles andere als einfach: Für die frühen Völker stand der Glaube an spirituelle Wesen nicht zur Debatte, und folglich wurden heilige Orte unmittelbar begriffen. Wir Heutigen sehen die Dinge ungleich kritischer, komplizierter und vielschichtiger und tun uns deshalb schwer, die Essenz eines Orts zu erfassen. Doch das sollte moderne Denker nicht davon abhalten, zu staunen, wichtige Fragen zu stellen und Theorien zu entwickeln.

DIE NATUR HEILIGER ORTE

Der deutsche Theologe RUDOLF OTTO versuchte in den 20er-Jahren des vergangenen Jahrhunderts, das Konzept des heiligen Orts zu entschlüsseln. Er nahm an, die früheste Assoziation mit »Heiligkeit« eines Orts sei das Erlebnis des Schauderns an bestimmten Plätzen gewesen. Mit der Zeit habe dies zu dem Glauben geführt, ein heiliger Ort sei durch eine nicht-materielle Präsenz gekennzeichnet, das *Numen Loci*, wie OTTO es nannte. Er zitiert aus der Genesis die Worte Jakobs als wertvollen religionspsychologischen Hinweis: »Wie schauerlich ist diese Stätte! Ja, das ist der Wohnsitz Elohims«, und bemerkt:

»Der erste Satz des Verses gibt offenbar den Gemütseindruck selber in seiner noch nicht durch Reflexion hindurchgegangenen Unmittelbarkeit noch ohne alle Selbstauswicklung und Selbstverdeutlichung des Gefühles. Er enthält nichts als den numinosen ›Urschauer‹ selber. Und ein solcher Urschauer als noch ganz inexplizites Gefühl hat zweifellos in vielen Fällen hingereicht, um ›heilige Stätten‹ auszuzeichnen und zu Plätzen scheuer Verehrung, ja sich entwickelnder Kulte zu machen, auch ohne dass man notwendig dazu weiterging, diesen Eindruck des Schauervollen umzusetzen in die Vorstellung eines konkreten ›numen‹, das dort hause ... Der zweite Satz Jakobs aber besagt dann nicht mehr nur das Urerlebnis selber, sondern seine reflektierte und konkrete Auswicklung und Deutung.« (OTTO 1924)

OTTO fiel auch auf, dass der Ausdruck »Es spukt hier« kein echtes Subjekt hat; er bezieht sich nicht auf eine eindeutige Instanz wie ein Gespenst oder einen Geist, sondern ist eher eine Beschreibung der gesamten Ausstrahlung des Orts. In OTTOS Worten: »Der Satz ist vielmehr nur rein ein Ausdruck des Gefühles des Unheimlichen selber, das nur eben erst dazu ansetzt, in erster Andeutung eine Vorstellung, nämlich von einem numinosen Etwas überhaupt, von jenseitiger Wesenheit, aus sich selber zu entbinden.«

OTTOS Beobachtungen fanden weithin Beachtung. Der große Psychologe CARL GUSTAV JUNG leitete seinen Begriff der Numinosität von OTTOS Terminologie ab. Vermutlich fühlen wir uns bei dem Versuch, diese nur schwer fassbare Qualität der geheimnisvollen Essenz vieler alter heiliger Orte auszudrücken, mit JUNGS Begriff am wohlsten.

Ein weiterer wichtiger Gedanke wurde von dem Religionshistoriker MIRCEA ELIADE vorgetragen: Ein Ort sei heilig, weil die Menschen in ihm eine *Hierophanie* (Offenbarung des Heiligen) verkörpert sahen, was mit Sicherheit bei säkularen Orten nicht der Fall war. ELIADE prägte dafür den Begriff »Manifestation des Heiligen« (1974). An anderer Stelle führt er aus:

»Ein gewisser Stein wird unter einer Menge anderer Steine heilig – und damit gleichzeitig von Sein gesättigt –, weil er eine Hierophanie darstellt, im Besitz von ›Mana‹ ist, seine Gestalt eine gewisse Symbolik enthält, oder auch, weil er an einen mythischen Akt erinnert usw. Der Gegenstand erscheint als Gefäß einer außer ihm selbst liegenden Kraft, die ihn von seiner Umgebung unterscheidet und ihm Sinn und Wert verleiht. Diese Kraft kann in der Substanz oder in der Gestalt eines Gegenstandes wohnen; ein Fels offenbart sich als heilig, weil seine Existenz selbst eine Hierophanie ist: In seiner Unverwundbarkeit und Unerschütterlichkeit ist er, was der Mensch nicht ist. Er widersteht der Zeit, seine Wirklichkeit verdoppelt sich noch mit Dauerhaftigkeit.« (ELIADE 1984)

Jeder fühlt das Numinose eines heiligen Orts: Diese Grotte in Kimberly, Nordaustralien, flößt dem Besucher Ehrfurcht ein.

Ein solcher Zugang drückt sich in den Vorstellungen der Mescalero-Apachen aus, wenn sie heilige Orte, denen sie höhernatürliche Kräfte zuschreiben, als *diyi* bezeichnen. *(Es sind nicht im herkömmlichen Sinn »übernatürliche« Kräfte. Die englischsprachige kognitive Archäologie verwendet das Wort »supernatural« zur Beschreibung einer immanenten Eigenschaft der Natur, die nicht mit den normalen Sinnen »gesehen«, sondern nur mit den höheren Sinnen »geschaut« werden kann. Wir haben dafür das Wort »höhernatürlich« geprägt. Anm. d. Übers.)* Solche Kraftorte »liegen an Schnittpunkten der physischen und spirituellen Welten« (CARMICHAEL 1994). Sie begreifen einen heiligen Ort als eine Art Spiegel, in dem sich die physische Welt nur als Reflexion der tieferen und wirklicheren spirituellen Welt zeigt. Transformation findet in dem Augenblick statt, wenn der Mensch eine spirituelle Reise von einer Seite des Spiegels zur anderen unternimmt. CAROLE CRUMLEY

stimmt hier mit der traditionellen Sichtweise überein, nach der heilige Orte Übergänge in geistige Welten ermöglichen oder bewirken:

> »Auf der ganzen Welt werden heilige Orte an spezifischen Naturplätzen (Bergen, Höhlen, Felsvorsprüngen, Quellen etc.) geschaffen und mit kulturtypischen Symbolen versehen. Solche Orte sind Plätze von Grenzzuständen. Gewissermaßen eingeklemmt zwischen der irdischen und der geistigen Welt, sind sie Eintrittspunkte in ein anderes Bewusstsein.« (CRUMLEY 1999)

Besonders deutlich wird ein solches Verständnis von heiligen Orten im hinduistischen Konzept der *Tirtha*: Das Wort bedeutet »Überquerung« oder »Furt«; man verwendet es für eine Kategorie von heiligen Pilgerorten, die typischerweise an Flüssen liegen. Der Begriff beschreibt nicht nur die physische Gestalt der Orte, er ist auch höchst metaphorisch zu verstehen. *Samsara*, den immerwährenden Kreislauf von Geburt, Tod und Wiedergeburt, verglich man mit einem Fluss. »Das ferne Ufer war ein geeignetes und starkes Symbol für das Ziel der spirituell Reisenden«, erklärt DIANA ECK (1981). Sie betont, dass das Wort *Tirtha*, das aus dem Sanskrit kommt und wörtlich »überkreuzen« heißt, außerdem noch mit »Weg« oder »Durchgang« im allgemeinen Sinn übersetzt werden kann. »Das Wort ... gehört zu einer ganzen Familie verwandter indoeuropäischer Wörter, der auch die großen westlichen Begriffe für Durchgang und Wallfahrt angehören: ›through‹, ›durch‹ und ›trans...‹ als Präpositionen und alle diesbezüglichen Begriffe, wovon man allein im Deutschen eine Vielzahl auflisten kann: Durchgang, Durchquerung, Transformation, Transport, Transzendenz.« In den westlichen Sprachen ist demnach ein uraltes Verständnis für das Wesen des heiligen Orts tief verwurzelt.

Der Theologe JOHN E. SMITH merkt an, das Heilige könne, »ob wir wollen oder nicht«, jederzeit in unser Leben dringen, aber um sich der Heiligkeit eines besonderen Orts bewusst zu werden, müssten wir dorthin gehen (SMITH 1992). Mit anderen Worten: Heilige Orte müssen wir bewusst aufsuchen, während sich numinose Ereignisse zuweilen jemanden auszusuchen scheinen oder womöglich auch rein zufällig passieren. SMITH findet, dass heilige Orte so etwas wie eine »haftende« Wirkung haben, indem sie »uns dazu veranlassen, in Ehrfurcht auf das Heilige zu antworten.« Er nennt drei grundlegende Eigenschaften heiliger Orte: Sie müssen Erfahrungen, die sich vom Alltagsleben abheben, vermitteln; sie müssen eine historische Dimension haben, so dass sie uns an frühere Erfahrungen des Heiligen von anderen erinnern; und sie müssen so strukturiert sein, dass sie unser Bewusstsein in außergewöhnliche Zustände versetzen können.

Eine Reihe von Forschern hat sich mit der Frage beschäftigt, was die unterschiedlichen Kulturen eigentlich mit »heilig« meinen. JANE HUBERT schreibt (1994) über die Maori in Neuseeland, die ihre heiligen Orte *waahi tapu* nennen, dass sie sogar innerhalb ihrer eigenen ethnischen Gruppe unterschiedliche Definitionen und Klassifizierungen für diese Orte kennen. Allerdings würde kein Stamm und keine Volksgruppe sich anmaßen, zu definieren, was ein *waahi tapu* für andere bedeutet. HUBERT beobachtet außerdem, dass viele Kulturen unterschiedliche Grade von Heiligkeit für heilige Orte kennen – sehr heilig, weniger heilig oder unterschiedlich heilig. »Selbst wenn die ganze Landschaft als heilig gilt, gibt es doch einen Unterschied zwischen dieser generellen Heiligkeit und derjenigen von Orten mit besonderer Bedeutung. Nicht jeder Stein oder jede Landschaft kann mit dem gleichen Grad an Respekt behandelt werden. Heißt das, dass es Abstufungen von Heiligkeit gibt?« fragt sie.

Ein heiliger Ort kann so klein sein wie ein Steinhäufchen oder ein einzelner stehender Stein oder aber einen Raum umfassen, der so weit ist, wie das Auge reicht, vielleicht eine ganze Bergkette. Der Begriff »heiliger Ort« ist in jedem Maßstab anwendbar: auf eine bestimmte Stelle, einen Ort, eine Gegend oder auf einen ausgedehnten Landschaftsraum. Häufig sind heilige Orte verschieden großer Maßstäbe auch ineinander verschachtelt. NICHOLAS SAUNDERS erinnert uns daran, dass die Einstellung zur Landschaft und zum Ort »zum Teil von der kulturspezifischen Wahrnehmung abhängig ist« (SAUNDERS 1994). Das gilt heute ebenso wie für jede historische Gesellschaft, und deshalb können wir auch nicht erwarten, historische Landschaften und Stätten zu verstehen, indem wir unsere ganze moderne Weltsicht auf sie projizieren. Vielmehr müssen wir versuchen, die automatisch in uns auftauchenden zeitgenössischen Konzepte im Hintergrund zu halten.

Hubert stellt auch die Frage, ob ein heiliger Ort seine Heiligkeit einbüßen kann, und gibt als Beispiel die aus dem christlichen Kontext bekannte Entweihung von Kirchen an. Dieses Phänomen mag jedoch der Tatsache geschuldet sein, dass Heiligkeit im Christentum mehr abstrakt gedacht wird und weniger mit bestimmten Orten verknüpft ist. Der christliche Gott ist kosmisch und allumfassend und kann deshalb nicht an einen spezifischen Ort gebunden werden, wie es bei Ortsgeistern der Fall ist. Christliche Heiligkeit ist daher eher eine Angelegenheit der Organisation Kirche und weniger Sache eines Kirchenbaus an einem bestimmten Ort. Das Phänomen »Ort« hat für die Kirche dennoch in politischer Hinsicht Bedeutung gewonnen, da Gotteshäuser in vielen Fällen bewusst auf alten heidnischen Kultorten errichtet wurden, um einer bäuerlichen oder indigenen Bevölkerung zu demonstrieren, dass der christliche Gott mächtiger sei als das vormalige Pantheon: Nun habe er an dieser Stätte das Sagen und nicht mehr die heidnischen Gottheiten und Geistwesen. Sogar der Vatikan steht auf einer ehemals heidnischen Kultstätte. (Beobachtet man allerdings das Verhalten mancher Christen in der Kirche, zum Beispiel vor Jesusstatuen oder Bildnissen der heiligen Jungfrau, entsteht durchaus der Eindruck, das Objekt ihrer Verehrung sei für sie doch lokalisierbar.)

Im Gegensatz zur Kirche betrachten die meisten traditionellen Kulturen ihre heiligen Orte als dauerhaft – als »ewig«, wie Eliade betonte –, doch können auch hier Kultstätten zuweilen ihren heiligen Charakter verlieren. Dies ist zum Beispiel der Fall, wenn in den Augen der betreffenden Kultur ein Tabu gebrochen oder ein Ort in irgendeiner Weise geschändet wurde. Heilige Orte bedürfen auch beständiger Pflege. Die heiligen Plätze der australischen Aborigines beispielsweise verlangen nach Darbringung der zu ihnen gehörenden Lieder und Tänze, dass Geröll beiseite geräumt, Felsen poliert und die Felskunst erneuert wird usw. Wird ein Ort vernachlässigt, heißt es, verliere er seine Geister und Götter, so dass er nicht länger als lebendiger spiritueller Schwingungsknoten der Landschaft pulsiert, sondern abstirbt und zu einem bloßen Bestandteil der

Wie im gesamten Christentums üblich, setzte man auch griechisch-orthodoxe Kirchen gern auf wichtige »heidnische« Berge, um seine Überlegenheit über den älteren Glauben zu demonstrieren. In Kreta sieht man überall kleine weiße Kapellen und Klöster auf den steilsten Berggipfeln.

Topografie wird. In diesem Fall sind schwerwiegende negative Auswirkungen auf die mit den Orten verbundenen Menschen zu befürchten.

In einigen Fällen kommt es in der Abfolge unterschiedlicher Kulturen und Religionen offenbar zu einer Migration der wahrgenommenen Heiligkeit eines Orts. Der Ort wird dann weiterhin verehrt, auch wenn die Gottheiten oder Geistwesen, die dort erfahren werden, ein anderes Gewand tragen. Dieser Prozess ist am Beispiel der immer noch frequentierten Kulthöhlen der Mayas zu beobachten, wo die alten Mayagötter nur dünn mit christlichen Bildmotiven übermalt wurden.

Gelegentlich erlauben uns ethnografische Hinweise, die Deutung von Ortsnamen oder akribische und kreative Forschung Rückschlüsse auf die ursprüngliche Bedeutung, die ein Sakralort für seine Erbauer hatte. Andere heilige Orte berühren uns noch immer ganz direkt mit ihrer psychologischen oder spirituellen Bedeutung. Die Essenz unzähliger anderer Kultorte aber ist verlorengegangen, da sie von kulturellen Prägungen bestimmt war, die uns heute nicht mehr zugänglich sind. Ihre Heiligkeit verschwand gemeinsam mit den Menschen, die dort spirituelle Zuflucht gesucht hatten. Man darf nicht unzulässig verkürzen und – reduktionistisch – den heiligen Ort lediglich als topografische Leinwand betrachten, auf die Bedeutung projiziert wird. Auch ist die Annahme falsch, heilige Stätten bezögen ihren sakralen Charakter aus einem mehr oder weniger objektiven Faktor, der irgendwie Bestandteil ihres Aufbaus sei und der profanen Orten fehle. In Wirklichkeit entsteht die Heiligkeit von Orten – was nichts anderes ist als eine spezielle Kategorie der Ortswahrnehmung – aus dem Zusammenwirken des Wechselspiels zwischen dem physischen Platz, dem Bewusstsein und dem Körper des Wahrnehmenden einerseits und der spezifischen Prägung durch den jeweiligen kulturellen Kontext andererseits. Alle diese vier Elemente konstituieren gemeinsam jene Gestalt, die wir als heiligen Ort bezeichnen.

DIE VIELFALT HEILIGER ORTE

Die Erscheinungsformen und Zwecke der alten heiligen Orte waren vielfältig und variantenreich. Zwar geben der Ethnologe DAVID CARMICHAEL und seine Kollegen zu bedenken, dass es interkulturelle Unterschiede gab (und gibt), doch betonen sie auch »weitgehende Ähnlichkeiten« im Wesen der traditionellen heiligen Orte weltweit:

»Immer wieder standen oder stehen die heiligen Orte in direktem Zusammenhang mit dem, was wir im Westen als ›Landschaftselemente‹ klassifizieren, oder sind diese selbst: Berggipfel, Quellen, Flüsse, Wälder und Höhlen.« (CARMICHAEL et al. 1994)

Für Uneingeweihte wie für moderne Forscher sind die unverändert belassenen Sakralstätten in der Natur am schwersten zu erkennen. Wenn uns nicht wenigstens ein Fitzelchen ethnografischer Notizen oder ein Ortsname auf die Spur setzen, gibt es kaum Anhaltspunkte dafür, dass ein Ort früher einmal einen besonderen Stellenwert hatte. Das Weltkulturerbe-Komitee der Vereinten Nationen hat dieses Problem erkannt und damit begonnen, auch sogenannte assoziative Landschaften anzuerkennen. Dazu zählen Landschaften mit starken religiösen, künstlerischen oder kulturellen Bezügen, unabhängig von materiellen Nachweisen aus der jeweiligen Kultur. Das Komitee hatte beispielsweise einige Schwierigkeiten bei der Beurteilung des sakralen Status des Tongariro-Nationalparks in Neuseeland. Ursprünglich war der Park nur als Naturschönheit eingeschätzt worden, doch dann stellte sich heraus, dass es sich um eine Landschaft mit tiefer religiöser Bedeutung für die eingeborenen Maori handelte.

Einfacher erkennbar werden heilige Naturplätze freilich, wenn dort erste subtile Veränderungen angebracht wurden – seien es niedrige Mäuerchen oder Umfriedungen, Felskunst oder anderer Schmuck – oder wenn man dort archäologische Funde, zum Beispiel Opfergaben, ausgräbt. Auch wenn sich Hinweise finden, dass von einem Ort Ressourcen für rituelle Zwecke gewonnen wurden, beispielsweise Steine für Kultäxte, Pigmente für Körperbemalung, Metallerze für Votivgaben oder Pflanzen für visionäre Erfahrungen, liegt ein entsprechender Stellenwert des Orts nahe. Heute sind Rohstoffquellen etwas rein Nützliches, doch für die frühen Menschen hatte das in Ritualen verwendete Material vermutlich gerade deshalb besondere Eigenschaften, weil es von einem geheiligten Ort stammte,

Simulakra

Als Simulakrum bezeichnet man Illusionsbilder, die man in den zufälligen Formen von Wolken, Feuerglut, Baumrinde, Wasserspiegelungen, Felsspalten, Felsrissen und Gesteinsformen oder in anderen Oberflächen zu erkennen meint, z.B. Gesichter, ein Schloss, ein Tier oder eine menschliche Gestalt. Der Dramatiker August Strindberg erblickte in den Falten eines zerdrückten Kissens Gesichter, die aussahen, als seien sie vom Geist Michelangelos in Marmor gehauen; Leonardo da Vinci wies seine Schüler an, die »herrlichen Landschaften« in den schimmeligen feuchten Flecken seiner Atelierwände zu studieren; und der meist am Rand des Wahnsinns balancierende französische Dichter Antonin Artaud sah bei seinem Aufenthalt in Mexiko immer wieder in den Schattenspielen auf den Klippen und Felswänden »Zeichen, Formen und von der Natur gezeichnete Bildnisse«. Es liegt in der Natur des Menschen, in jeder scheinbaren Zufälligkeit nach Mustern suchen zu wollen. Die Bilder, die dabei entstehen, können uns manchmal mehr erzählen als jedes kunstvoll erschaffene Bild. Ein Gesicht, das sich als Simulakrum zeigt, kann uns tief berühren, sogar verstören, gerade so, als ob es uns vom Grund des Unterbewusstseins aus anblickt.

Dass wir schon beim flüchtigen Hinsehen Simulakra erkennen, könnte man als naturgegebene Eigenart der menschlichen Wahrnehmung abtun, doch das Phänomen liegt auf einer tieferen Schicht, jenseits des rein Menschlichen. »Das Auge neigt von selbst zum Anthropomorphisieren – und die Natur ebenso«, schrieb John Michell in seiner scharfsinnigen Abhandlung zum Thema (1979). Zum Beispiel wirken die Zeichnungen auf den Flügeln mancher Schmetterlinge wie Augen, damit sie Feinde abschrecken. Doch wo in der Natur sitzt das Bewusstsein, das sich solche Simulakra ausdenkt? Simulakra sind Nebenprodukte einer tiefen Selbstreflexion der Natur, und viele alte Völker sahen darin ihre Götter. Auch wir können diese Götter heute noch erkennen: mit einem entspannten, aufmerksamen Blick, als würden wir mit uralten Augen sehen.

Aus der Anordnung der Berggipfel und dem, was man in ihnen sah, wurde ein Mandala von großer Bedeutung. So formen beispielsweise die Doppelspitze eines Bergs und ein Gletscher das riesige, naturgeschaffene Bildnis einer buddhistischen Gottheit, über das die Pilger meditieren. Eine andere Berggruppe der Region erinnert an eine sitzend zurückgelehnte Frau, der das Haar über die Schulter fällt. ELISABETH STUTCHBURY schreibt: »Es scheint, als seien einige Gipfel nicht nur aufgrund ihrer geografischen Form, in der sich die Gegenwart einer Gottheit oder eines anderen Wesens ausdrückt, mit Bedeutung aufgeladen, sondern weil sie die Energie dieser Form verströmen« (1994). Zu solchen geografischen Vorstellungen gehörte in Karzha auch die Beobachtung, wie die Sonne im Verlauf eines Jahres verschiedene Landmarken an der Horizontlinie berührt. All dies fand Eingang in eine Tradition der Landschafts-Divination (eine nicht-rationale Deutungskunst) namens *Satalegpa*, die an das chinesische Feng Shui erinnert, da es unter anderem auch um die Platzierung von Gebäuden geht. Den Tempel von Dodrup Chen setzte man beispielsweise mitten in eine Landschaft, in der man das Bild eines Dzogchen-Meisters in Meditationshaltung sah.

Eine jüngere Arbeit des Ägyptologen V. A. DONOHUE hat gezeigt, dass einige natürliche (oder möglicherweise auch leicht bearbeitete) Gesteinsformen in den Felswänden entlang des Nils an Bilder der ägyptischen Mythologie sowie an die königliche Ikonografie erinnern (1992). Es ist sogar denkbar, dass erst diese natürlichen Simulakra

BUFFALO ROCK

Dieser natürliche Felsen (oben) im kanadischen Manitoba ist umgeben von weiteren »petriformen« (von griechisch *petra*) Steinen, die an Tiere oder andere Gestalten erinnern. Dies machte die Landschaft in den Augen der indianischen Ureinwohner heilig. Der abgebildete Felsen heißt Buffalo Rock, bis heute legen die Indianer dort Opfer nieder. Seine charakteristische Form erinnert unverkennbar an einen Büffel (unten).

Wie eine Proto-Sphinx wirkt dieser bearbeitete Felsen, in den ein Tempel getrieben wurde. (Anthony Donohue)

gewisse Bilder in den Köpfen der Menschen entstehen haben lassen, die später Eingang in den dynastischen Symbolismus fanden. Auf diese Weise könnten sie zur Ausformung der ägyptischen Mythologie und Religion beigetragen haben, was die verbreitete Meinung, die Hochkultur des alten Ägyptens sei plötzlich und in vollendeter Form im Niltal aufgetaucht, widerlegen würde. Donohue hatte die betreffenden Bildnisse an mehreren Orten entlang des Nils in Nachbarschaft zu alten Tempeln entdeckt. Die Simulakra zeigen unter anderem »Kobras« und »Pharaonen« sowie Profile von Göttern und Proto-Sphingen. So schlängelt sich etwa die Assoziation einer Kobra (ein mit dem Pharaonentum verbundenes Symbol) über dem Bildnis eines Pharaos in der Felswand hinter dem Hatschepsut-Tempel bei Deir el-Bahri im Tal der Könige hervor. Offenbar hat jahrtausendelang niemand diese Bilder bemerkt, vermutlich, weil sie stark erodiert sind, doch hauptsächlich wohl deshalb, weil niemand nach ihnen gesucht hat – bis Donohue seine zufällige Entdeckung machte.

Auch zu den prähistorischen »Traumzeit«-Landschaften Europas gehören solche natürlich-mythischen Bilder. In Schottland und Irland werden Berge mit runden Doppelgipfeln als *Paps* (»Brüste«) bezeichnet. Im vierten Teil werden wir uns einer solche Landschaft eingehender widmen und zeigen, wie sie zum Zentrum steinzeitlicher Religiosität wurde.

MITTELPUNKTE DER WELT

Die bisher vorgestellten heiligen Orte – und man könnte noch viele weitere ergänzen – dienen oder dienten einer ganzen Reihe von Zwecken. Dazu gehören Verehrung und der Ausdruck von Hingabe; spirituelle Reinigung und Klä-

Schamanismus

Der Schamanismus ist ein Phänomen im Kontext von Stammesgesellschaften und dürfte eine der frühesten Ausdrucksformen menschlicher Spiritualität darstellen. Der Schamanismus geht aus Animismus und Totemismus hervor, die in ihm zusammenfließen. Abhängig von der jeweiligen Kultur kann ein Schamane männlichen oder weiblichen Geschlechts sein. Er oder sie ist Heiler, Seherin, Mystiker, Priesterin, Zauberer und Unterhaltungskünstlerin des Stamms. Im Zustand ekstatischer Trance kann der Schamane in Kontakt mit den Geistern und Göttern treten und in die Unterwelt ebenso wie in die himmlische Sphäre reisen. Solche Reisen unternimmt er aus verschiedenen Gründen, zum Beispiel um die verlorenen oder gefangenen Seelen erkrankter Stammesmitglieder zu suchen, soeben Verstorbene in die Anderswelt zu geleiten oder um höhernatürliche Kräfte für Heilung, Divination und für den Schutz des Stamms vor schädlichen äußeren Einflüssen zu erbitten. Der Schamane ist Experte auf dem Gebiet der Bewusstseinstechniken. Mit Hilfe verschiedenster Methoden führt er Trancezustände herbei, typischerweise durch Trommeln, Singen, Tanzen, Schütteln, Atemtechniken, extreme Diäten und die Einnahme bewusstseinsverändernder Pflanzen. Das zentrale Ziel des Schamanismus ist die Ekstase, genauer: der Flug des Geistes des Schamanen aus seinem Körper – was wir heute »außerkörperliche Erfahrung« nennen. Nach dem Verlassen seines Körpers begibt sich der Schamane auf einen Seelenflug in die Anderswelten.

In einigen Gesellschaften ist der Schamane eine etwas abseits stehende Figur, die man ebenso fürchtet wie respektiert, während er in anderen auch eine zentrale Gestalt wie ein Häuptling oder Mitglied der Herrscherklasse sein kann. In manchen Stämmen, wie in den noch heute existierenden traditionellen Völkern des mittel- und südamerikanischen Regenwalds, waren und sind – bei entsprechender Vorbereitung – mehrere Mitglieder zugleich in der Lage, in den Zustand schamanischer Extase zu geraten.

Der Fachbegriff »Schamanismus« bezog sich ursprünglich nur auf den sibirischen Raum, woher der Begriff stammt. Heute wird die Bezeichnung jedoch von den meisten Anthropologen für die weltweit verbreiteten Heilungs- und Divinationtechniken im Zusammenhang mit Ekstasetechniken verwendet. Manche Zauberer und Geistheiler gelten jedoch nicht als Schamanen, weil sie keine ekstatischen Zustände aufsuchen.

Worten: Unsere vom Körper geprägte Raumwahrnehmung gibt sich stets von alleine eine zentrierte Struktur. Aus dieser Erfahrung entspringen unsere fundamentalen Konzepte des »Hier« und des »Dort«. Der Archäologe JULIAN THOMAS drückt es folgendermaßen aus:

»Wir können zwar unseren physischen Körper vermessen und unsere Entfernung zu anderen Objekten in quantitativen Begriffen ausdrücken, aber das ist eigentlich nur von untergeordneter Bedeutung. Das Maß des Raums im Verhältnis zum menschlichen Körper beruht auf einem wesentlich fundamentaleren Verständnis der Dinge: der qualitativen Unterscheidung zwischen dem, was ›näher‹, und dem, was ›weiter weg‹ von uns liegt. Wenn wir sagen, dass wir uns von etwas emotional distanzieren oder dass wir uns jemandem sehr nahe fühlen, dann verwenden wir räumliche Metaphern nicht bloß, um eher metaphysische Beziehungen auszudrücken. Im Gegenteil, unsere Raumwahrnehmung stützt sich auf die viel grundsätzlichere menschliche Fähigkeit, Beziehung zu erfahren. Diese Erfahrung führt zu einer räumlichen Ordnung, die ihr Zentrum im menschlichen Körper findet … Diese Raumordnung, die wir als ›Erfahrungsraum‹ bezeichnen könnten, weist eine gewisse Priorität in dem Sinn auf, dass sich der geometrische Raum erst begreifen lässt, wenn er zuvor im Erfahrungsraum existiert. … Menschen orientieren sich mehr an der von ihnen erlebten Welt als am Weltverständnis der empirischen Wissenschaften.« (THOMAS 1996)

Dieser 15 Meter hohe Stalagmit in der Muang-On-Höhle in Chiang Min in Thailand bildet eine natürliche, säulen- oder phallusförmige Axis Mundi. (Chris Ashton)

Was Thomas den Erfahrungsraum nennt, bezeichnet der Geograf Yi-Fu Tuan als »symbolischen Raum«. Tuan schreibt (1995): »Ein Raumkonzept, dessen Raster sich aus Zentrum, Peripherie und den vier Haupt-Himmelsrichtungen konstituiert, sei es für einen kleinen Gegenstand ... oder ein großes Land, scheint mit der Praxis, dem Bewusstsein und der Imagination des Menschen äußerst kompatibel zu sein, denn dieses Raster findet sich weltweit. In welcher Gesellschaft auch immer: Das Raumkonzept aus Zentrum und Kardinalpunkten wird mit vielfältiger Symbolik aufgeladen, beispielsweise werden Farben, Tiere, Jahreszeiten oder meteorologische Phänomene sowie soziale Kategorien und Aktivitäten den Richtungen zugeordnet. ... Der symbolische Raum ist eine Art umgestaltete und erhabene Geografie.«

Die beiden Grundparameter in der Struktur menschlichen Denkens und Erkennens – Bilateralität und egozentrische Wahrnehmung – bilden den Archetyp der Quaternität, wie Jung es ausdrückt: »Das anfängliche chaotische Vielerlei der Bilder verdichtete sich im Laufe der Arbeit zu gewissen Motiven und Formelementen, welche sich in identischer oder analoger Gestalt bei den verschiedensten Individuen wiederholten. Ich erwähne als hauptsächlichste Merkmale das chaotisch Vielfache und die Ordnung, die Dualität, den Gegensatz von hell und dunkel, oben und unten, rechts und links, die Einigung des Gegensatzes im Dritten, die Quaternität (Viereck, Kreuz), die Rotation (Kreis, Kugel) und schließlich die Zentrierung und radiäre Anordnung, in der Regel nach einem quaternären System« (1947).

Da haben wir die vier Richtungen. Genau genommen sind es ja sechs Richtungen: Es gibt ein Oben und ein Unten, wir haben unseren Kopf in den Wolken und den Boden unter unseren Füßen, ebenso den Raum vor uns, hinter uns und zu unseren Seiten. Es ist eben diese grundlegende, auf der Beziehung zum Raum basierende Art der kognitiven Kartierung, die die frühen Menschen auf ihre physische Umwelt projizierten und später in Ritualen und Bauten formalisierten, die alle frühen Kosmologien durchdringt. Im Zusammenhang damit, was er »heiligen Raum« nannte, hat Eliade darauf hingewiesen, dass jede Orientierung einen festen Punkt benötigt, auf den sie sich beziehen

kann: »Aus diesem Grund hat der religiöse Mensch immer versucht, seinen Wohnsitz im ›Mittelpunkt der Welt‹ zu fixieren. ... Die Entdeckung bzw. die Projektion eines Fixpunkts – eines Zentrums – ist die Entsprechung zur Erschaffung der Welt« (1992).

Das Zentrum der Welt kann überall sein, da wir – egal, wo wir uns befinden – immer im Zentrum unserer eigenen Welt stehen. Wir sind immer im »Hier«, wo auch immer »Hier« sein mag. Indem man die Bedeutung der Gerichtetheit in sozialen Glaubenssystemen formalisierte, entstand ein Wahrnehmungswerkzeug, das erst »nach der Erschaf-

Detail vom Templo Mayor (großen Tempel) im Herzen von Mexico City. Seine ursprüngliche Pracht und Erhabenheit lassen sich heute kaum noch nachempfinden.

fung der Welt« astronomische (also zeitliche) und kardinale (räumliche) Züge annahm.

Der Archetyp der Weltenachse hat nicht nur kosmologische Modelle und Riten, in denen er durch ein Naturelement wie einen Baum oder einen Berg verkörpert wird, hervorgebracht, sondern auch spezifische Monumentalarchitekturen. So stellen beispielsweise die Hindutempel in indischen Städten den Berg Meru dar und sind deshalb nach den vier Himmelsrichtungen ausgerichtet. Der Templo Mayor, ein Überrest der unter der heutigen Megalopole Mexico City liegenden aztekischen Hauptstadt Tenochtitlan, war als Zentrum des aztekischen Universums angelegt worden, ausgerichtet nach den vier Richtungen, dem Prinzip der Quaternität der Welt. Und auch im südlichen Illinois markieren spezielle kleine Hügel im Umfeld des Monks Mounds, einer riesigen Erdpyramide der Mississippi-Indianer, die vier Richtungen.

Zusammenfassung

Die verschiedenen Erscheinungsformen von Orten, die Menschen als heilig erachten, lassen sich in eine Reihe grundlegender Kategorien oder Typen gliedern:

- Unverändert belassene Naturplätze, die markante Stellen in der Landschaft ausmachen, Naturformen, die an Gesichter oder menschliche bzw. tierische Gestalten erinnern oder anderweitig auffällig sind, sowie die schattigen Orte des Übergangs, wie Höhlen und Quellen, die man als Eingänge zur Unterwelt deutete.
- Weitgehend unspektakuläre Orte, die nur aus kulturellen Gründen für heilig gehalten wurden (zum Beispiel Orte, an denen eine Schlacht oder der Tod eines berühmten Menschen stattgefunden hatten oder an denen man Orakelsprüche oder Heilung suchte, Fundorte wichtiger Pflanzen, nicht kenntlich gemachte Orte für die Visionssuche usw.). Wenn sie längere Zeit nicht mehr aktiv genutzt werden, sind diese Plätze in der Regel mit archäologischen Methoden oder durch andere technische Untersuchungsmethoden so gut wie nicht mehr nachzuweisen.
- Durch Felskunst auf Höhlenwänden oder Felsblöcken, niedrige Wälle, Einfriedungen, Gruben oder Plattformen, niedergelegte Opfergaben, Zusammenfügung auseinandergefallener Gesteine oder Bearbeitung natürlicher Werkstoffe wie Feuerstein, Kalkstein usw. leicht überformte Naturplätze.
- Einfache Monumente aus Erde, Stein und Baumstämmen, wie beispielsweise Grabhügel, mit Gräben und Wällen umfriedete Kult- oder Zeremonialbereiche oder stehende Steine und Kultpfähle.
- Größere und komplexere Megalith- und Erdbauten für zeremonielle und rituelle Zwecke.
- Hochentwickelte architektonische Anlagen wie die Tempelkomplexe und Zeremonialstädte der Ägypter, Griechen oder Mayas.
- Heilige Landschaften, die beispielsweise durch Markierungen auf der Erde, lineare Anordnungen stehender Steine oder durch astronomische Orientierungen mit Hilfe von Landmarken, Steinen, Pfosten und Öffnungen geschaffen wurden.

Zieht man all die Aufgaben in Betracht, die von heiligen Orten erfüllt wurden, so könnte man zusammenfassend sagen, dass diese Plätze auf je unterschiedliche Weise:

- eine mythische oder spirituelle Präsenz in der Landschaft repräsentierten;
- anzeigten, wo Geister oder Gottheiten ihre Behausung hatten;
- den Sinn für das Numinose weckten;
- der Verehrung höhernatürlicher Kräfte und anderen spirituellen und rituellen Aktivitäten dienten;
- an historische, mythische oder anderweitig wichtige Begebenheiten erinnerten;
- als Begräbnisstätten dienten, um den Ahnen in der Landschaft einen Platz zu geben;
- Totenstädte bildeten, in denen Rituale und Zeremonien stattfinden konnten;
- eine andersweltliche Geografie abbildeten;
- dafür geeignet waren, die Götter um Rat zu fragen;
- ein kosmologisches Konzept repräsentierten;
- durch astronomische Ausrichtung Himmel und Erde miteinander verbanden und sich daher für astrologisch oder kosmologisch begründete Zeremonien eigneten.

EVOLUTION UND PULRALITÄT

In meinen bisherigen Ausführungen ist deutlich geworden, dass der heilige Ort eine umfassende Entwicklung durchlaufen hat, angefangen in frühester Zeit, als Naturplätze den Auslöser religiöser Empfindungen bildeten, über die Zeit der Monumentalisierung bis hin zur hochentwickelten Architektur. Doch es wäre falsch, die hier sehr verallgemeinert dargestellte Entwicklung als kontinuierliche Abfolge einer »Evolution« zu betrachten. Der heilige Ort fing nicht einfach mit einer Höhle an und endete mit einem Kriegerdenkmal an der Straßenecke einer modernen Stadt. Es gab beispielsweise Zeiten, als in Griechenland oder auf der Halbinsel Yukatan bereits eine hochentwickelte Tempelarchitektur existierte, man parallel dazu aber noch Höhlenschreine und Gipfelheiligtümer zu Kultzwecken aufsuchte. In vielen Regionen änderten sich die Rolle und der Charakter bestimmter Orte im Wechsel der Kulturen und Götter. Und selbstverständlich haben sich die verschiedenen Kulturen an unterschiedlichen Orten in vielfältiger Weise und in je eigenem Tempo gewandelt, so dass einige Menschen bis heute an Naturplätzen opfern, während andere ihre Gotteshäuser aus Stahl und Beton in einem modernen Stadtzentrum aufsuchen. Ironischerweise findet Spiritualität vermutlich nach wie vor dort ihren direktesten und reinsten Ausdruck, wo die Menschen der Natur am nächsten sind und noch immer heilige Bäume, geheiligtes Wasser und numinose Felsen kennen.

Der weitere Verlauf des Buchs zeichnet die Entwicklung nach, die der heilige Ort seit der Verehrung solcher Naturplätze genommen hat – bis zu dem Punkt, an dem die Beziehung der Monumente und Tempel zur Landschaft und den Besonderheiten der Umgebung endete. Kurz: Das Buch erzählt die Geschichte der heiligen Orte nur so weit, wie sie dem Genius Loci noch ein Zuhause gaben.

Heilige Berge, heilige Plätze: Loughcrew in Irland ist eine uralte sakrale Landschaft. Dieser Ausblick aus einem Ganggrab weist nach Osten zum berühmten Cairn T.

2

Naturplätze, frühe Zeichen

Ein gigantischer Stalagmit: das erstaunliche Ebenbild eines großen Baums – eine Axis Mundi, von der Natur aufgerichtet, umgeben von Opfergaben, die hier seit einem Jahrtausend ungestört liegen ...

Balankanche, Yukatan, Mexiko

2 Naturplätze, frühe Zeichen

Die ersten heiligen Orte waren Orte in der Natur. Es war die Erde selbst, die diese ursprünglichen Plätze darbot, an denen sich die Empfindung von Heiligkeit verdichtete. Welches Monument, welche Kultstätte auch immer sich an einem solchen Ort später entwickelt haben mag – alle Gesellschaften wählten zunächst spezifische Naturplätze als ihre besonderen Orte, denen sie oft noch lange Zeit verbunden blieben, selbst als architektonisch ausgestaltete Heiligtümer in ihrer Umgebung erbaut wurden. Der Impuls, der uns heute eine Kirche, eine Moschee, einen Tempel oder andere kultivierte, hochentwickelte Andachtsorte aufsuchen lässt, manifestierte sich zum ersten Mal in Höhlen oder Hainen, auf Bergen, in Schluchten, an Flüssen, Quellen und anderen Orten in der Natur, aus denen zu unseren fernen Vorfahren eine spirituelle Kraft sprach.

Das beeindruckende Simulakrum eines Kopfs auf dem Gipfel von Carn Brae in Cornwall, England, ist in der lokalen Bevölkerung als »Riese« bekannt. Er blickt auf den St. Agnes Beacon, eine Erhebung in zehn Kilometern Entfernung, auf dem ebenfalls ein Riese wohnen soll. Einer Legende nach bewerfen sich die beiden Riesen mit Steinen. Auf Cairn Brae befinden sich die Überreste einer 5000 Jahre alten Siedlung.

Manche dieser ursprünglichen Orte lassen sich noch heute identifizieren – und selbst wenn wir das kulturelle und religiöse Gedankengut, in das unsere Vorfahren ihre unmittelbare Reaktion auf solche Orte kleideten, nicht mehr teilen, so sind es gerade jene alten, heiligen Naturplätze, die uns nach wie vor machtvoll auf einer seelischen oder numinosen Ebene berühren. Wir glauben heute nicht mehr an das griechische Pantheon, und Zeus mag sich auf einen Gewittersturm reduziert haben, aber dennoch wird auch ein moderner Besucher der Dikteon-Höhle auf Kreta, dem mythischen Geburtsort des Zeus, von einem Gefühl der Ehrfurcht ergriffen werden. Selbst die Andachtsorte relativ junger Weltreligionen wirken auf uns auf der psycho-spirituellen Ebene wie auf der Ebene des »Bauchgefühls« am stärksten, wenn sie Naturplätze imitieren. So sollten die gotischen Kathedralen den Eindruck vermitteln, man befände sich in einem Wald von hohen Bäumen, in einem himmelwärts gerichteten Raum aus stammartigen Säulen, die bis zum Dach hinaufreichen und sich wie der Blätterbaldachin eines Waldes zu einem Gewölbe verflechten – ein kühler, dämmriger Ort, erhellt durch vereinzelte Lichtstrahlen. Oder Moscheen mit ihrem Glanz und Geglitzer: Feingliedrige, der Natur nachempfundene Ornamente erstrahlen hier in anderweltlichem Licht und symbolisieren den Paradiesgarten. In einigen alten Religionen galten, wie wir bald sehen werden, Pyramiden als metaphorische Berge.

Wie können wir heute ohne ethnologische oder archäologische Hinweise erkennen, dass ein von Menschen unverändert belassener Ort in der Natur in früherer Zeit als heilig galt? Hier muss eine uns angeborene Erkenntnisfähigkeit im Spiel sein – die Fähigkeit, die sogenannten *Loci Consecrati* (»geweihten Orte«) wiederzuerkennen. Diese Sensibilität ist in unseren Zellen wie in unserer Psychologie verankert. Es handelt sich um einen universalen Sinn, der mit den grundlegenden Bedingungen eines Orts resoniert, gleichgültig, unter welcher kulturellen oder religiösen Fassade sie verborgen sein mögen. Freilich gibt es auch eine Reihe offensichtlicher Eigenschaften, die einen Naturplatz als früheres Heiligtum ausweisen. Dazu gehört seine prominente Lage in der Landschaft, die ihn zu einem Fokus, einem Zentrum der Wahrnehmung, zu einer Landmarke macht. Im Zusammenhang damit steht ein weiteres, bereits im ersten Teil erwähntes Charakteristikum: eine ungewöhnliche Form von Hügeln, Bergen oder Felsen, die vielleicht an einen Menschen, ein Tier oder an eine andere symbolträchtige Gestalt erinnert. LEVY-BRÜHL schreibt, dass für die indigenen Stämme Neuguineas und die australischen Aborigines außergewöhnliche Landschaftsformen »Indikatoren ... für die Gegenwart und die (vergangene wie gegenwärtige) Aktivität der mythischen Ahnen waren«. Das trifft auch für viele weitere alte Kulturen der Welt zu. Der Archäologe RICHARD BRADLEY berichtet von den heiligen Orten der Sami in Lappland, von ihren *siejddes* genannten Opferstätten, die »häufig von Felsformationen geprägt sind, die eine gewisse Ähnlichkeit mit Menschen, Tieren oder Vögeln besitzen« (BRADLEY 2000). Auch die Wintu-Indianer Kaliforniens glauben, dass ungewöhnlichen Felsformationen Geistwesen innewohnen (THEODORATUS & LAPENA 1994). Die Inkas der Anden erwählten (oder erkannten) einen Ort in der Natur als heiligen Platz *(huaca)* aufgrund

> »... seiner Andersartigkeit, seiner fesselnden visuellen Qualität oder seiner außergewöhnlichen Form ... Ein Stein erhält einen besonderen Stellenwert, weil er einem Menschen ähnelt, ein anderer, weil er in der Gestalt eines Falken geformt ist.« (GUCHTE 1999)

Zu den weiteren Anhaltspunkten, ob ein Ort in der Natur oder auch ein größerer Landschaftsraum früher als heilig galt, gehören auch ästhetische Charakteristika, deren psychologische Wirkung Menschen in besondere Zustände versetzen kann. Beispiele sind ehrfurchtgebietende Naturgeräusche – ein brausender Wasserfall oder Fluss, der Wind, wie er in den Blättern rauscht oder durch Felsritzen pfeift, ein sonderbares Echo. Oder es zeigen sich besondere Lichteffekte – die Art, wie Sonnenstrahlen durch ein Blätterdach fallen oder hohe Felsen sich ihnen in den Weg stellen, um ein schauriges Dämmerlicht zu erzeugen. Vor allem sind es die dramatischen und gefährlichen Schauplätze, die die Kraft der Erde spürbar machen, denen allgemein Heiligkeit zuerkannt wird. Im Altertum brachte man beispielsweise am Kraterrand des Ätnas Opfer dar.

Aber auch das Gegenteil trifft zu: Für viele frühe und traditionelle Völker deutete ein sanft aus seinem Quellgrund hervorsprudelndes Wasser auf die Gegenwart der Ahnen unter der Erde hin. Eine weitere wichtige Kategorie von Orten mit numinosem Potenzial sind solche in Grenzsituationen oder Randbereichen – Orte, die sowohl zur einen wie auch zur anderen Welt gehören. Höhlen, die den Übergang von Licht zu Dunkelheit, von der Welt zur Unterwelt (Leben und Tod) erlebbar machen, sind klassische Beispiele dafür. Höhleneingänge vermitteln diese Grenzerfahrung besonders intensiv; in manchen mit Felskunst versehenen Höhlen, zum Beispiel in Westnorwegen, befinden sich die Bildwerke genau an der Stelle der Höhlenwand, von der das letzte Tageslicht schwindet. Ähnliche Erfahrungen vermitteln Haine. Hier entstehen Grenzflächen durch den Wechsel von hellen Lichtstrahlen, Schatten und weichem, grünem Dämmerlicht. Küstenlinien sind ein weiteres Beispiel für Grenz- oder Übergangsbereiche, in denen man vorzugsweise heilige Schreine errichtete, ebenso die Membran zwischen kultiviertem Land und der Wildnis, die als Scheidelinie zwischen der sesshaften, bäuerlichen Lebensweise und dem Nomadentum der Hirten und Jäger noch eine tiefere soziale Bedeutung hatte. Auch Flüsse wurden von vielen alten Völkern wie den Sami oder den Griechen als Übergang zwischen den Welten erlebt, als Grenzlinie zwischen den Lebenden und den Toten. Das berühmte Beispiel aus der griechischen Mythologie ist der Styx, den die Seelen auf ihrem Weg in die Unterwelt in Charons Nachen überqueren müssen. Wir erinnern uns: Im ersten Teil war die Rede davon, dass im Hinduismus die *Tirtha*, der heilige Ort der »Überkreuzung«, in erster Linie ein Ort des Übergangs ist. Sie ist ebenfalls mit Flüssen assoziiert, in vielen Fällen mit realen Wasserläufen, aber auch metaphorisch.

Wie oft genießen wir den freien Blick in die Landschaft von Aussichtspunkten – auf die wir heute mit Hinweisschildern oder einem Parkplatz neben der Straße aufmerksam gemacht werden –, ohne dass uns der Gedanke kommt, wir könnten an einem der Orte stehen, denen die frühen Menschen aus ihrer bloßen Existenz heraus Heiligkeit zugesprochen haben. Shinto-Tore *(torii)* in Japan kennzeichnen beispielsweise genau solche heiligen Orte, von denen aus man in die Landschaft blickt. Schreine und Heiligtümer dieser Art waren besonders in Gesellschaften verbreitet, die unterwegs waren: Nomadenstämme, Jäger und Sammler und Hirtenvölker. Sie hatten einen anderen Blick auf das Land als sesshaftere Gesellschaften oder eine Kultur wie die unsrige, die ihre gesamte Umgebung entmythologisiert hat. Vor allem erfuhren sie die Landschaft buchstäblich in Schrittgeschwindigkeit und nahmen deshalb Dinge wahr – Orte, Ausblicke, Landformen, Sichtlinien –, die ein moderner Mensch in seiner schnellen Gangart gar nicht mehr bemerkt. Selbst wenn wir heute eine Landschaft zu Fuß durchwandern, sind wir allzu oft von unseren eigenen Gedanken besetzt. Wir halten unseren Geist in unserem Gehirn hinter den Augen in sicherer Verwahrung, und das beeinflusst die Art, wie diese Augen sehen – oder eben nicht sehen. Die frühen Menschen hingegen breiteten ihren Geist, ihre Erinnerungen, ihre Mythen bereitwillig vor sich aus – vor ihren Augen, in der Landschaft. Das Land war Geist, war Bewusstsein, war Gedächtnis. PIERS VITEBSKY bemerkt, dass es in schamanischen Kulturen »kein Privileg des Schamanen war, den eigenen Geisteszustand in einer Geografie außerhalb des eigenen Selbsts zu kartografieren, sondern eine verbreitete Weise, über die eigenen Gefühle und sozialen Beziehungen zu sprechen« (zitiert nach WALTER 1995).

Einige der heiligen Naturplätze an alten Wegen sind einfache Felsbrocken oder Felsaufschlüsse, manche von ihnen sind mit Felskunst versehen. Wie ich schon im ersten Teil erwähnt habe, nehmen Archäologen allmählich zur Kenntnis, dass sich solche Orte häufig durch weite Panoramen auszeichnen. »Jäger und Sammler erkennen ihre Territorien an den Pfaden, die zwischen bestimmten Plätzen verlaufen«, schreibt RICHARD BRADLEY (1993). »Manche dieser Orte überblicken das umliegende Land, so dass die Menschen ihr Gebiet als Sammlung von Perspektiven von diesen Punkten aus begriffen haben könnten.« SVEN OUZMAN (1998) beobachtet außerdem, dass »der Weg, der zwischen den Felskunststätten begangen wurde, womöglich ebenso wichtig war wie die Orte selbst«. Der Archäologe CHRISTOPHER TILLEY nennt das Wandern eine »topografische Sprache« und konstatiert, dass in manchen Gesellschaften »Gehen sowohl Medium als auch Ergebnis einer besonderen Praxis im Umgang mit Räumlichkeit ist, ein spezieller Modus des In-der-Welt-Seins. ... Der Blick von einem Ort aus gibt seiner Position im räumlichen Gefüge einen Sinn« (1994); TILLEY verwendet den Ausdruck »wo die Wanderung den Ort trifft« (1993a). Er beschreibt die Praxis der Kamelhirten der Gabbra im Grenzgebiet zwischen Kenia und Äthiopien, die in bestimmten Abständen Pilgerfahrten zu heiligen Stätten in den Bergen unternehmen. Auf diesen *Jila*-Reisen schlägt man nicht den kürzesten Weg zu einem Berg ein, »sondern vielmehr eine vorgeschriebene Wanderroute, auf der man diesen Berg jeweils von der günstigsten Richtung her sehen und sich ihm annähern kann« (1993a). Das Netz aus Pfaden und Straßen hat für Menschen, die durch ihr Land ziehen, eine wesentlich höhere Bedeutung als für ein sesshaftes Volk. Selbstverständlich befriedigen Wege auch pragmatische Bedürfnisse, indem sie Zugang zu Wasserstellen und zu essbaren Pflanzen bieten oder es erlauben, den Herden zu folgen. Da aber die Pfade durch das Land Verbindungen zwischen mit mythischer Bedeutung aufgeladenen Landmarken herstellen, werden somit das Wasser, der Zug der Tiere und die dortigen Nahrungsressourcen zu Bestandteilen der Mythen jener Orte. In diesem Kontext werden heilige Orte so etwas wie Stationen einer Reise, Interpunktionszeichen einer Landschaftsgeschichte. Insbesondere die »Traumpfade« der australischen Aborigines, die von BRUCE CHATWIN als *Songlines* popularisiert wurden, haben einen solchen Charakter. Ein Traumpfad ist nicht nur eine Erscheinung der physischen Welt, er wird auch zur Metapher in sozialen und religiösen Zusammenhängen kleiner Stammesgemeinschaften und sogar größerer, komplexerer Gesellschaften.

Man kann also einen heiligen Ort in der Natur leicht übersehen. Soll es so etwas geben wie eine Archäologie der Naturplätze – und RICHARD BRADLEY hält das für unverzichtbar – müssen wir, wie im ersten Teil bereits diskutiert, die Fähigkeit entwickeln, in längst vergangene Denkweisen, Sehweisen und Gefühle einzutauchen. Es gilt, neue

Zwischen Licht und Dunkel: Diese Kaverne in der Loltun-Höhle, einem Kultort der Mayas in Mexiko, zeigt eindrucksvoll den Grenzlinien-Charakter vieler alter heiliger Orte.

Methoden in der Ausbildung von Archäologen zu entwickeln, die ihnen vermitteln, wie sie ihre Intuition effektiver nutzen und zeitweise ihre von der modernen Kultur geprägte Wahrnehmung erweitern können. (In begrenztem Umfang hat eine solche Entwicklung bereits innerhalb der sogenannten kognitiven Archäologie begonnen.) Wir müssen uns selbst in den Bewusstseinsraum der vorgeschichtlichen Bewohner der untersuchten Gegend versetzen. Erst dann können wir die Landschaft auf deren Weise erfahren, zumindest bis zu einem gewissen Grad. Wollen wir unseren Augen ein solches altertümliches Schauen erfolgreich antrainieren, müssen wir zuerst die Fähigkeit entwickeln, unsere gesamten Wahrnehmungsprozesse und die Beeindruckungsfähigkeit unserer Psyche zu ändern, und sei es auch nur für eine flüchtige Sekunde. In solchen Augenblicken erhaschen wir einen kurzen Blick auf das Land, so wie es unsere Vorfahren gesehen haben: als heilige Landschaft, durchtränkt mit Mythen und spiritueller Bedeutung. Welche Plätze in diesem Land früher als heilig galten, erklärt sich dann von selbst. Idealerweise – doch wer lässt sich heute auf so etwas ein? – erfährt man solche Orte in einem Trancezustand, womit man der Art der Landschaftserfahrung der frühen Menschen am nächsten kommt. Ein visionärer Bewusstseinszustand war das Fundament früher religiöser Praktiken, und viele heilige Orte, sowohl Naturplätze als auch Monumente, waren mit Sicherheit zuvorderst Schauplätze von Ekstase. Stellen Sie sich vor – wie mag eine menschliche Gestalt, die sich als zufälliges Abbild in einem Felsen zeigt, in einem veränderten Bewusstseinszustand wirken? Wird sich das Bild bewegen oder gestikulieren? Spricht es? Singt im Brausen eines heiligen Wasserfalls ein Chor von Geistwesen? Lassen auf einem Berggipfel die Götter im Heulen des Windes, der durch die Felsverstecke pfeift, himmlische Weisheiten hören? Und wispern die Ahnen im Rascheln der Blätter eines heiligen Hains ihren Nachkommen wichtige Botschaften zu?

Kurz: Die einzig richtige Herangehensweise zur Identifizierung von nicht weiter gekennzeichneten heiligen Naturplätzen besteht darin, die Landschaft, von der man weiß, dass dort in der Frühzeit Menschen lebten, sorgfältig zu studieren und selbst zu erfahren. So lassen sich Orte finden, an denen man noch immer die bewegende Gegenwart

Zeitalter vor unserer Zeit

In diesem Buch beziehen wir uns immer wieder auf Epochen der Vorgeschichte wie beispielsweise das Neolithikum. Die Zeiteinteilungen hierzu sind sehr stark generalisiert und entsprechend unscharf. Im Folgenden sind die wichtigen Klassifizierungen aufgeführt, mit denen die europäische Vorgeschichte eingeteilt wird:

Paläolithikum (Altsteinzeit)	700 000–8 000 v. Chr.
Altpaläolithikum	700 000–200 000 v. Chr.
Mittelpaläolithikum	200 000–35 000 v. Chr.
Jungpaläolithikum	35 000–8 000 v. Chr.
Mesolithikum (Mittelsteinzeit)	8 000–5 500 v. Chr. fließender Zeitübergang
Neolithikum (Jungsteinzeit)	5 500–2 000 v. Chr.
Altneolithikum	5 500–4 900 v. Chr.
Mittelneolithikum	4 900–3 800 v. Chr.
Jungneolithikum	3 800–2 000 v. Chr.
Bronzezeit	2 000–900 v. Chr. in Westeuropa auch später
Eisenzeit	ab 900 v. Chr. bis in historische Zeit
Frühgeschichte	beginnt regional unterschiedlich, generell ab der ersten schriftlichen Aufzeichnung oder Erwähnung.

In einigen Regionen Europas existierten parallele Entwicklungen zum Teil während längerer Zeiträume. Die Zeiteinteilung der Vorgeschichte wird ausschließlich anhand der durch archäologische Daten belegten Technologiewechsel vorgenommen und reflektiert im seltensten Fall anders begründete kulturelle Umbrüche. Man sollte sich daher stets bewusst sein, dass es sich bei diesen allgemeinen Angaben nicht um wissenschaftlich exakte Datierungen handelt, sondern nur um eine Arbeitshilfe für den interessierten Laien.

eines Numens spüren kann, oder ein visueller oder akustischer Eindruck bringt einen auf die richtige Spur. Hier ist das gut entwickelte und diszipliniert eingesetzte Werkzeug der subjektiven Empfindung notwendig, um zu objektiven Aussagen zu kommen.

In Landschaften mit vorgeschichtlichen Monumenten kann man in der Regel davon ausgehen, dass diese in einer Beziehung zu Naturplätzen stehen, die vor der Errichtung der Bauwerke als heilig galten. Manchmal lässt sich vom Monument aus eine Spur aufnehmen, die zu einem solchen Platz führt. Wie Bradley beobachtet, nehmen solche Bauwerke zuweilen »direkten Bezug zu bestimmten Merkmalen in der umgebenden Landschaft auf«. Er fährt fort: »Manche sind auf Himmelskörper orientiert, aber ebenso möglich sind Orientierungen auf Hügel oder Felsen. Zuweilen ist die Beziehung sogar noch dichter. Eine Gruppe von Megalithen in Schweden schien beispielsweise so konstruiert zu sein, dass ihr Erscheinungsbild eine nahegelegene Berggruppe nachahmte ... eine Verbindung, die sogar die Auswahl des Materials für den Bau beeinflusste« (Bradley 2000).

Im dritten und im vierten Teil dieses Buchs werden wir konkrete Beispiele für die Rekonstruktion einer frühzeitlichen Vision der Landschaft – einer sakralen Geografie – kennenlernen.

Manche heiligen Stätten lassen sich allerdings trotz allem nicht erkennen, es sei denn, man weiß etwas über die Geschichte und die Glaubenssysteme der betreffenden historischen Gesellschaften. Es gibt Orte, deren Lage und Bedeutung wir nicht erschließen können, ohne die Ethnologie des betreffenden Stamms oder der Gesellschaft zu kennen. Ich spreche von Orten, die aus spezifischen kulturellen Gründen als heilig oder mit höhernatürlicher Kraft aufgeladen galten – anders als jene, die das vorhin besprochene natürliche Empfinden von Heiligkeit in uns auslösen. Im ersten Teil sind uns bereits einige kulturelle Hintergründe für die Heiligkeit eines Orts begegnet, beispielsweise die Vermutung, eine historische oder mythische Persönlichkeit sei dort gestorben oder eine legendäre Schlacht, ein mythischer Kampf hätten dort stattgefunden. Zu dieser Kategorie gehören Orte, die mit Krankheitsfällen, verursacht durch Angriffe böser Geister, in Verbindung gebracht wurden oder die für Geistererscheinungen bekannt waren. Auch gefährliche, kaum zugängliche Plätze, die als Ziele schamanischer Trancereisen galten (Walter 1995), oder Orte, die man mit bestimmten kosmologischen Ereignissen in Verbindung brachte, etwa weil man von dort aus einen bestimmten Himmelskörper aufgehen sah, gehören dazu. Manche Plätze mögen auch als heilig gegolten haben, weil sie die Grenzen eines Territoriums markierten – das bleibt dem Forscher verborgen, der nicht weiß, ob eine Landschaft in alter Zeit überhaupt Stammesgebiet war. Schließlich sollten wir nicht vergessen, dass »alltägliche Landschaften«, die wir heute in strikt weltlichen Kategorien betrachten, von den Völkern des Altertums ebenfalls als heilig erfahren werden konnten.

Obwohl die meisten dieser Stätten ohne die notwendigen ethnologischen Informationen wohl für immer verloren sind, gibt es doch eine Reihe heiliger Naturplätze, die als solche identifizierbar sind, und mit diesen werden wir uns nun befassen.

Erste Zeichen

Ob ein Ort ein altes Naturheiligtum war, lässt sich mit verschiedenen objektiven Methoden herausfinden. Eine Schlüsselfunktion kommt hier der Ethnologie zu, denn das Studium noch heute existierender traditioneller Gesellschaften oder Stammeskulturen eröffnet ein Verständnis für deren Umgang mit besonderen Orten in der Landschaft in religiösen Zusammenhängen. Freilich gehören viele heilige Orte zu bereits lange untergegangenen Kulturen, zu denen keinerlei ethnologische Aufzeichnungen existieren. Doch gelegentlich vernimmt man noch ein schwaches Echo jener Völker in der Landschaft: in den Ortsnamen. Hier ermöglicht uns die Namensforschung, die Onomastik, einen Zugang. Freilich ist dies – im Vergleich etwa zur »harten« Technik archäologischer Ausgrabungen – eine eher »weiche« Herangehensweise, aber sie kann uns dennoch Hinweise darauf geben, welche Naturplätze Verehrung erfahren und wo Rituale stattgefunden haben. Die aus dem keltisch geprägten Schottland stammende Wissenschaftlerin ANNE ROSS hat darauf hingewiesen, dass regionale Ortsbezeichnungen über enorm lange Zeit existieren können. ROSS, die Gälisch als Muttersprache spricht, forschte über Glen Lyon, ein entlegenes Tal mitten in den schottischen Highlands, und fand in praktisch jedem gälischen Namen eines Felsens, Berggipfels oder Flusses eine Anspielung auf ihr mythologisches, sakrales Wesen. (In diesem Tal wird jedes Jahr ein Ritual ausgeführt, dessen Ursprünge mindestens bis in die Eisenzeit zurückreichen, wie wir im dritten Teil sehen werden.) Eine andere Forscherin, HILDA ELLIS DAVIDSON, hat Ähnliches bei skandinavischen Ortsnamen festgestellt: »Sie zeigen, dass viele Orte in der Region einem Gott oder einer Göttin gewidmet waren, folglich müssen sie in einer gewissen Hinsicht als geheiligte Erde gegolten haben« (DAVIDSON 1967). Beispielsweise sind von heidnischen Göttinnen wie Ull und Njord, die kaum in der Literatur erwähnt werden, viele Ortsnamen aus der Zeit vor den Wikingern abgeleitet. In England stellte DELLA HOOKE (1998) das »erstaunliche Alter« mancher Flussnamen fest: »Es scheint, man habe sie von den jungsteinzeitlichen Menschen, die diese Inseln in prähistorischer Zeit bewohnten, übernommen.« (Im vierten Teil begegnen wir einem vermutlich neolithischen Flussnamen, der in der sakralen Geografie des Avebury-Komplexes in Wiltshire überlebt hat.)

Es ist immer lohnend, alte Ortsnamen in der eigenen Umgebung zu untersuchen, denn Bezeichnungen aus der vorindustriellen Zeit beziehen sich häufig auf die physische Erscheinung eines Platzes, auf die Topografie. Das macht es spannend, die Gestalt des Landes genauer zu betrachten und verschüttete Bedeutungen ins Bewusstsein zurück zu heben. Beispielsweise setzt sich der in vielen Regionen Englands vorkommende Ortsname Weedon aus den angelsächsischen Wörtern *weoh* und *dun* zusammen, und das bedeutet soviel wie »Schrein auf einer Bergkuppe«. Ortsnamen, die den Begriff Harrowden enthalten, wie man sie insbesondere in Bedfordshire und Northhamptonshire häufig findet, gehen auf eine ähnliche alte Wurzel zurück.

Heilige Stätten der Kelten sind dafür berüchtigt, schwer zu identifizieren zu sein, denn in der Regel waren es Orte in der freien Natur wie Haine und Brunnen oder Quellen. Obwohl die Kelten auch verschiedene Schreine errichteten, gab es an den Naturplätzen wohl kaum etwas Menschengemachtes, höchstens hölzerne Götterbildnisse. An den wenigsten Orten haben diese Bildwerke überlebt, die meisten sind schon vor langer Zeit verschwunden, als auch die Plätze ihre Bedeutung verloren haben. Viele heilige Brunnen und Quellen haben die Jahrhunderte überdauert (ein großer Teil wurde christianisiert), doch wo sich die heiligen Waldlichtungen der Kelten befunden haben mögen, ist kaum noch festzustellen. Hier bieten Ortsnamen besonders wichtige Indizien. Das keltische Wort für Heiligtum *nemeton* findet sich im Altirischen als *nemed* und *fidnemed* (»heiliger Hain«) wieder. Ortsnamen, die Bestandteile dieses alten Begriffs enthalten, sind in den keltisch geprägten

Der Sancreed-Brunnen in Cornwall besitzt die typische Atmosphäre alter keltischer heiliger Brunnen.

Gebieten Europas weit verbreitet, insbesondere unter den romanisierten Ortsnamen. Die Ableitung von Nanterre beispielsweise, der Stadt zu Füßen des Mont Valèrien in Frankreich, stammt von Nemetodorum. Vernemet(on) hieß ein heiliger Hain, der früher in der Nähe der mittelenglischen Stadt Leicester lag, und in der Stadt Buxton in Derbyshire gab es eine heilige Quelle namens Aqua Arnemetia – der Name ist von der Schutzpatronin der Quelle und ihrem heiligen Hain, der Göttin Arnemetia, abgeleitet. Ortsnamen im Südwesten Englands, die den Begriff Nymet enthalten, wie Nymet Tracey und Nymet Rowland, beide in Devon, beziehen sich vermutlich auch auf frühere heilige Haine.

Neben der volks- und völkerkundlichen Herangehensweise kann selbstverständlich auch die Archäologie zur Klärung der früheren Bedeutung eines Naturplatzes beitragen. Sie fördert Zeugnisse zutage, die sich in drei Kategorien einordnen lassen: Opfer- und Weihegaben an Orten der Naturverehrung, verschiedene Überformungen oder Ausschmückungen, die der Ort erfahren hat – dazu gehört auch die Entnahme von rituellem Material –, sowie eine sehr spezielle Art der Ausschmückung eines Orts, nämlich Gravuren oder Malereien auf Felsoberflächen – Felskunst. Zusammengenommen bilden solche Funde die wesentlichen Indizien auf die frühere Heiligkeit eines Naturplatzes; sie machen ihn archäologisch sichtbar.

WO MAN OPFERT

Bei den vorchristlichen heiligen Stätten der Sami in Lappland handelt es sich in erster Linie um ausgewählte Naturplätze: Seen (oft mit weiblichen Ahnenwesen assoziiert), Flüsse, Berggipfel (bestimmten Göttern geweiht), manche mit markanten Profilen, Bäume, »die vielleicht humanoide Züge trugen« (FJELLSTRÄM 1983), Wasserfälle, sogenannte *Seite*-Steine mit besonders außergewöhnlichen Formen, Felsvorsprünge an Klippen, Halbinseln, Höhlen, kleine Inseln sowie prominente Felsbrocken und Felsformationen. Letztere wurden häufig aufgrund ihrer ungewöhnlichen Gestalt ausgewählt, etwa weil sie an Menschen oder Tiere erinnerten. Viele dieser Stätten sind nur deshalb von den Archäologen als solche erkannt worden, weil man dort Opfer- oder Weihegaben gefunden hat. Die Literatur nennt

Ein Opferplatz (siejdde) der Sami im nördlichen Norwegen. (Richard Bradley)

sie allgemein Opferplätze. Der schwedische Wissenschaftler ROLF KJELLSTRÖM ist jedoch der Ansicht, dass man zwischen Opferplätzen und Orten, die er als Kultplätze bezeichnet, unterscheiden müsse. Bis zum heutigen Tag sind rund 500 Naturheiligtümer der Sami erfasst worden, oft in entlegenen Gegenden an den Routen, die sie mit ihren Rentierherden ziehen, oder bei Jagd- und Fischgründen und an Siedlungsplätzen. Die heidnischen Sami pflegten eine schamanisch-animistische Kultur. Ihre Landschaft war von Geistwesen und Göttern bewohnt, und ihre heiligen Stätten kennzeichnen Orte der Präsenz solcher Entitäten und Gottheiten. Sie huldigten regionalen Ortsgöttern, den Ahnen sowie den göttlichen Personifizierungen von Sonne, Mond, Donner und anderen Elementen. Man brachte ihnen aus verschiedensten Gründen Opfer dar – als Geschenk, als Erntedankgabe, wohl auch als Dank für eine erfolgreiche Jagd, als Versöhnungsangebot, um einen Gott nach einer Missetat wieder günstig zu stimmen, oder um das Wohlwollen einer regionalen Gottheit zu gewinnen, die etwa die Fruchtbarkeit der Rentiere und Fischbestände oder eine geplante Unternehmung fördern sollte. In der heidnischen Tradition der Sami (der Einfluss des Christentums begann in Lappland erst ab der Jahrtausendwende) wurden in erster Linie Gegenstände aus Holz oder Metall geopfert, aber auch Rentierknochen, ganze Bären (in sogenannten Bärengräbern) und gelegentlich auch andere Tiere und Gehörn. In geringerem Ausmaß wurden auch Materialien wie Quarz, Flint und Glas gefunden oder auch Nahrungsmittel wie Fisch, Milch, Käse und Haferbrei (als Getreideopfer an die Sonnengöttin Bieve). Metallobjekte – Schnallen, Ringe, Ketten, Anhänger, Spangen, Bleche, eiserne Pfeilspitzen, Messer, Silbermünzen – wurden in der Zeit zwischen 950 und 1350 an solchen Plätzen abgelegt, inbesondere dort, wo Opferrituale bis in die Neuzeit hinein praktiziert wurden. Viele der Metallobjekte stammen aus Handelskontakten mit anderen Ländern, doch manche, vor allem Zinnarbeiten, wurden auch von den Sami selbst hergestellt. Sie glaubten an eine dem Metall innewohnende, außergewöhnliche Kraft. Messing galt als besonders heilig, unter den Opfergaben fand man Messingringe für die Sonnengöttin sowie Messingstäbe, die zusammen mit der Schamanentrommel als Zeiger für die Divination dienten. Auch Götteridole aus Stein oder Holz wurden an manchen Orten aufgestellt. Bei den steinernen Idolen handelte es sich fast ausnahmslos um unbearbeitete Steine, die zufällig anthropomorphe Züge oder eine seltsame Färbung aufwiesen – ein solches Bildnis konnte beispielsweise aus einem großen, schwarzen Stein als Körper, auf den ein kleinerer weißer Stein als Kopf gesetzt wurde, bestehen (Bradley 2000). Von den Holzidolen sind nur wenige erhalten, aber aus ihnen lässt sich schließen, dass sie in der Regel aus Baumstämmen angefertigt wurden; meist musste man nur geringfügig nachschnitzen, um eine natürliche, bereits im Holz vorhandene suggestive Form deutlicher herauszuarbeiten. Eher archaische Holzidole waren hingegen nackte Baumstrünke mit nach oben gekehrten Wurzeln oder ein an einer Seite gespaltener Holzklotz. Opfergaben aus Geweihen stammten tpyischerweise von Rentieren, man hat aber auch Votivgaben aus Hirschhorn gefunden.

Um zu vermitteln, wie sich eine solche Stätte vor Ort »anfühlt«, streifen wir noch ein paar Beispiele heiliger Sami-Orte. Der Ort Vidjakuoika (*vidya* bedeutet »heilig«) liegt nahe bei den Stromschnellen des Vuojatätno-Flusses in Jokkmokk im schwedischen Lappland. Hier fand man

Historische Abbildung eines Sami, der an einer Opferstätte betet. (J. Schefferus, 1673)

vierzig *Seite*-Steine, eine dicke Schicht Rentierknochen und Geweihe, eiserne Pfeilspitzen und Bronze-Bleche. Die Markknochen waren aufgebrochen, was auf Opfermahlzeiten hindeutet. Am Opferplatz auf Saivo, einer kleinen Insel im Gällivare-See in Schweden, fand sich ein ähnliches Depot, ergänzt durch die Knochen weiterer Tiere, Metallschmuck, Ketten und Perlen. Viele solcher Stätten sind völlig unscheinbar, oft findet sich dort nicht viel mehr als einige Knochen und ein Stück Metall in einer Grube, unterm Torf, bei einem Feldstein oder in einer Ritze zwischen ein paar größeren Steinen.

Die Praxis, Opfergaben an besonderen Plätzen in der Natur darzubringen, war im Altertum weit verbreitet. Eine der vielen Regionen, die wir als Beispiel heranziehen können, ist das prähistorische Großbritannien. In Höhlen finden sich hier häufig Depots, die Knochen und sogenannte Peterborough-Keramik – ein neolithischer Keramik-Stil – enthalten, als gäbe es einen besonderen Zusammenhang zwischen dieser Art von Opferplatz und diesen beiden Gaben. Noch intakte Krüge aus Peterborough-Keramik hat man auch in Mooren oder an anderen feuchten Plätzen gefunden, niemals dort hingegen die sogenannte Rillenkeramik (ein anderer Typ neolithischer Tonwaren). Steinäxte wurden häufig an Flüssen und Sumpfrändern geopfert. So förderte beispielsweise die Themse ungewöhnlich viele Keulenköpfe zutage.

Es scheint, als habe man sorgsam jeweils eine bestimmte Zusammenstellung von Materialen für Opfergaben ausgesucht. Rillenkeramik beispielsweise wird meist von Muscheln, Fossilien und Kreideschnitzereien begleitet, jedoch kaum von bearbeiteten Knochen, Steinäxten oder Gegenständen aus poliertem Flintstein. Ein ähnliches Phänomen kann man auch bei Knochen beobachten, die in Monumenten deponiert wurden, wie etwa in den Kammerngräbern auf den Orkney-Inseln vor der Nordküste Schottlands. Dort wurden offenbar abhängig vom Ort des Monuments Knochen von verschiedenen Tierarten abgelegt: Man fand die Gebeine von Seeadlern in Gräbern an der Küste oder auf Klippen, die Knochen von domestizierten Tieren in den Niederungen weiter im Inland und Rentierknochen in Gräbern in höhergelegenen Gebieten. Manchmal handelt es sich dabei um Gründungsopfer, die älter sind als das Monument selbst, so dass sie auf die Bedeutung des Orts noch vor seiner Monumentalisierung verweisen. Selbst menschliche Gebeine wurden innerhalb der Gräber unterschiedlich abgelegt, je nachdem, in welcher Region der Insel die Beisetzung stattfand.

Deponierte Steinäxte sind in der Regel poliert, was den Charakter ihres Materials hervorhebt und auf eine über das profane Werkzeug hinausreichende Bedeutung hinweist. Einige Archäologen vermuten, dass mit dem Ablegen der Steinäxte der Erde ein rituelles Dankopfer für die Gabe des Materials dargebracht wurde. In einem ähnlichen Kontext stehen wohl auch die aus Kreide geschnitzten Gegenstände, die typischerweise in (oft sehr tiefen) Gruben oder Schächten oder in Felsspalten und -rissen gefunden werden.

Menschliche Knochen wurden an bedeutungsvollen Orten in der Landschaft in genau derselben Weise niedergelegt wie Keramik, Tierknochen oder Geweihe etc. Es scheint, als habe man bei Auswahl und Anordnung der Opfergaben lange Zeit nicht zwischen Menschenknochen und anderen üblichen Votivgegenständen unterschieden, auch wenn die Beziehungen zwischen Orten und den dort abgelegten Materialien variieren. Offenbar war die Trennung von Kultur und Natur damals noch nicht vollzogen oder zumindest auf der religiösen, rituellen Ebene nicht wichtig. Der Ort war entscheidend – zu ihm ließ sich jedes geeignete, transportable Opfer bringen.

Die komplexen Glaubenssysteme, aufgrund derer bestimmte Objekte mit bestimmten Arten von Plätzen assoziiert wurden, dürften heute kaum noch rekonstruierbar sein, doch die Archäologen durchforsten nach wie vor ihre Funde in der Hoffnung, für diese Zusammenhänge ein erklärendes Muster zu entdecken. Eines der bereits erkannten Muster besagt, dass sich die Art der Depots an einem bestimmten Ort über die Jahrhunderte hinweg ändern kann. Zuweilen wurden von früheren Kulturen errichtete Monumente in späteren Zeiten wiederverwendet, und anstelle von Bestattungen wurden nun andere Opfer dort ein-

Ri Cruin Cairn, Kilmartin Glen, Schottland. Im Endstein dieser Ziste kann man vage eingravierte Axtklingen erkennen, alle Kanten der Klingen zeigen nach rechts. Sorgfältige Untersuchungen identifizierten sechs solcher gravierten Motive.

gebracht, als sei die ursprüngliche Bedeutung der Stätte missverstanden oder vergessen worden.

Seit der Bronzezeit enthalten Opfergaben an bestimmten Plätzen Metallobjekte. Dabei handelt es sich in erster Linie um Waffen, vornehmlich Äxte und Dolche. In bronzezeitlichen Grabbeigaben findet man sie weniger, häufig hingegen in sogenannten Hortfunden, das sind sorgsam angeordnete Depots, die in der Regel auf Hügelkuppen und an Quellen, Mooren, Flüssen und Seen liegen. Manche dieser Metallobjekte wurden auch in die Flanken bestehender Grabhügel eingegraben. Es gibt klare Beweise dafür, dass viele der gefundenen Axtklingen in diesen Depots nie mit einem Griff versehen waren. Manchmal waren die Klingen auch verziert. Dies deutet darauf hin, dass es sich nicht um Waffen für den tatsächlichen Gebrauch handelte. RICHARD BRADLEY (2000) bemerkt, dass in der Diskussion unter Archäologen die Beschaffenheit der Hortfunde selbst mehr Raum einnimmt als die Orte, an denen sie abgelegt worden sind. Dabei werden langsam gewisse Gesetzmäßigkeiten im Zusammenhang zwischen der Art der Depots und ihren Fundorten deutlich.

BRADLEY machte in Großbritannien, Spanien, Portugal und anderen atlantischen Küstengebieten Europas die Beobachtung, dass die in Felskunstwerken dargestellten Äxte und andere Waffen möglicherweise denselben Zweck erfüllt haben wie das Opfern der eigentlichen Metallobjekte selbst. Um ein Beispiel zu nennen: Im Kilmartin Glen in Argyll, einem Tal im westlichen Schottland, sind im Inneren von Kammerngräbern Axtklingen in einzelne Steine der Wände graviert. Fungierten sie als Grabbeigaben anstelle von wirklichen Metallgegenständen? Die Antwort könnte auf einer subtileren Ebene liegen, wie RICHARD BRADLEY erklärt:

> »Bei den verzierten Steinen handelt es sich offenbar um Fragmente größerer Felssteine, die bereits vor dem Bau des Monuments, als sie noch in der freien Natur lagen, dekoriert worden waren. Gewisse Indizien lassen manchmal noch darauf schließen, von welchen Felsaufschlüssen sie möglicherweise stammen. Diese zunächst irritierende Vorgehensweise erhält ihren Sinn, wenn wir annehmen, dass damit Teile bedeutsamer Orte in der Landschaft in die Ruhestätten der Toten inkorporiert wurden ... Dass sich auf den Steinen, aus denen das Grab errichtet war, Abbildungen von geopferten Metallgegenständen befinden, sollte eine Verbindung zwischen den Begräbnisriten und anderen Handlungen, die an besonderen Stellen in der umgebenden Landschaft stattgefunden haben, herstellen.« (BRADLEY 1998)

Selbst in dem berühmtesten aller Megalithbauwerke finden wir in den Stein gravierte Äxte – in Stonehenge.

ORTE IM WANDEL

Das Material, aus dem bestimmte Opfergaben oder Depots gefertigt waren, bedeutete eine dauerhafte Verbindung zu den heiligen Orten, von denen sie stammten, und somit dürfte der bisweilen weit entfernte Ort der Niederlegung eines Depots im Rückbezug durchaus Auswirkungen auf den Ursprungsort gehabt haben – ein Umstand, der allzu leicht von uns übersehen wird. Mit anderen Worten: Offenbar besaß der Ursprungsort der Metalle und Steine hohe Bedeutung. In Großbritannien gab es, wie überall sonst auf der Welt, neolithische Axtmanufakturen, deren Produkte in weiten Gebieten in Umlauf waren. Wir denken heute in Kategorien wie Effizienz, Kosten und Produktivität, doch dies waren nicht die treibenden Kräfte der jung-

Einer der aufrechten Sarsen-Steine von Stonehenge enthält eingravierte Äxte und Dolche.

steinzeitlichen Steinhauer. Die Lokalisierung ihrer Steinbrüche folgte – zumindest teilweise – anderen Kriterien. Um nur einen Punkt zu nennen: Solche Orte neigen dazu, »sich von der umgebenden Landschaft durch ungewöhnliche Charakteristika abzuheben« (BRADLEY 2000). Manche waren äußerst entlegen und nur schwer zugänglich. In den charakteristischen Höhenzügen der Langdale Fells im nordwestlichen England gibt es beispielsweise eine Reihe von Produktionsstätten für Steinbeilklingen. Der Aufschluss des geeigneten Materials zieht sich in dieser Gegend zwar über mehrere Kilometer hin, doch die Stellen, an denen das Gestein tatsächlich gewonnen wurde, liegen auf gefährlichen Felsriffen oder hoch in den Bergen, wie auf dem auffällig geformten Pike O' Stickle. Aus ökonomischer Sicht wirkt es abwegig, derart ungemütliche und unsichere Orte als Arbeitsplätze zu wählen, wenn die gleichen Ressourcen auch an bequemeren Stellen in greifbarer Nähe verfügbar waren. Doch wie BRADLEY angesichts der örtlichen Verhältnisse am Pike O' Stickle bemerkt, boten die steinzeitlichen Werkstätten auf den steilsten Abhängen eine grandiose Aussicht ins Land hinein, als habe man sie ganz bewusst von den tiefergelegenen, profanen Bereichen absondern wollen. So wie man in späteren Jahrhunderten Klöster und Tempel auf Fels- und Berggipfeln errichtete, so sollten wohl auch die Steinbeilwerkstätten dem Himmel nahe sein – oder zumindest an einem andersweltlichen Ort, sozusagen in einer stofflich dünneren Sphäre.

Es kann gut sein, dass Pike O' Stickle für die jungsteinzeitliche Bevölkerung ein heiliger Berg war und dass sie Teile seiner heiligen Substanz nur mit großer Sorgfalt und in angemessener ritueller Haltung von dort zu entfernen wagten. Der Gedanke ist so abwegig nicht, denn an anderen Steinbeilproduktionsstätten vermutet man, Altarsteine oder die Überreste von Ritualplätzen gefunden zu haben, beispielsweise in den walisischen Preseli-Bergen, einem Zentrum der Steinklingenmanufaktur, woher auch die Bluestones aus Stonehenge stammen (siehe Teil 3). Ein weiteres Beispiel ist das bretonische Locmariaquer am heutigen Golf von Morbihan. Dort in der Nähe befand sich ursprünglich ein heiliger Berg, doch vor einigen Jahrtausenden stieg der Meeresspiegel so weit an, dass heute nur noch die Bergkuppe als Inselchen herausragt. Woher wis-

Überreste zweier Anlagen aus stehenden Steinen auf dem Inselchen Er Lannic in der Bretagne. Rechts sieht man den Cairn von Gavrinis auf einer benachbarten Insel liegen.

sen wir, dass die Insel früher ein sakraler Ort war? Der Berg wurde damals von einem doppelten Steinkreis gekrönt, dem Er Lannic (bei jeder Flut wird er heute zum Teil überschwemmt), und in seiner unmittelbaren Nähe befindet sich ein Steinbruch für die Herstellung von Beilen. Auf zwei Stelen des Er-Lannic-Steinkreises sind Axt-Piktogramme eingraviert. Innerhalb des Kreises fand man zudem einen Hort aus halbfertigen Klingen. Hier finden wir Produktionsstätte und Zeremonialstätte geradezu demonstrativ verbunden. Vermutlich ging dem Bau des Er Lannic eine lange Periode voraus, in dem man den Hügel als heiligen Naturplatz ganz um seiner selbst willen verehrte. Auf einer weiteren nahegelegen Hügelkuppe, heute ebenfalls eine Insel, liegt das berühmte Ganggrab von Gavrinis, in dessen Inneren eine Reihe von Steinen mit Axtklingenformen verziert sind. Ähnliche Abbildungen befinden sich auch in zahlreichen anderen jungsteinzeitlichen Monumenten der Bretagne (PATTON 1993).

Viele Steinvorkommen, die sich zur Herstellung von Werkzeugen durchaus geeignet hätten, ließ man offensichtlich unbeachtet, abgesehen vom speziellen landschaftlichen Charakter der einsam und abgesondert gelegenen Steinbrüche selbst vermutlich auch zugunsten von Gestein mit bestimmten Qualitäten wie einer speziellen Farbe oder Struktur. Nun ist es keineswegs so, dass die steinernen Beil-

und Axtklingen, insbesondere solche aus ungewöhnlichem Gestein, alle für den Gebrauch als Werkzeuge oder Waffen hergestellt wurden, im Gegenteil: Die bretonischen Äxte beispielsweise – perfekte Werkstücke, glatt und glänzend, poliert und wunderschön – waren reine Kultgegenstände. Steinerne Ware aus den englischen Langdale Fells hat ihren Weg bis nach Irland genommen, wo rund die Hälfte der dort gefundenen Steinbeile aus Depots in Flüssen und Mooren stammen; erneut ein Hinweis auf ihre Bedeutung als Kult- oder Ritualobjekte. Am besten interpretiert man die Beile – und andere Gegenstände aus Stein oder Metallen wie Kupfer und Bronze – in dem Sinn, dass sie »Stücke von Orten« (BRADLEY 2000) darstellten, weil sie von heiligen Plätzen stammten. Dies kennen wir aus historischer Zeit, wo Pilger ein Amulett, Erde oder heiliges Wasser von einem Wallfahrtsort mit nach Hause brachten, oder aus dem Handel mit Reliquien, den Knochen von Heiligen.

Dass man Naturheiligtümer aufsuchte, um Ritual- und Kultgegenstände zu fertigen, scheint einer der ersten Eingriffe des Menschen in die Unberührtheit solcher Orte gewesen zu sein, doch mit der Zeit kam es zu weiteren subtilen Veränderungen – die ersten Spuren der Monumentalisierung werden sichtbar. BRADLEY äußert den wichtigen Gedanken, dass die ersten Menschen, die in einen natürlichen Ort eingriffen und später dort ein Monument errichteten, eine irreversible Tat begingen, eine Tat, zu deren Ausführung die emotionale Hemmschwelle vor einem Sakrileg überwunden werden musste: Der Mensch veränderte die Erde zum allerersten Mal.

Die frühesten solcher Spuren sind minimal, wie etwa am Pinacle auf der Kanalinsel Jersey, einem prägnanten Felsenturm an der Spitze einer Halbinsel. In der Jungsteinzeit war hier eine Steinbeilwerkstatt. Vermutlich hatte ihn seine beeindruckende visuelle Erscheinung zu einem wichtigen Punkt im landschaftlichen Gefüge gemacht, so dass sein Gestein als besonders kraftvoll galt. Später wurde eine Plattform an einer Seite des Felsens aufgeschichtet und das

Le Pinacle (der Spitzturm) auf Jersey, Beispiel für einen vom Menschen sanft überformten Naturort. (Stuart Abraham)

Ende der Halbinsel mit einem niedrigen Wall abgegrenzt. An den Depots, die dort niedergelegt wurden, beispielsweise Steinbeile oder feine Keramik, lässt sich ablesen, dass der vom Menschen umgrenzte Bereich zu einem bewusst definierten »heiligen Raum« geworden war.

Vergleichbares hat sich auch im beinahe baumlosen Granit-Hochland des Bodmin-Moors in Südwestengland zugetragen, in einer Gegend, die unter Archäologen als fossilierte prähistorische Landschaft gilt. Eine düstere, kahle Hochebene – doch das Moor hat dramatische Panoramen weiter Landschaftsräume zu bieten, nur unterbrochen von Felskämmen und wenigen einzelnen Hügeln, auf deren erodierten Kuppen zerklüftete *Tors* (natürliche Stapel von großen, flachen Steinen) zwischen verwittertem, losen Gestein als ausgeprägte Landmarken prangen, von denen aus man uneingeschränkte Rundumsicht hat. Archäologen konnten anhand von weggeworfenen oder verlorenen Feuersteinsplittern den Verlauf der Pfade der mesolithischen Bewohner jener Gegend rekonstruieren, und daraus ergab sich, dass zu ihren Zeiten Quellen, Sumpfland, einige der prominenteren, zerklüfteten Tors und ein eigenartiger, flacher Teich, bekannt als Dozmary Pool, als besonders wichtige Orte gegolten hatten. Der Archäologe CHRISTOPHER TILLEY bemerkt:

TORS IM BODMIN MOOR
Das gälische Wort Tor bedeutet »Turm« und »Berg«. In Cornwall werden so auch die Türme aus verwitterten Steinplatten genannt. Die niedrigen Steinmäuerchen um den Showery Tor (oben) und den Cheesewring (unten) wurden im Neolithikum aufgeschichtet.

> *»In der Vergangenheit wie auch heute würde man die Tors als signifikante, bedeutungsgeladene Orte bezeichnen, zwischen denen die Pfade der dort lebenden Menschen verliefen. Es fällt nicht schwer, sich vorzustellen, dass die märchenhaften, verwitterten Tors als essenzielle Quelle symbolischer Macht und Kraft verstanden wurden ... Die Tors waren eigentlich nicht-domestizierte ›Megalithen‹ oder Steinmonumente, hier wirkten als Bildhauer allein die Elemente der Natur. Die Fantasie der Mesolithiker hat sie mit kultureller Bedeutung aufgeladen, durch Geschichten, Mythen und kosmologisch wichtige Ereignisse.« (TILLEY 1996).*

TILLEY rollt hier die Assoziationskette von hinten auf: Die späteren Megalithbauten sollten sich auf das Original, den natürlichen Felsen, beziehen, sie waren sozusagen »domestizierte« Tors und Felsheiligtümer – und nicht umgekehrt.

Die ersten Monumente im Bodmin-Moor entstanden in der frühen und mittleren Phase des Neolithikums, etwa zwischen 3500 und 2500 v. Chr. Damals errichtete man langgestreckte Cairns (bis jetzt wurden drei solcher Cairns entdeckt, doch vermutlich harren weitere ihrer Entdeckung), deren Eingänge auf besonders bizarre Tors ausgerichtet sind. Ein weiterer Bautypus jener Zeit sind aus kleinen Steinen locker aufgeschichtete, niedrige Wälle, die einige Tors einfassen, wie beispielsweise den Rough Tor und den Cheesewring (die »Käsepresse«). Letzterer ist ein fantastisch verwitterter, natürlicher Turm aus relativ flachen Felssteinen, der zwischen weiteren, ähnlich eindrucksvollen Exemplaren steht. Beide Örtlichkeiten sind hoch gelegen und ungeschützt der Kraft der Elemente ausgeliefert. Es gibt dort auch kein Trinkwasser, so dass sie höchstwahrscheinlich nicht als permanente Siedlungsplätze genutzt wurden. »Diese Plätze hatten den Zweck, dass man sie sehen konnte, dass man sie besteigen, zu zeremoniellen Anlässen besuchen und dann wieder verlassen konnte,« schlägt Tilley stattdessen vor. Das Wissen über die Bedeutung und die Macht dieser Orte hat sich über unzählige Generationen hinweg seit mesolithischer Zeit erhalten. Teile des Moors sind im späteren Neolithikum und in der Bronzezeit besiedelt worden. Es entstanden bedeutende Kultbauten, darunter Steinreihen und mindestens sechzehn Steinkreise, von denen wir im dritten Teil einige aufsuchen werden. Sämtliche Monumente befinden sich in der Nähe von Tors.

Auch die Sami in Lappland haben gelegentlich ihre ansonsten unveränderten Naturheiligtümer auf subtile Weise ausgeschmückt. Beispielsweise war ein gespaltener Felsen als Opferplatz besonders beliebt – vom Blitz getroffenen Felsblöcken schrieb man besondere Kräfte zu. Man legte die Knochen von Rentieren oder anderen Tieren in den Spalt. Die Veränderung geschah durch kleine Steinwälle an beiden Enden der Spalte. An einem eher ungewöhnlichen Opferplatz wurden Hufe und einige Knochen als Gaben innerhalb eines Steinwalls unter einem großen Felsblock abgelegt (Zachrisson 1985).

Rund um den Globus weisen die Spuren früher Menschen auf ihren religiösen Umgang mit Naturplätzen hin. So ist es auch nicht verwunderlich, dass in New Mexico im Südwesten Amerikas, auf der anderen Seite des Globus, Archäologen außergewöhnliche Heiligtümer der Anasazi-Indianer freigelegt haben, und zwar Plätze, die nur minimal mit Steinen markiert sind. In der Fachliteratur als Signal-Altäre bezeichnet, handelt es sich um Mulden oder Schalen, die auf Tafelbergen, Felsen oder Dünengraten in den Untergrund eingekerbt wurden. Man findet sie an hochgelegenen Plätzen in der weiten Wüstenlandschaft, in der das kulturelle Zentrum der Anasazi, der Chaco Canyon, liegt. In manche der in den Fels geschabten Bassins hatte man Perlen, Türkise und Muscheln als Opfergaben gelegt. Augenscheinlich waren diese Altäre so platziert worden, dass man von ihnen aus sogenannte große Häuser *(Casas Grandes)*, bisher erst ansatzweise verstandene Zeremonialkomplexe in der Wüstenebene, anvisieren konnte. Die oft viele Kilometer überspannenden Sichtverbindungen zwischen den Altären und den großen Häusern werden auf dem Erdboden von rätselhaften, schnurgerade verlaufenden Scharrlinien markiert, die bis zu neun Meter breit sind und alle im Chaco Canyon zusammenlaufen. Man glaubt, dass die Altäre etwas mit Nachrichtenübermittlung zu tun hatten, aber was genau darunter zu verstehen ist und wie wir uns die offensichtliche religiöse Natur dieser Orte vorzustellen haben, ist noch weitgehend ungeklärt.

Felskunst

Bei weitem am häufigsten wurden Naturplätze mit allen Arten von Felskunst ausgeschmückt, und deshalb verlangt sie ein eigenes Kapitel, auch wenn der verfügbare Platz nur einen relativ gedrängten Überblick erlaubt.

Felskunst wirkt auf uns besonders anziehend, da wir über sie in direkten Kontakt mit dem Bewusstsein der prähistorischen Menschen geraten. Frühe Interpretationsversuche haben die Tierdarstellungen (besonders in altsteinzeitlichen Höhlen) mit Ideen wie Jagdzauber und Sympathiemagie in Verbindung gebracht. Man stellte sich vor, dass vor der Jagd Rituale vor diesen Bildern ausgeführt wurden, um das Waidmannsglück zu sichern und die Fruchtbarkeit der gejagten Tierart zu stärken. Gemeinsame Darstellungen von Menschen und Tieren erklärte man als Jagdszenen aus dem täglichen Leben. Noch in jüngster Zeit wurden solche Felsdarstellungen aus Südafrika als »kindisch« diskriminiert. Ein beträchtlicher Anteil der Felskunst, sowohl der Petroglyphen als auch der Piktogramme (siehe Kasten auf der folgenden Seite) ist unfigürlich, oft sind es Punkte, Gitter, Zickzacklinien und andere abstrakte, geometrische Motive, und dieser bedeutende Aspekt des Felskunst-Phänomens wird allzuoft zugunsten der effektvolleren Abbilder von Bisons, Bären oder anderer figürlicher Metaphorik abgewertet. Abstrakte Motive finden sich aber in den meisten, wenn nicht allen Felskunststätten weltweit. Einige der Steingravuren in den Megalithbauten von Irland und den Steinwällen in Nordamerika wurden astronomisch interpretiert – wechselweise als Sonnenuhren, Steinkalender und Abbildungen von Mondphasen sowie weiteren mit dem bloßen Auge erkennbaren astronomischen Ereignissen, beispielsweise Supernovas. Ähnlich deutete man auch manche Ritzungen auf Gegenständen wie Knochenstückchen aus der Altsteinzeit, die man bei sich tragen konnte (MARSHACK 1972).

In den letzten beiden Dekaden des 20. Jahrhunderts erfuhren jedoch innovativere Interpretationen mancher Felskunstwerke, insbesondere der geometrischen Elemente, zunehmend Unterstützung. Zu den Befürwortern dieser neuen Deutungen gehören namentlich DAVID LEWIS-WILLIAMS und THOMAS DOWSON von der Witwatersrand-Universität in Johannesburg. Sie forschen über das reiche Felskunstvermächtnis der Buschmänner, der südafrikanischen San, bei denen diese Kunst seit den frühesten Anfängen des Altertums bis nahezu in Zeiten, an die man sich heute noch erinnert, praktiziert wurde. Obwohl die meisten Buschmannstämme als kulturelle Einheiten praktisch ausgestorben sind – eine Folge der europäischen Kolonisierung –, konnten LEWIS-WILLIAMS und DOWSON einige überlebende Buschmanngesellschaften wie die !Kung in der Kalahari-Wüste studieren. Zudem analysierten sie auch detailliert die bis dato sträflich übersehenen Aufzeichnungen früher europäischer Ethnologen über Südafrika. Dieser Wissensfundus sowie Interviews mit noch lebenden Stammesältesten und eine großangelegte, akribisch durchgeführte Studie an den Felskunststätten selbst ließ die Bildwerke in einem neuen Licht erscheinen. Ihre Schlussfolgerung bestand, verkürzt gesagt, darin, dass ein Großteil der Felskunst auf die eine oder andere Weise mit schamanischen Erfahrungen in Beziehung stand (LEWIS-

Die Grundmauern von Pueblo Alto, einem »großen Haus« im Norden des Chaco Canyons in New Mexico. Hier mündeten an einer Art Tor in einer Wand einige alte Anasazi-Straßen. Die entfernten Mesas sind eine der tpyischen Gegenden, in denen man viele Felsenschreine findet.

Weltweite Felskunst

Felskunst gliedert sich in zwei Kategorien: Gravuren bzw. Ritzungen im Stein bezeichnet man als Petroglyphen, auf den Stein gemalte oder mit dem Mund aufgesprühte Bilder aus verschiedenen pflanzlichen und mineralischen Farbpigmenten werden Piktogramme genannt. Eine wichtige Unterkategorie in der Felskunstforschung befasst sich mit Zeichen auf kleineren Steinen und Knochen, die man mit sich tragen konnte.

Auf allen Kontinenten haben prähistorische und traditionelle Völker Felskunst angefertigt, auf Höhlenwänden und Felsunterständen – parietale (»die Wände betreffende«) Felskunst genannt –, auf exponierten Felsaufschlüssen, Felsblöcken, Feldsteinen und steilen Felswänden. Oft geht die Felskunst dem Bau von Monumenten voraus, doch in manchen Kulturen setzt sich die Felskunsttradition auch noch während der Zeit der Monumentalbauten fort, manchmal wird sie sogar an den Megalithbauten selbst angebracht. Aus Europa kennt man beispielsweise die berühmten Felsmalereien in den Höhlen von Frankreich und Spanien wie Lascaux, Chauvet und Altamira – sie stammen aus der Altsteinzeit vor zehntausenden von Jahren, aus einer Zeit lange vor dem Aufkommen der ersten Monumente. Doch Felskunst findet sich auch an den viel späteren neolithischen Megalithbauten, z.B. in Irland, Schottland oder anderen Gebieten an der atlantischen Küste. In der Bronzezeit kehrte die Felskunst wieder zu Felsen in freier Natur zurück. All die Ausformungen dieser alten Tradition repräsentieren verschiedene Kulturen, verschiedene Menschen und vermutlich auch verschiedene Glaubenssysteme und religiöse Praktiken. Mancherorts, wie in Südafrika und Portugal, entstand Felskunst noch in moderner Zeit. In Australien ist die Tradition noch heute in Rudimenten lebendig.

Soviele unterschiedliche Stile es in der Felskunst der Kulturen rund um den Globus gibt und sovielen unterschiedlichen Zwecken sie diente, soviele Gemeinsamkeiten lassen sich nachweisen, wie ich auf den folgenden Seiten zeigen werde.

WILLIAM und DOWSON 1988, 1989). Ekstatische Praktiken hatten im religiösen Leben der Buschmänner einen zentralen Stellenwert. Bis zum heutigen Tag praktizieren die !Kung Trancetänze, bei denen sich Heiler in veränderte Bewusstseinszustände versetzen, um kranke Stammesmitglieder zu heilen, weit entfernte Orte zu besuchen, Regen zu machen und die sonstigen Pflichten eines Schamanen zu erfüllen.

LEWIS-WILLIAM und DOWSON fanden in den figurativen Abschnitten der Felskunstwerke bestimmte charakteristische Elemente, die darauf hindeuten, dass sie visionäre Szenen darstellen, die von den Schamanen oder Heilern selbst in ihren erweiterten Bewusstseinszuständen geschaut worden waren, und es sich keinesfalls um banale Aufzeichnungen aus dem täglichen Leben handelt. Die abstrakten, unfigürlichen Muster, so ihre Folgerung, gehen auf sogenannte Formkonstanten zurück – das sind spezifische Motive wie Spiralen, konzentrische Ringe, Zickzack- oder Wellenlinien, Punkte, Gitter und Arabesken, die in Trancezuständen im Sehkanal unserer Wahrnehmung entstehen. (Ein klassisches derartiges Motiv ist das in zeitgenössischen Berichten über Nahtoderfahrungen häufige Bild des Tunnels, das dem Empfinden, der Geist löse sich vom Körper, vorausgeht.) Diese mentalen Muster – der Medizin als »entoptische Erscheinungen« bekannt – sind universal gültig, sie manifestieren sich in der Hirnrinde eines Menschen in der Trance, und das gilt für alle Zeiten und alle Orte der Welt. Folglich sollte man die abstrakten Motive auch außerhalb der Felskunst der Buschmänner finden – überall, wo Felskunst von Völkern, die gewisse institutionalisierte bewusstseinsverändernde Praktiken kannten, geschaffen wurde. (Untersuchungen zeigen, dass dies in den meisten frühen Kulturen der Fall war.) Und so ist es in der Tat: Heute assoziiert die Forschung Felskunst zunehmend mit Schamanismus, so beispielsweise der Archäologe DAVID S. WHITLEY in Nordamerika (1994) oder JEREMY DRONFIELD, der im Zusammenhang mit der Felskunst Irlands von ähnlichen veränderten Bewusstseinszuständen spricht (1995). Auch über die Felskunst Frankreichs stellen Archäologen ähnliche Überlegungen an (Bradley 1989; Patton 1990, 1993). Aus langjährigen anthropologischen Studien in Südafrika wissen wir, dass heute noch existierende Stammesvölker ganz bewusst die in der Trance geschauten entoptischen Muster als Ausgangsbasis für ihre Stammeskunst verwenden (Reichel-Dolmatoff 1978). Es wird immer deutlicher, dass es sich zumindest bei einem gewissen Prozentsatz der Felskunst um eine Art Schrift des frühzeitlichen, menschlichen Geistes handelt. Solche Aspekte haben moderne Akademiker oft nicht im Blick, deshalb wurde diese Interpreation bis heute weithin übersehen.

Freilich verträgt das gesamte Spektrum der weltweit verbreiteten Felskunst mehrere plausible Interpretationslinien, und sicherlich sind manche Felskunstbilder auch rein schematisch oder narrativ entstanden, ohne Bezug zu Trancen oder schamanischen Ritualen. Aber nicht immer schließen sich scheinbar weit auseinanderliegende Erklärungen gegenseitig aus: So schlagen einige Forscher vor, dass manche Felskunst durchaus von entoptischen Erscheinungen inspiriert sein und dabei dennoch astronomische und meteorologische Phänomene symbolisieren könne (Thackeray und Knox-Shaw 1992). Das trifft den wichtigen Punkt, dass trotz der Universalität der entoptischen Bildwerke die ihnen zugeschriebene Bedeutung jeweils vom kulturellen Kontext der Felskünstler abhängig war.

Die folgenden Abschnitte geben einen kursorischen Überblick über einige ausgewählte Felskunststätten unseres Weltkulturerbes, um dem Leser zu helfen, selbst ein gewisses Gefühl für dieses Phänomen zu entwickeln – es sind wohl die eindrucksvollsten, vielschichtigsten und mysteriösesten aller erhaltenen frühen Spuren der Begegnung zwischen dem archaischen Bewusstsein des Menschen und Orten in der Natur.

Buschmann-Malerei im Felsunterstand von Zimy, Südafrika. Bemerkenswert sind die entoptischen Punkte zwischen den exquisiten Tierdarstellungen. (Thomas Dowson)

SÜDAFRIKA

Südafrikanische Felskunst findet man als Malerei auf einzelnen Felsblöcken, oftmals auch auf großen Steinflächen in Felsunterständen, wie es sie in bergigen Regionen wie dem Natal Drakensberg gibt, oder als Petroglyphen, in erster Linie im Hochland im Landesinneren auf Felsausläufern, in steinigen Flussbetten oder auf einfachen Feldsteinen im flachen Buschland. Beide Arten von Felskunst enthalten figürliche wie geometrische Elemente. Indem sie ihre minutiösen Informationen über den Glauben und die religiösen Praktiken der San mit der Felskunst in Beziehung setzten, gelangten Forscher wie Lewis-Williams und Dowson, wie erwähnt, zur Einsicht, dass diese Bildwerke in erster Linie Aspekte des Schamanismus widerspiegeln. Da zeigen sich Trancetänzer in charakteristischen Posen, und sogar das Nasenbluten, unter dem Geistheiler und Schamanen in tiefen Trancezuständen während der Tanzrituale oft leiden, wurde abgebildet. Manche Darstellungen, die früher als Schlachtszenen gedeutet wurden, hält man jetzt eher für visionäre Bilder von krankmachenden »Giftpfeilen«, die von den Heilern abgewehrt werden müssen. Andere Bilder sind metaphorisch zu verstehen, sie zeigen Vögel und Fische, die mit dem Gefühl des »Fliegens« oder »Schwimmens«, mit dem die Buschmänner ihre Tranceerlebnisse beschreiben, korrespondieren. Viele Abbildungen zeigen

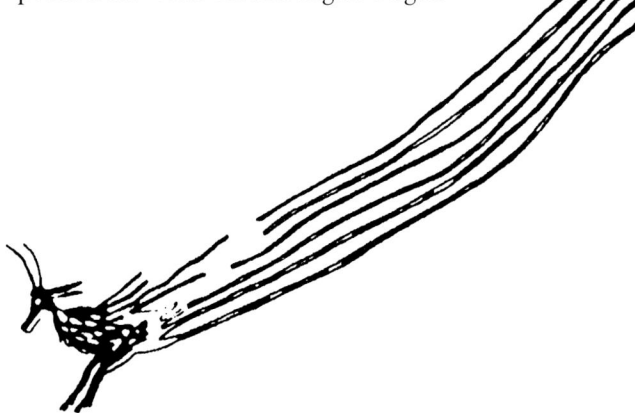

Ein Chimäre aus Mensch und Hirsch, genannt »Trance-Bock«, von dessen Schultern Linien ausgehen: Ausdruck des Seelenflugs der südafrikanischen Schamanen und ihrer Verwandlung in eines ihrer wichtigen Krafttiere. Körpertransformation ist eine häufige Empfindung in der Trance. (Harald Pager).

Tiere, die bei den San als überdurchschnittlich stark mit höhernatürlicher Potenz begabt gelten, allen voran die Elen-Antilope. Diese höhernatürliche Kraft, die sie *n/um* nennen, könne der Mensch durch Trancetänze in sich wecken. In Berichten über Trancezustände taucht häufig die Empfindung auf, dass der Körper seine Form verändere. Entsprechend begegnen wir in der südafrikanischen Felskunst Bildern von verzerrten menschlichen Gestalten und Menschen, die sich offensichtlich in Krafttiere wie die Antilope verwandeln. Von den Köpfen und Schultern mancher dieser Figuren gehen mysteriöse Linien aus, was vermutlich das für schamanische Trancezustände charakteristische außerkörperliche Gefühl ausdrückt.

In den Malereien und Felsritzungen findet man auch eine große Anzahl abstrakter – entoptischer – Muster, die die figürlichen Abbildungen oft überlagern oder sich ihnen anschließen. Beispielsweise verläuft bei einigen der dargestellten Trancetänzer eine schmale, gepunktete Linie längs über den Rücken; hier vermuten Forscher, die Felskünstler hätten damit das Aufsteigen des *n/um* in der Wirbelsäule angedeutet. Da mag die Felsritzung einer Giraffe von einem feinen Netzmuster überlagert sein, und dann wieder treten die abstrakten Bilder einzeln auf, insbesondere bei den Petroglyphen. Dowson hat sogar den Versuch unternommen, Parallelen zwischen einigen dieser Muster und entoptischen Erscheinungen, die für bestimmte Stadien der Trance typisch sind, zu ziehen. Offenbar hielten die San sogar die Felskunst selbst für ein Kraftquelle. So genügte es in vergangenen Zeiten, dass ein Trancetänzer die Bildwerke auf den Felsen berührte oder lediglich anblickte, um sein *n/um* anwachsen zu lassen.

Felskunst bedeutete bei den Buschmännern folglich mehr als nur die Verzierung eines Naturplatzes: Sie verstärkte das spirituelle Potenzial dieser Orte. Wie Dowson feststellt, war nicht jeder Ort in der Landschaft für die Buschmänner wichtig, aber »sicherlich kam manchen Orten eine hohe Bedeutung zu, und diese wurden in ihre Mythen und ihren Glauben aufgenommen« (Dowson 1992). Mit dem Blick Außenstehender können wir uns freilich bei manchen anscheinend unbedeutenden Naturplätzen nicht erklären, warum sie für die Buschmänner wichtig waren. Typische Beispiele sind flache Hügel oder leichte

Erhebungen im sonst gleichförmigen Gelände. Ein solcher unscheinbarer Ort in der Nordwestprovinz Südafrikas ist ein kaum neun Meter hoher Hügel, auf dessen Seiten ebenso wie auf der flachen Kuppe mehr als 500 Felskunstbilder versammelt sind (OUZMAN 1998), eingefasst von 27 Steinstelen. Allmählich entwickelt sich jedoch ein Verständnis für die ungewöhnliche Platzierung mancher San-Felskunst und für die Bedeutung von Felsoberflächen.

Das Regenmachen war ein wichtiger Aspekt des Schamanismus in den Buschmann-Gesellschaften. Man hielt bestimmte Plätze für diese Praxis besonders geeignet, vor allem solche in der Nähe von Wasserlöchern oder Quellen, die man von einem mythischen Wesen, dem »Regenstier« bewohnt wusste. Der Regenstier ist eine der komplexen Metaphern im Wetterzauber der San: Er wurde von den Zauberern »gefangen«, vom Wasserloch weg- und im Land umhergeführt bis zu einem Ort, an dem er schließlich »aufgeschnitten« oder »ausgeblutet« wurde (wo man es also regnen ließ). Auskunftspersonen unter den Buschmännern haben in der Anfangszeit der ethnologischen Forschung Skizzen von solchen Wesen angefertigt, die auffallende Ähnlichkeiten mit Felskunstbildern unweit einer selbst in Trockenzeiten aktiven Quelle aufweisen.

Ein buchstäblich dramatischer Ort für Regenzeremonien in der gebirgigen Ostkap-Provinz Südafrikas liegt unter einem überhängenden Felsen, über den ein Wasserfall rauscht. Hier tritt die Bedeutung der Felsoberfläche selbst zutage, und damit ein wesentlicher Schlüssel zum Verständnis nicht nur der Buschmann-Felskunst, sondern für die Felskunst weltweit. Unter diesem Felsüberhang befindet sich eine fast zehn Meter lange Felsplatte, geziert von vier Regentieren und Menschen, die offenbar an einer Regenzeremonie teilnehmen. Die mythischen Kreaturen sind so dargestellt, als ob sie aus dem Sturzbecken des Wasserfalls auftauchten. Das hinterste Tier scheint gar direkt aus einem Absatz der Felswand hervorzutreten.

»*Dieses Zusammentreffen mehrerer Faktoren kommt in der gesamten südafrikanischen Felskunst vor und entspringt dem Glauben der San, in dem die Felswand eine Schnittstelle zwischen dieser Welt und der Welt der Geister darstellt ... Stufen, Risse und dergleichen im Gestein interpre-*

Felskunst-Detail nahe der Stadt Harmonie in Südafrika. Entoptische Elemente und Tierfiguren fließen ineinander. (Thomas Dowson)

tierten sie als Bahnen, die beide Welten verbinden. Nur der Schamane oder Bewohner der Geisterwelt konnten sie betreten. ... Felsbilder werden weniger von außen auf die Felsoberfläche aufgebracht, man lässt sie vielmehr aus der Erfahrung der Geisterwelt hinter der Haut des Gesteins aus dem Felsen hervortreten.« (OUZMAN 1998)

Eindeutig war hier nicht nur der Ort, sondern die Substanz des Steins selbst von Bedeutung. Man begriff die Felsoberfläche als Schnittstelle zwischen der sichtbaren Welt und der Anderswelt. LEWIS-WILLIAM und DOWSON schrieben bereits im Jahr 1990: »Neurophysiologische und ethnografische Forschungen weisen darauf hin, dass der Zugang der San-Schamanen zur Welt der Geister ein Tunnel war, der manchmal an einem Felsunterstand seinen Anfang nahm.« Sie führen zahlreiche Beispiele zur Illustration der Beziehung zwischen Buschmann-Felskunst und Rissen, Sprüngen, Spalten und weiteren Unregelmäßigkeiten in den Felsoberflächen auf. An einem Felsen entdeckten sie eine schwarz bemalte Kehlung, der ein Wesen, halb Tier, halb Mensch, entstieg, zusammen mit weiteren Gestalten, von denen eine mit Nasenbluten gezeichnet war, einem Zeichen von Trance. Bei manchen Felsbildern scheinen die gemalten Linien direkt aus den Rissen zu entspringen und mit den Bildmotiven zu interagieren, um dann wieder in anderen Spalten zu verschwinden.

Der Wüstenlack über diesem Felsen bei Rietport, Südafrika, ermöglicht eine Datierung der Felskunst. (Thomas Dowson)

NORD- UND SÜDAMERIKA

In beiden Teilen des amerikanischen Kontinents finden sich prähistorische Felskunststätten; es kommen Piktogramme wie Petroglyphen vor. Die Bildmotive umfassen das gesamte Spektrum von menschlichen Gestalten und Tierfiguren, halbmenschlichen Chimären, verzerrten und abstrakten Menschendarstellungen, in den Felsen geritzte menschliche Fußabdrücke und Tierspuren bis hin zu Gegenständen und einer Vielzahl verschiedenster abstrakter oder geometrischer Muster. Der Entstehungszeitraum der Werke umfasst die enorme Spanne von der archaischen Epoche der indianischen Urbevölkerung ab 3000 v. Chr. bis in die jüngere Zeit der letzten Jahrhunderte. Schwerpunkte der Felskunst in Nordamerika sind der Staat Ontario und angrenzende Teile Kanadas, das Mississippi-Tal sowie der westliche und südwestliche Teil der USA einschließlich Texas. In Mexiko findet sich Felskunst in der nördlichen Chihuahuan-Wüste und im südlichsten Teil des Landes, in Yukatan; dort existieren Malereien und Ritzungen an steilen Felswänden aus der Zeit der Mayas und noch früherer Vergangenheit. Der gesamte Umfang an Felskunst in Südamerika ist noch nicht erfasst; man hat sogar im Amazonasbecken Petroglyphen gefunden. Wir dürfen auch hier davon ausgehen, dass uns alte Felskunst überall begegnet, wo Menschen Visionen und Träume hatten, wo sie Rituale abhielten oder auch nur die Elemente der sie umgebenden Welt aufzeichnen wollten.

Der Kanadische Schild, der Gebirgszug mit den ältesten Gesteinen der Welt, kann mit über 400 Felsmalereien an seinen Felswänden aufwarten. Bilder in leuchtend roten Ockerfarben, zwei Jahrtausende alt, zeigen Tiere, Menschen, Kanus und die Utensilien für Medizinrituale wie Trommeln, Rasseln und Medizinbeutel. In erster Linie sind sie auf Klippenflanken über Flüssen angebracht, sogar »an solch spektakulären Kulissen wie 20 Meter hohen, steilen Felswänden, an denen man nirgends einen Vorsprung erkennen kann, auf dem der Maler hätte stehen können,« wie die Felskunstforscherin GRACE RAJNOVISCH bemerkt (1994). Ihrer Beobachtung nach befinden sich Felskunstwerke häufig neben Gesteinsrissen und kleinen Höhlen, »die den Eindruck vermitteln, dort sei ein Eingang in die Felswand«. Die Felsbilder markieren Orte, an denen die Medizinmänner oder Schamanen Zugang zu den *Manitus*, den in den Felsen wohnenden Geistern, gesucht haben. Entsprechend begabte Schamanen hatten die Fähigkeit, in der Trance in den Felsen »hineinzugehen« und Tabak gegen Heilkräfte einzutauschen. Die vermutlich bekannteste kanadische Felskunststätte ist ein mit Gravuren versehener, flacher Kalksteinaufschluss im südlichen Ontario, auf dem die sogenannten Peterborough-Petroglyphen zu sehen sind. Hunderte von Figuren sind hier in den Felsen geritzt, manche haben Ähnlichkeiten mit den Malereien auf den Klippenwänden. Die amerikanische Felskunstexpertin POLLY SCHAAFSMA weist nach, dass es sich um einen Schamanenort der Algonkin gehandelt hat (1996).

In Kalifornien stammt die bedeutendste Felskunst von den alten Chumash-Indianern, die in der heutigen Küstenregion von Santa Barbara siedelten. Hunderte von Sandsteinhöhlen und Felsunterständen sind mit ihren vielfarbigen Felsmalereien versehen. Sie zeigen ein enormes Spektrum an Bildmotiven und ebenfalls abstrakte, geometrische Symbole und Zeichen, die auf ihren tranceinduzierten oder visionären Ursprung schließen lassen. Auch die Chumash waren ein Volk mit schamanischer Kultur, die auf dem stark halluzinogenen Weißen Stechapfel *(Datura stramonium)* gründete. Die Felsunterstände, die sie für ihre Rituale aufsuchten, galten als Kraftplätze; dort praktizierten die Chumash-Schamanen als Sonnenpriester, indem sie eine Art zeremonielle Astronomie betrieben.

Weiter nördlich am westlichen Rand des sogenannten Großen Beckens finden sich in den Coso-Bergen gehäuft Petroglyphen. Überall im Großen Becken, dieser weiten und trockenen Region, die von Nevada bis nach Oregon im Norden und nach Utah im Osten reicht, liegen Felskunststätten verstreut. Dieses Gebiet galt als wichtiges Zentrum für die Regenmacher-Schamanen der alten Shoshone-, Paiute- und Kawaiisu-Stämme, wohin sie aus weiten Entfernungen anreisten. Neben Abbildungen von Schamanen, Medizinbeuteln, Jagdszenen und kunstvollen abstrakten Zeichen ist ein häufiges Motiv in der Felskunst der Coso-Berge das Dickhornschaf. Die ethnologischen Forschungen des Archäologen DAVID WHITLEY haben dieses Bild als Metapher für das Regenmachen entschlüsselt: Das Dickhornschaf ist der Geisthelfer der Regenschamanen. Der Schamane hängt sich ein Fellstück an seinen Gürtel und verwendete ein Schwirrholz aus den Hörnern des Tiers. Er bemühte sich um einen Traum, eine Vision, in dem das Schaf erschien. Würde darin ein Dickhornschaf getötet, so dachte man, würde Regen fallen, und wenn eine solche Szene im Traum vorkam, wuchs dem Schamanen Kraft zu. Kein Wunder, dass viele der »Jagdszenen« unter den Felsritzungen in den Coso-Bergen ohne Kenntnis dieser tieferen Symbolik missverstanden wurden. Manchmal haben die Schafe menschliche Füße, dann stehen sie für den transformierten Zustand des Schamanen.

Die Anzahl der Felskunstbildwerke in den Coso-Bergen wird auf 100 000 geschätzt. Typischerweise findet man sie auf Basaltklippen und einzelnen Felsblöcken, an Orten, von denen man glaubte, sie seien stark mit *poha,* der höhernatürlichen Kraft aufgeladen. (Da es soviele solcher Orte im Coso-Gebirgszug gibt, verwundert es nicht, dass die Region ein Zentrum für die schamanische Visionssuche war.) Im Großen Becken wurde bis in historische Zeit Felskunst geschaffen, doch die Ursprünge dieser Kunst liegen in fernster Vergangenheit: Datierungen von Wüstenlack (eine lackartige Patina, die durch vom Wind mitgeführte Sandkörner als Erosionsschliff auf Steinen entsteht) auf manchen Coso-Felsbildern haben zu erstaunlichen Ergebnissen geführt: Demnach wären sie bis zu 19 000 Jahre alt.

Felsritzung eines amerikanischen Dickhornschafs aus den Coso-Bergen in Südkalifornien. (David S. Whitley)

Der linke obere Quadrant dieses zerbrochenen Felsens in McCoy Spring, Südkalifornien, zeigt einen »Klapperschlangen-Schamanen«. Sein Trancebild, die Schlange, entspringt einer Felsspalte und wandelt sich in einen Menschen. Die übrigen Zeichnungen sind jüngere Graffiti. (David S. Whitley)

Sollten sich diese Daten bestätigen, würde diese Felskunst in dieselbe Altersstufe fallen wie die paläolithischen Höhlenmalereien in Europa (WHITLEY 1996).

Auch WHITLEY ist bei seinen ethnologischen Forschungen zu der Erkenntnis gelangt, dass Risse und Spalten in den Felsen als Durchgänge der Schamanen in die Geisterwelt begriffen wurden, und auch ihm sind Muster aufgefallen wie beispielsweise eine Wellenlinie als stilisierte Klapperschlange (ein weiteres der schamanischen Geistwesen), die aus einer Felsspalte »herauskommt« und menschliche Gestalt – die des Schamanen – annimmt. Der visionäre Eingang in den Felsen wird im schamanischen Ritual unter anderen mit sexuellen Symbolen ausgedrückt; insofern waren Felsformationen, die an eine Vulva erinnern, gewissermaßen natürliche Attraktoren für Felskunstwerke (WHITLEY 1998).

Die Feldforschungen von RALF HARTLEY und ANNE WOLLEY VAWSER (1998) im Südosten von Utah haben ergeben, dass in dieser Gegend ganz andersartige Örtlichkeiten für Felskunst bevorzugt wurden, insbesondere weithin sichtbare, auffällige Landmarken und Plätze an häufig frequentierten Wanderrouten oder am Zusammenfluss zweier Flüsse oder Bäche. An solchen Landmarken haben sich Bildwerke über längere Zeiten hinweg regelrecht angesammelt. Dies deutet darauf hin, dass Felskunstorte nicht nur aus sich heraus Bedeutung besaßen, sondern auch gewisse Funktionen zur Orientierung im Land hatten, und dies wohl weniger im Alltagsleben als im Zusammenhang

Felskunstmotive im Chaco Canyon, New Mexico.

mit besonderen religiösen Anlässen, wie Pilgerwanderungen zu heiligen Orten, oder zur symbolischen Kennzeichnung von Ahnenwegen.

Im San-Juan-Becken, das sich im Vierländereck der heutigen US-Staaten Utah, Colorado, Arizona und New Mexico erstreckt, dominierten in der Epoche von etwa 300 n. Chr. bis 1450 Stämme der Anasazi-Kulturgruppe. Ihre zentralen Orte umfassten unter anderen Hovenweep in Utah, Mesa Verde in Colorado und den bereits erwähnten Chaco Canyon in New Mexico. Die Felskunst der Anasazi findet man über die gesamte rauhe, trockene Landschaft dieser Region verstreut, wobei sie im Chaco Canyon, einem wichtigen religiösen Zentrum, gehäuft auftritt. Auf dem charakteristischen Tafelberg Fajada Butte in Chaco wurden Steinplatten so an den Fels gelehnt, dass Schatten und Lichtstreifen, die über die in den Felsen eingravierten Spiralen gleiten, einen exakten Sonnenkalender ergeben. Ähnliche Licht- und Schattenspiele kann man auch an anderen Anasazi-Plätzen beobachten. Die Forschung meint, dass die Sonnenstrahlen-Motive an den Wänden des Chaco Canyons Ritualstationen von Sonnenpriestern markierten, die den Lauf der Sonne im Jahreskreis an der Felskante der Schlucht verfolgten, um den richtigen Zeitpunkt für wichtige kultische Versammlungen festzulegen. Ein außergewöhnliches, vermutlich astronomisches Piktogramm auf einer Felswand am westlichen Ende des Canyons verbindet drei Symbole – eine Hand, eine halbmondförmige Sichel und ein von Strahlen umgebenes, an einen Stern erinnerndes Gebilde. Es wird allgemein angenommen, dass hier die Supernova, die von der Erde aus im Jahr 1054 sichtbar war, abgebildet ist. Am 5. Juli jenes Jahres soll der Mond als schmale Sichel neben dem explodierenden Stern am Himmel zu erkennen gewesen sein. (Ähnliche Felskunstbilder gibt es an zwei anderen Anasazi-Plätzen in Arizona und am Abbo-Monument in New Mexico.) Die Anasazi-Felskunst kennt viele weitere typische Motive wie Tiere, Masken, konzentrische Kreise, Spiralen, Zickzacklinien, Handabdrücke und mythische Wesen wie den berühmten buckligen Flötenspieler (eine Abbildung von beträchtlichem Alter, bei den Hopi als *Kokopelli* bekannt). Dazu treten eckige menschliche Figuren mit breiten, geraden Schultern auf, die als anthropomorpher San-Juan-Stil klassifiziert wurden.

Während der langen Epoche der Anasazi-Kultur erfuhr der Ausdruck ihrer Felskunst erhebliche Veränderungen, zudem gab es auch regionale Unterschiede. Nach ihrem Niedergang ließen sich die Navajo-Indianer in manchen der ehemaligen Anasazi-Gebiete in Arizona und New Mexico nieder. Sie brachten ihre eigene Felskunsttradition mit und gesellten ihre Bildwerke in einigen Fällen, unter anderen auch im Chaco Canyon, zu der älteren Anasazi-Felskunst hinzu.

Es gibt selbstverständlich diverse weitere alte Felskunsttraditionen im betreffenden Kulturraum, beispielsweise diejenige der Hohokam in Arizona, doch der Einfluss der Anasazi macht sich weithin bemerkbar, er reichte zur Zeit ihrer Hochblüte in seiner südlichsten Ausdehnung bis ins heutige Mexiko. Nach dem Jahr 1300, als der Niedergang der Anasazi-Kultur begann, veränderte sich die Felskunst am Rio Grande und integrierte verschiedenste Einflüsse. Die Werke jener Periode werden generell als Pueblo-Felskunst eingeordnet. Zumindest einige der Pueblo-Stämme, wie die Hopi, Tewa und Zuni, besaßen eine schamanische Tradition und verwendeten bewusstseinsverändernde Pflanzen wie den Stechapfel.

Weiter westlich, im Gebiet des Peco-Flusses im südwestlichen Texas und nördlichen Mexiko, hatte sich seit dem 2. Jahrtausend v. Chr. eine eigene Felsmalereitradition entwickelt. Eines ihrer zentralen Motive sind schwarzweiße und farbige menschenähnliche Figuren, die typischer-

Eine uralte Felsgravur im eckigen anthropomorphen Stil bei Sand Island, Utah.

weise mit ausgestreckten Armen und langezogenenen, rechteckigen oder eiförmigen Körpern dargestellt werden. Die Köpfe fehlen entweder vollständig oder werden durch geometrische Formen repräsentiert, in einigen Fällen sind die Gestalten auch mit Tierköpfen versehen. Manche Figuren sind sehr groß und reichen mehr als sechs Meter in die Höhe. Eine Vielzahl anderer Motive begleiten sie, darunter *Atlatls* (= Speerschleudern), Pfeilspitzen, Wellenlinien und andere geometrische Muster. Eine dieser humanoiden Figuren auf einer großen, bemalten Steinplatte in einem Felsunterstand am Peco-Fluss wurde von den Forschern »der weiße Schamane« getauft. Das passt gut, denn in den Höhlen und Felsunterständen der gesamten Peco-Region konnten Archäologen Depots von bewusstseinsverändernden Pflanzen nachweisen, von denen manche bis ins Jahr 8000 v. Chr. zurückreichen.

Eine Untersuchung von CAROLYN BOYD (1998) erschließt die Beziehung der Peco-Felsbilder mit der auf dem Peyote-Kaktus basierenden Religion der nordmexikanischen Huichol-Indianer – eines alten Volks, das jährlich eine Pilgerwanderung auf das Wirikuta-Plateau in San Luis Potosi unternimmt, um dort den heiligen Kaktus zu ernten. Die Textilkunst der Huichol gibt beredt Zeugnis von ihrer durch den Genuss des Kaktusses induzierten visionären Bilderwelt und der damit verbundenen Traditionen. Dieselben Bilder finden sich auch unter den Felskunst-Motiven der Region wieder, zusammen mit weiteren Metaphern aus der Peyote-Religion der Huchiol. So bezeichnen sie den Peyote als »Hirsch«, und wenn sie nach Wirikuta pilgern, »jagen« sie ihn in einem stilisierten Ritual. (Manche Anthropologen sehen darin ein schwaches Echo des Motivs der »großen Jagd« aus der schamanischen Tradition der paläolithischen Indianer, den ersten Bewohnern des amerikanischen Kontinents, die aus Sibirien über die Beringia, die ehemalige Landbrücke über die heutige Beringstraße, einwanderten.) »Nahezu jeder wesentliche Aspekt des Rituals findet in der Felskunst seine Entsprechung«, sagt BOYD.

Unstreitig liegt ein Großteil der nordamerikanischen Felskunst in den visionären geistigen Welten des Schamanismus begründet. Das gilt noch mehr für Zentral- und Südamerika, wo außerordentlich alte schamanische Traditionen dokumentiert sind, von denen manche bis heute in verschiedenen Regionen überlebt haben.

Wie ein roter Faden zieht sich der Umgang mit veränderten oder visionären Bewusstseinszuständen im Altertum, ob sie nun durch pflanzliche Substanzen oder andere Methoden induziert wurden, durch dieses Buch. Diesen visionären Aspekt gilt es immer im Hinterkopf zu behalten, auch wenn wir die Verehrung von Naturplätzen, sakrale Geografie oder Megalithbauten diskutieren, Themen, die auf den ersten Blick nichts damit zu tun zu haben scheinen. Es wäre zwar falsch zu behaupten, sämtliche frühen Gesellschaften der Welt hätten eine schamanische Tradition besessen, doch man kann ziemlich sicher sagen, dass in weitaus den meisten Kulturen willentlich visionäre Bewusstseinszustände der einen oder anderen Art aufgesucht worden sind. Die prähistorische Felskunst und andere früheste Zeugnisse des menschlichen Geistes, die wir in der Landschaft finden, unterstreichen diese These.

AUSTRALIEN

Die Felskunst der Aborigines in Australien ist eine der ältesten bildlichen Überlieferungen der Menschheit, vielleicht sogar die älteste. Zugleich ist sie die jüngste, denn die Kunst der traditionellen australischen Felsmalerei und -gravur hat bis heute überlebt, wenn auch nur noch in Rudimenten. In beinahe allen Landesteilen findet man Felskunst, doch einige besonders alte Beispiele liegen in den nördlichen Regionen des Aborigine-Siedlungsgebiets Arnhemland, wo es mehrere hundert Plätze gibt, sowie in einigen Gebieten des Kimberley-Distrikts. Die australische Felskunst hat grundsätzlich drei Ausprägungen: mit Ockerfarben (rot und gelb), Pfeifenton (weiß) und Kohle (schwarz) gemalte Bilder (es gab kein Blau in der Felskunst der Aborigines), Bilder, die mit einer korrosiven Flüssigkeit in die Felsoberfläche geätzt wurden, sowie aus gekneteem Bienenwachs auf dem Felsen aufgebrachte, flache Relief-Figuren. Manchmal wurde der Stein auch mit dem Faustkeil bearbeitet, so dass Ansammlungen von flachen, runden Einkerbungen, kleine Punkte, Kehlungen und weitere Markierungen und Veränderungen der Felsoberfläche entstanden.

Die Bilder zeigen vielerlei mythische und übernatürliche Gestalten menschlicher wie tierischer Natur, Mensch-Pflanzen-Bilder, Punkte, geschwungene Linien, Kreise, Handumrisse (besonders im Süden von Queensland) und Tierspuren, die sowohl auf den Felsen gemalt oder in die glatte Felsoberfläche eingraviert sind. Zudem gibt es einen eigenartigen »Röntgen-Stil«, bei dem auch die inneren Organe der Tiere und Fische dargestellt sind. Die Farbe wurde direkt mit der Hand aufgetragen oder mit dem Mund gesprüht. Die Felskunst der Aborigines kommt auf vielen verschiedenen Gesteinen und Gesteinsoberflächen, wie gröberen Felsbrocken oder glatten Felswänden, vor, doch am häufigsten findet man sie in Höhlen und dort besonders an bogenförmigen Felswänden, die den hinteren Abschluss eines Felsunterstands bilden. Die Felskunst ziert insbesondere Landmarken, von denen manche auch für den ungeübten Blick eines Europäers leicht zu entdecken sind, während man andere nur an subtilen Hinweisen erkennen kann, was nur einem Eingeborenen gelingt – dem ungeübten Betrachter fällt dort nichts auf. Viele Felskunststätten sind »Stationen« auf unsichtbaren, mythischen Pfaden, den sogenannten *Songlines* oder Traumpfaden, die nur im kollektiven Wissen der Stämme, die das Land bewohnen, existieren. Für den, der sie lesen kann, erzählen die Felskunstbilder die Geschichten der Traumzeitwesen, von denen die *Songlines* und die Landschaft, in der diese unsichtbaren Pfade verlaufen, erschaffen wurden. Da die *Songlines* nur im Geist der Eingeborenen kartiert sind, geraten sie schnell in Vergessenheit, wenn die Traditionen des Stammes zersplittert werden, zum Beispiel weil seine Mitglieder durch Druck von außen in andere Regionen abwandern – so geschehen infolge der Kolonisierung des gesamten Kontinents durch die Europäer. Diese massive Zerrüttung der ursprünglichen australischen Kultur ließ viele *Songlines* wieder in die Erde zurücksinken, und unzählige Felskunststätten trauern einsam und isoliert in der Landschaft, statt ihre Funktion als Knotenpunkte in einem mythischen Netzwerk auszuüben. Noch ist dieses Wissen nicht vollständig verloren, denn in einigen der entlegeneren Gegenden haben manche Traditionen überlebt. Auch bemühen sich einige Aborigine-Gemeinschaften in einer konzertierten Aktion um die Wiedergewinnung von altem Wissen aus ethnologischen Aufzeichnungen.

Die Datierung der Aborigine-Felskunst ist eine ständige Baustelle, wobei hochentwickelte Techniken zum Einsatz kommen, wie die Radiokarbondatierung von Pigmenten oder die chemische Analyse von natürlichem Firnis, der sich auf Felsoberflächen in Trockengebieten bildet (Wüstenlack). Einige Felskunstbilder in verschiedenen Teilen des Kontinents sind mittlerweile sicher datiert, ihr Alter liegt meist zwischen 10 000 und 12 000 Jahren. Der Felskunst in der Region Olary in Südaustralien wird ein Alter von 30 000 Jahren zuerkannt. In Arnhemland wurden zwei Felskunstwerke mit Hilfe des optisch stimulierten Lumineszenz-Verfahrens auf das Jahr 50 000 v. Chr. datiert; womöglich sind sie sogar noch älter (Chippindale und Taçon 1998).

Den frühesten Ursprung eines Felskunstwerks festzustellen, ist nicht einfach, denn zahllose Aborigine-Gene-

Eingekerbte Felsoberfläche an einer Felskunststätte der Aborigines im Kimberly Distrikt, Nördliches Territorium, Australien.

rationen sind auf den *Songlines* gewandert und haben die Bilder an den mythischen Plätzen am Wegrand immer wieder erneuert. Dank des Brauchs, die Bilder immer wieder zu »renovieren«, sind sie über enorm lange Zeiträume hinweg relativ gut erhalten geblieben. Doch durch das wiederholte Bemalen ist auch oft etwas zu den Bildern hinzugefügt oder abgeändert worden. Der Anthropologe CHARLES MOUNTFORD wurde Augenzeuge eines solchen Prozesses in der niedrigen, felsigen Jukiuta-Höhle am östlichen Ende der Ngama Hills in Zentralaustralien nördlich des McDonnell-Massivs und des Blanche Towers, eines Bergs mit zwei Gipfeln, den die Aborigines *winbaraku* nennen. Als Mountford die Höhle im Jahr 1951 erstmals besuchte, war ihm nicht bewusst, dass sie auf einem langen Traumpfad liegt, von dem es heißt, er sei vom Schlangenmann Jarapiri und seinen Begleitern in der Traumzeit auf mythische Weise erschaffen worden. 1959 aber wurde er auf diesem Weg von mehreren Aborgine-Ältesten begleitet, so dass er den Traumpfad aufzeichnen und die heiligen Totemplätze am Wegrand – darunter den Ngama-Felsen als einen der wichtigsten – fotografieren konnte (MOUNTFORD 1968). In der Jukiuta-Höhle, wo Jarapiri in der zeitlosen Traumzeit aus der Erde aufgestiegen war, befinden sich zwei große Felsbilder. Das eine von ihnen, ein gut elf Meter langes Gemälde, zeigt eine sich windende weiße Schlange mit roten Umrissen – der alte Jarapiri höchstpersönlich. Sein Bild ist umgeben von kleinen weißen Markierungen, die für die Hunde-Leute von Ngama stehen, und von roten, hufeisenförmigen Zeichen, die Lagerplätze andeuten. Zwei lange, dicht nebeneinander parallel verlaufende, gerade Linien sind Jarapiris Speer. Das andere Felsbild in der Höhle ist sieben Meter lang und zeigt etwas verblichene, abstraktere Motive, die man MOUNTFORD als Jarapiris Begleiter vorstellte. Bei seinem zweiten Besuch bemerkte MOUNTFORD einige deutliche Veränderungen am Bildnis von Jarapiri: Im Jahr 1951 war sein Kopf noch am rechten Ende der Schlangenlinie angebracht gewesen, nun war er nach links versetzt worden. An der Höhlenwand über der Schlange waren zusätzliche Muster aufgemalt worden, während man andere Teile des Gemäldes verwittern hatte lassen, so dass sie völlig verwischt waren. MOUNTFORD schreibt, dass Fotos, die seit 1960 von der Höhle aufgenommen wurden, »viele zusätzliche Motive« zeigten, die man im Lauf der Zeit auf die Höhlenwand gemalt hat.

GEISTER DER WILDNIS
Details von Malereien der Aborigines an den Wänden eines Felsüberhangs bei Kimberley im nördlichen Australien.

Die traditionellen Kulturen der Aborigine-Völker gelten nicht eigentlich als schamanisch, doch der große Schamanismus-Forscher MIRCEA ELIADE weist auf die Parallelen zwischen den Ekstasetechniken in religiösen, magischen und heilerischen Zusammenhängen der Aborigines und denjenigen anderer schamanisch orientierter Kulturen hin. Die ethnografischen Forschungen von Kim Sales, der reichlich Belege zusammengetragen hat, unterstützen diese These (Sales 1992).

Eine sehr alte, tiefgründige und heute beinahe ausgestorbene Tradition der Aborigines ist die der »klugen Männer« oder »hochgestellten Männer« oder auch »Ärzte«, die Zauberei, Magie und Heilkunde praktizierten, mitunter im Rahmen schamanischer Techniken. Beispielsweise schickten sie in Trance ihren Geist, ihren *ya-yari*, aus ihrem Körper und ließen ihn auf der Suche nach wichtigen Informationen über weite Entfernungen hinweg reisen. Sie ließen ihn auf unsichtbaren »Luftschnüren« durch den Himmel fliegen oder in Wasserlöcher tauchen, um mit der Regenbogenschlange in Verbindung zu treten (ein Aspekt der Regenbogenschlange ist in Jarapiri verkörpert). Ähnliches tun auch Schamanen in anderen Kulturen – das Fliegen in die Himmelswelt und das Eintauchen in die Unterwelt sind klassische Ausdrucksformen der schamanischen Drei-Welten-Kosmologie (siehe Teil 1). Manche der »klugen Männer« entwickelten in der Trance einen »Röntgenblick«, ein weiteres Kennzeichen schamanischer Praxis, das wohl mit dem »Röntgenstil« in der Felskunst einen Widerhall findet. Sales fand zudem in den abstrakten und geometrischen Motiven der Aborigine-Felskunst, die sich auf dem gesamten Kontinent finden, diverse Parallelen zu den typischen Mustern in entoptischen Erscheinungen und weist darauf hin, dass die einfachen Aborigines noch in jüngster Zeit die Felskunst für Werke der »klugen Männer« hielten.

Die »klugen Männer« konnten auch Geistwesen sehen, die in Teilen von Nordaustralien als *mimi* bekannt sind. Aus der Aborigine-Tradition in Arnhemland wissen wir, dass es die *mimi* waren, die den Aborigines vor langer Zeit beibrachten, wie man Felsen bemalt (Chippindale und Taçon 1998). Die *mimi* sind heute immer noch anwesend, aber sie sind so dünn, dass sie in Rissen im Fels verschwinden können – das erinnert an die zum Teil dichte Beziehung zwischen der Felskunst und der Beschaffenheit der Felsoberfläche, von der bereits an verschiedenen Stellen dieses Buchs die Rede war.

DIE PALÄOLITHISCHEN HÖHLENMALEREIEN

Höhlen mit regelrechten Galerien altsteinzeitlicher Malereien oder auch nur ein paar wenigen Bildnissen findet man im Südwesten Frankreichs, in den französischen Pyrenäen, in Spanien (besonders in Kantabrien, dem nördlichen Landesteil), in Portugal, Italien und Sizilien, einige wenige auch in Osteuropa und Russland. Bis zu ihrer Entdeckung musste einige Zeit vergehen: Mitte des 19. Jahrhunderts fand man in Höhlen und Felsunterständen in Südwestfrankreich zwar verzierte Knochen und kleinere Steingegenstände zusammen mit eiszeitlichen Tierknochen und altsteinzeitlichen Werkzeugen, nahm hingegen von Bildwerken auf den Höhlenwänden keinerlei Notiz. In Spanien entdeckte man die Felsmalereien in der Höhle von Altamira im Jahr 1880. Ein Einwohner der Gegend bestand darauf, dass es sich um prähistorische Zeugnisse handle, doch von dieser Idee wollte die etablierte Archäologie nichts wissen. Einige Jahre später, im Jahr 1895, folgte die Entdeckung der Bison-Darstellungen in der La-Mouth-Höhle in der Dordogne, nachdem man den verschütteten Eingang freigelegt und unter den Steinen paläolithische Depots gefunden hatte. Der Disput um das Alter der Bildwerke dauerte noch bis 1902, doch dann hatte auch das Establishment in der Archäologie keine andere Wahl mehr, als die Datierung auf die ferne Vorgeschichte zu akzeptieren. In den folgenden Jahrzehnten wurden viele weitere Höhlenmalereien entdeckt, darunter die berühmten Höhlen von Lascaux und Les Trois Frères, jede mit hunderten von Bildern. (Allein Lascaux, entdeckt im Jahr 1940, ist mit 600 Malereien und 1500 Ritzungen ausgestattet.) Und es kommen immer noch neue hinzu. In den 1990er-Jahren sind weitere bedeutende Entdeckungen gemacht worden, zum Beispiel die großartige Grotte Chauvet und die Cosquer-Höhle, beide in Frankreich. Derzeit sind insgesamt 300 Höhlen mit altsteinzeitlicher Höhlenmalerei bekannt.

Als Motive der figürlichen Höhlenmalerei dienen in erster Linie Tiere, am häufigsten Pferde und Bisons. Auch Mammute und Rotwild sind verbreitet, ja sogar einige Nashörner und Löwen kommen vor. Mythische Tiere finden sich nur wenige, ein Beispiel ist das »Einhorn« von Lascaux. Allerdings gibt es auch einige unvollständige und nicht identifizierbare Tierdarstellungen. In der Regel sind sie im Profil abgebildet und nehmen häufig eine stehende oder jedenfalls ruhige Haltung ein. Weit verbreitet in den altsteinzeitlichen Höhlenbildern sind auch Handabdrücke oder Handnegativformen, wobei dort bei einigen ein erstaunliches Phänomen auftritt – einer der Finger erscheint unvollständig, und das in mehreren oft hunderte von Kilometern auseinanderliegenden Höhlen. Könnte damit eine weit verbreitete Krankheit unter der eiszeitlichen Bevölkerung Europas angezeigt sein? Gab es einen Kult, der die Verstümmelung eines Fingers verlangte, oder hat eine reisende Gilde von Spezialisten für Höhlenmalerei – und zugleich für magisch-religiöse Dinge – diese Abdrücke hinterlassen? Die Höhlen geben uns keine Antwort. Nur selten kommen dort Bilder von Menschen vor, doch in einem Dutzend Höhlen hat man Chimären – Mischwesen, halb Tier, halb Mensch – gefunden. Die figürlichen Gemälde prangen zuweilen alleinstehend an einer Wand, dann wieder überlagern sie frühere Werke. Die unfigürlichen Motive oder geometrischen Zeichen sind in der paläolithischen Höhlenmalerei im Vergleich zu den gestalthaften Abbildungen klar in der Überzahl. Diese grafischen Symbole – darunter die üblichen Ansammlungen von Punkten, Kreisen, Linien, Bögen, Zickzacklinien, Rechtecken usw., zuweilen komplex arrangiert – werden von den Höhlenforschern gemeinhin Zeichen genannt. Manchmal steht ein einzelnes Zeichen für sich allein, manchmal treten sie als Gruppe oder als ganzer Schwarm auf, manchmal stehen sie in Zusammenhang mit figürlichen Motiven oder überlagern diese.

Als Farben verwendeten die Höhlenmaler in erster Linie schwarze (Mangan oder Holzkohle) und rote (Eisenoxid) Pigmente. Sie wurden mit dem Finger aufgetragen oder mit dem Mund bzw. durch ein Röhrchen versprüht, auch Pinsel aus Tierhaaren oder andere Applikatoren wie

Paläolithische Pferdedarstellung in der Pech-Merle-Höhle in Frankreich. Bemerkenswert sind die Punkte, die Hände und der Einbezug der Felswand. (C.M. Dixon/Photo Resources)

aufgeweichte, ausgefranste Stöckchen oder Zweige kamen vermutlich zum Einsatz. Während sich die meisten Bildwerke an einigermaßen gut zugänglichen Felswänden befinden, sind manche auch in tiefliegenden, schwer zu erreichenden Höhlensystemen versteckt, und einige sind in derartiger Höhe oder sogar an der Höhlendecke angebracht, dass irgendeine Art von Gerüst verwendet worden sein muss. Dazu passende Löcher im Boden wurden jedenfalls gefunden.

Faszinierend ist, wie die Höhlenmaler die Konturen von Felswänden oder auch von Tropfsteinen nutzten, um ihre Motive lebendiger erscheinen zu lassen. Eine Wölbung im Fels konnte einem Gemälde eine dreidimensionale Qualität verleihen und beispielsweise zur Schulter eines Bisons werden. Die verschiedenen Datierungstechniken, darunter auch die Radiokarbonmethode zur Bestimmung des Alters von organischem Material wie Kohle in Pigmentproben, haben ergeben, dass die Höhlenmalereien aus der Periode zwischen 30 000 und 8 000 v. Chr. stammen. Frühere Forschergenerationen hatten den Eindruck, es habe in der Höhlenkunst eine Entwicklung von ungelenken, frühen Bildern zu gekonnteren, späteren Werken stattgefunden, doch je mehr Fundstätten mit immer fortschrittlicheren Methoden untersucht werden und je mehr man sich von der überkommenen Vorstellung, die Menschheit befände sich auf einem fortschreitenden Weg von der Barbarei in die Zivilisation, verabschiedet, desto deutlicher wird, dass es keine solche qualitative Entwicklung gegeben hat. Seit frühesten Zeiten existieren großartige Kunstwerke. Neben den Höhlenmalereien sind uns aus jener Zeit auch eine Vielzahl an Ritzungen sowie Flach- und Hochreliefs in Ton erhalten, ja sogar vollwertige dreidimensionale Tierdarstellungen, ganz abgesehen von einer ganzen Reihe von Statuetten.

Anders als in Afrika, Amerika und Australien stehen in Europa keinerlei Informationen aus der Ethnologie zur Verfügung, auf die die Wissenschaft bei der Interpretation jener Felskunst zurückgreifen könnten. Die Völker, von denen sie stammt, sind seit langer Zeit verschwunden, wir wissen von ihnen so gut wie nichts. So bleiben uns nur die Bilder selbst – und deren Deutung hat sich als extrem schwierig erwiesen. Theorien kamen und gingen. Zunächst hielt man das Phänomen lediglich für das Gekritzel fauler, gelangweilter Jäger und Sammler, die in ihren Höhlen festsaßen. Doch das änderte sich, sobald das gesamte Spektrum und der Reichtum der Höhlenkunst offenbar wurde. Der französische Forscher und Priester Henri Breuil wirkte meinungsbildend mit seiner Idee, die Höhlenbilder seien als Jagdzauber zu verstehen, aber im Zug der Entdeckung immer weiterer und weiterer Höhlen wurde ersichtlich, dass die Materie wohl doch komplexer ist.

Heute stehen wir angesichts der paläolithischen Felskunst vor einem »interpretatorischen Vakuum«, wie der südafrikanische Trancekunst-Pionier David Lewis Williams schreibt (1991). Er schlägt vor, man solle die sogenannten Zeichen als durch Trancezustände induzierte, entoptische Erscheinungen auffassen. Da solche Phänomene, wie wir bereits wissen, vom menschlichen Nervensystem erzeugt werden, sind diese Muster universell und fanden ihren Niederschlag an allen Orten und zu allen Zeiten, in denen Trancezustände in magisch-religiösen Riten eine Rolle spielten. Kurz gesagt: Forscher können solche Muster identifizieren, wenn sie wissen, wonach sie suchen müssen. Obwohl sich diese Interpretation aufgrund mangelnder überlebender Völker nicht auf ethnografische Forschungen stützen kann, lassen sich doch einige Indizienbeweise dafür heranziehen. Sie gehen vor allem aus den chimärenhaften Mensch-Tier-Hybriden hervor. Wie wir bereits erfahren haben, handelt es sich bei solchen Bildern um typische Darstellungen einer veränderten Körperwahrnehmung, insbesondere der halluzinatorischen oder visionären Transformation in Tierformen, wie sie in der schamanischen Trance häufig auftritt. Das zeigt sich selbst noch in Darstellungen von Hexen, die im Mittelalter halluzinogene »Flugsalben« verwendet haben sollen, wie auch in vielen zeitgenössischen Berichten über bewusstseinsverändernde Experimente mit psychoaktiven Drogen.

Auch die ersten Höhlenmalereiforscher hielten die Mensch-Tier-Chimären für Abbildungen von Schamanen, die möglicherweise Masken und Tierhäute als rituelle Tracht trugen. Der britische Felskunst-Experte Paul Bahn stellt diese Interpretation jedoch in Frage und kontert mit der relativ schwachen Behauptung, dass es sich auch »einfach um Menschen mit verrohten Gesichtern oder

Der Schamane von Lascaux, isoliert von den ihn umgebenden Felskunstmotiven dargestellt.

Menschen mit Tierköpfen« handeln könnte (BAHN 1996) – gewiss ein grotesk übersteigerter Skeptizismus. Demgegenüber erschließt eine Mensch-Tier-Figur aus der Höhle von Lascaux den wahrscheinlichen schamanischen Kontext solcher Figuren: Umgeben von weiteren Bildwerken ist dort eine männliche Figur mit einem Vogelkopf erkennbar, die neben einem mit einem Vogelkopf gekrönten Stab auf dem Boden liegt. Es scheint, als könne der Vogelkopf des Mannes durchaus auch eine Maske sein, und vogelköpfige Stäbe sind aus den Aufzeichnungen von Sibirienreisenden aus dem 18. Jahrhundert als »Amtszeichen« der Schamanen bekannt. Das Vogelmotiv, eine Anspielung auf die ekstatische Erfahrung des Seelenflugs in Trance, ist ein weltweit verbreitetes schamanisches Symbol. Der Mann liegt auf dem Rücken, als sei er tot, eingeschlafen oder in Trance (man hielt Schamanen in Trance für kurzfristig tot). Ferner hat er eine Erektion, und Erektionen können, ebenso wie beim Träumen, auch in Trancezuständen auftreten. In anderen Höhlen wachsen manchen der Mensch-Tier-Figuren Geweihe aus dem Kopf, oder sie tragen bereits stattliche Geweihe: Solche Art Kopfschmuck gehört zur Uniform der Schamanen von Eurasien bis Nordamerika.

Ein weiterer Indizienbeweis, der die Höhlenkunst in einen religiösen Kontext stellt (und »religiös« bedeutete für Jäger und Sammler fast immer die eine oder andere Ausprägung von Schamanismus) kam aus der Chauvet-Höhle. Als die Forscher sie zum ersten Mal betraten, lag ein Bärenschädel auf einem herabgefallenen Stein wie auf einem Altar. Der Schädel war seit der Altsteinzeit unberührt geblieben.

Von einer unerwarteten Seite erhält unsere These weitere Unterstützung: Man hat in einigen der betreffenden Höhlen akustische Experimente mit dem Ergebnis durchgeführt, dass diejenigen Wände mit den meisten Bildern die stärksten Echos erzeugen. Das Element Klang scheint folglich eine wichtige Rolle für den rituellen Kontext dieser Bilder gespielt zu haben. Erzeugt man durch Trommeln oder Handklatschen perkussive Klänge vor den Wänden, entstehen dort faszinierende Echos wie von trappelnden Hufen – womöglich der *Soundtrack* zu den unbewegten Bildern, die wir heute sehen (DAYTON 1992, BAHN 1996)?

Allein schon diese tiefen, tintenschwarzen Höhlen selbst sind in hohem Maß dazu geeignet, Menschen in veränderte Bewusstseinszustände zu entführen, denn die Reduktion von Sinneseindrücken gehört zu den Schlüsselmethoden aller Trancetechniken und entfaltet für sich genommen bereits eine starke Wirkung, ganz abgesehen von weiteren Methoden wie Trommeln, Fasten, Drogen oder dem flackernden Licht von Fackeln, Laternen oder offenem Feuer. Man kann sich Szenen vorstellen, in denen paläolithische Jäger-und-Künstler-Schamanen ausgedehnte Ritualsitzungen in den Höhlen abhielten – vielleicht begannen sie mit einer Fastenperiode in völliger Dunkelheit und Stille, die irgendwann in einen Trommelrhythmus einmündete, der sich immer weiter steigerte, bis die Trommelschläge so stark von den Kammern widerhallten, dass die Körper aller Beteiligten vollständig von der Vibration der tiefen Schwingungen erfasst waren. In einer plötzlichen Eruption flackernden Lichts von brennenden Fackeln oder Steinlaternen würde die Gruppe dann gesehen und gehört haben, wie die Bisons, Rentiere, Nashörner und andere Wesen zum Leben erwachten.

Vermutlich aber werden wir nie mehr in vollem Ausmaß nachvollziehen können, was diese Menschen unter solchen Umständen und in solchen mentalen Zuständen tatsächlich erfahren haben. Hier lohnt sich vielleicht noch der Hinweis auf eine Überlieferung von Stammeskulturen aus allen Teilen der Welt: auf den festen Glauben an ein verlorenes goldenes Zeitalter in der fernen Vergangenheit, in dem die Tiere zu den Menschen sprachen. Diese seltsame, aber weit verbreitete Vorstellung mag ihren Ursprung in durchaus miteinander vergleichbaren rituellen Trance-Erfahrungen aus ältester Zeit haben.

Mittlerweile haben die Archäologen auch akzeptiert, dass, abgesehen von der Höhlenmalerei, auch unter freiem Himmel paläolithische Felskunst existiert, obwohl sie fast bis zur Unkenntlichkeit verwittert ist. Im Jahr 1994 entdeckte man eine solche Felskunststätte im Côa-Tal in Portugal, und zwar eine Gruppe von Gravierungen, die sich mehrere Kilometer lang an den schroffen Felswänden des Côa-Flusses befinden. Auch in Spanien hat man weitere solcher Zeugnisse gefunden. JEAN CLOTTES, der über die Fundstellen gearbeitet hat, gibt zu bedenken, dass die Höhlenmalerei und die Freiland-Felskunst durchaus unterschiedlichen Zwecken gedient haben könnten, denn letztere war im Unterschied zu den Höhlenbildern für viele Menschen zugänglich. Möglicherweise weist dies auf unterschiedliche Rituale hin: einerseits Zeremonien für die Öffentlichkeit und andererseits Riten für einen elitären Zirkel von Spezialisten. »Jener Wechsel zwischen den Welten von Licht im Außen zu Dunkelheit im Inneren, der eine derart große Rolle in vielen Schöpfungsmythen spielt ... könnte auch als Metapher oder stellvertretend für die schamanische Erfahrung stehen,« schreibt CLOTTES (1998). Außerdem scheint es ihm naheliegend, dass die Topografie für die Platzierung der Freiland-Felskunst eine Rolle gespielt hat – die derzeit bekannten Zeugnisse solcher Art haben offenbar eine Beziehung zu Wasser, viele blicken beispielsweise auf Flüsse oder Bäche hinab.

Hier gibt es noch viel zu lernen und zu verstehen.

DAS ATLANTISCHE EUROPA

Die an den Atlantik angrenzenden Regionen von Nord- und Westeuropa – Skandinavien, und die Britischen Inseln, die Bretagne und die Iberische Halbinsel – bergen einen Schatz an großartigen Felskunststätten aus dem gesamten Zeitraum der Vorgeschichte vom Neolithikum über die Bronzezeit bis zur Eisenzeit, die eine Reihe von Gemeinsamkeiten wie markante regionale Unterschiede aufweisen. In Skandinavien erstreckt sich die Zeitspanne, in der Felskunst entstanden ist, vom späten Mesolithikum ab etwa 4500 v. Chr. bis zu den frühen Jahrhunderten nach unserer Zeitrechnung, abgesehen von einigen Stätten in Norwegen, die vermutlich sogar 10 000 Jahre alt sind. Zwei unterschiedliche Traditionen lassen sich erkennen: diejenige von Jägern, Fischern und Sammlern und die der Ackerbauern mit ihrem sesshaften Lebensstil (SOGNNES 1998). Man könnte grob von einem nördlichen und einem südlichen Stil sprechen; beide widerspiegeln etwa den Übergang vom Jäger-und-Sammlertum zum Ackerbau während des Neolithikums bis zur Bronzezeit, doch ist die Trennung nicht scharf. Es gab diverse Überschneidungen, beispielsweise in Mittelnorwegen, wo zeitgleich sowohl von Jägern als auch von Bauern Felskunst hergestellt wurde, und das während rund eintausend Jahren in der Übergangszeit vom späten Neolithikum zur frühen Bronzezeit. Norwegen kann mit den reichsten Felskunstzeugnissen in Nordeuropa aufwarten. Sie sind im ganzen Land zu finden, im Alta-Fjord im äußersten Norden, in der Region um Trondheim in Mittelnorwegen, bei Vingen im westlichen Teil des Landes und um den Oslo-Fjord im Süden. Auch in ganz Schweden gibt es wichtige Felskunststätten, insbesondere in der Gegend von Bohuslän im Westen, den Provinzen Ostergötland und Uppland im südöstlichen, an die Ostsee angrenzenden Landesteil sowie bei Nämforsen im Norden, wo eine außergewöhnlich reiche Fundstätte liegt. Es sind alles Gravierungen, deutlich und sorgfältig ausgearbeitet; sie bilden den Hauptkorpus der skandinavischen Felskunst. Daneben kennt man rund einhundert gemalte Felsmotive aus Norwegen, Schweden und Finnland. Dänemark hingegen besitzt nur wenige Beispiele von Felskunst.

Die Spannweite der skandinavischen Felskunstmotive reicht von Schälchen (runde Mulden von wenigen Zentimetern Durchmesser, manchmal von einem oder zwei konzentrischen Ringen umschlossen – eine in der skandinavischen und in weiten Teilen der europäischen Felskunst allgegenwärtige Chiffre), Tieren wie Rotwild, Bären, Elche, Fische, Wale und Vögel, über menschliche Gestalten, Fußabdrücke (zum Teil wie Schuhsohlen ausgebildet) bis zu Bootsformen aus unterschiedlichen Zeiten. Ihre Größe variiert zwischen eher kleinen Abbildungen bis zu lebensgroßen Bildern. Auch begegnen uns hier wieder viele abstrakte und geometrische Zeichen, die sowohl einzeln als auch in Gruppen auftreten.

Die Felsmalereien befinden sich fast ausnahmslos an Fels- oder Klippenwänden, oft unter einem Überhang oder in einer Höhle. Die Gravierungen sind in der Regel in flache oder flach abfallende Aufschlüsse von Grundgestein eingeritzt. Kalle Sognnes (1998) schreibt, dass sich der Großteil der nördlichen Felskunsttradition »in der Nähe von auffälligen Landschaftsformationen« befindet, allerdings nicht auf den Gipfeln der markanten Felsen, Hügel und Berge, sondern in deren niedrigeren Bereichen an Abhängen, die häufig zur See hin blicken. Als Schauplätze wurden prominente Landmarken im Grenzbereich zwischen Land und See ausgewählt. Die südliche Traditionslinie brachte die Bildwerke eher in der Nähe von Siedlungsplätzen an, und zwar an Stellen, an denen sie ein zufällig vorbeikommender Reisender nicht leicht entdeckt hätte, während sich die Felsritzungen im Norden »den Blicken der Jäger geradezu präsentierten«. Sognnes bemerkt, dass es sich bei den abgebildeten Booten immer um den gleichen Schiffstyp handelt, der aber im nördlichen und im südlichen Stil sehr unterschiedlich dargestellt wird. Auch die Wahl der Plätze unterscheidet sich deutlich.

Über die Bedeutung der skandinavischen Felskunst lässt sich – wie über fast alle prähistorische Felskunst – nur spekulieren. Auch hier verfügen wir wie im Fall der paläolithischen Höhlenmalerei über keinerlei ethnografische Informationen, höchstens vielleicht für einige der letzten Zeugnisse aus der Eisenzeit und den ersten Phasen der Frühgeschichte. Die Bilder wurden wechselweise als religiöse oder kultische Ikonografie, als Symbole der damaligen sozialen oder religiösen Systeme, als Grenzmarkierungen prähistorischer Territorien oder als Kartierung von geschlechtsspezifischen Beziehungen zu bestimmten Teilen der Landschaft und vieles mehr gedeutet. Manche dieser Interpretationen werden von der Forschung noch in verschiedenen Kontexten verfolgt, während man andere inzwischen verworfen hat. Für Sognnes sind die nordischen

Von den Behörden zur besseren Sichtbarkeit rot markierte Felsgravuren am Alta-Fjord in Norwegen. (Robert Wallis)

Felskunststätten Heiligtümer entlang wichtiger Jagdpfade, oder sie markieren Orte, an denen »Riten im Zusammenhang mit territorialen Übergängen« abgehalten wurden. Eva Walderhaug sieht in den unterschiedlichen Felskunststilen im westlichen Norwegen den Ausdruck von durch kulturelle Veränderungen bedingten Unruhen und erlaubt sich den Gedanken, dass die abstrakten Zeichen entoptischen Ursprungs und somit Zeugen schamanischer

Praktiken sein könnten. In diesem Sinn könnte es zusätzlich zu äußeren Entwicklungen (Wechsel von der Jagd zum Ackerbau) auch interne Kämpfe gegeben haben, ausgelöst vielleicht dadurch, dass eine elitäre Schicht die Kontrolle über tranceinduzierte bzw. visionäre Erfahrungen an sich reißen wollte. WALDERHAUG bemerkt auch, dass in Westnorwegen Unregelmäßigkeiten in der Felsoberfläche ganz offensichtlich von den Felskünstlern einbezogen wurden, ein Phänomen, das wir schon andernorts kennengelernt haben. Als Beispiel zieht sie die Felskunststätte Ausvik heran, wo sich Gravierungen in mehreren natürlichen Einbuchtungen befinden, die von Rissen, weiten Spalten und Erzadern voneinander abgesetzt sind (Walderhaug 1998). Wir haben bereits festgestellt, dass die Einbeziehung der Beschaffenheit der Felsoberfläche auf eine schamanische Metapher oder den Glauben an einen Zugang zur Geisterwelt hinter oder jenseits der Felsoberfläche hinweist.

Die derzeit spannendsten und weitreichendsten Gedanken zur Interpretation der skandinavischen Felskunst kommen von RICHARD BRADLEY, zumindest in Bezug auf das Boots- und das Fußabdruckmotiv. Seine Überlegungen zu den Bootsdarstellungen stützen sich auf zwei Argumentationsstränge: Erstens müsse man berücksichtigen, dass

Spätbronzezeitliche Anlage in Form eines Schiffs auf der Insel Gotland. (E. R. Gruber/Fortean Picture Library)

die westliche Küstenlinie von Norwegen und Schweden sich seit der letzten Eiszeit merklich gehoben hat, so dass Heiligtümer aus mesolithischer oder auch neolithischer Zeit, die nahe der Küste errichtet wurden, sich heute wesentlich weiter im Inland befinden. Zweitens müsse man sich mit dem uralten skandinavischen Glauben, der den Tod mit der See in Verbindung bringt, auseinandersetzen. Dass es eine solche Beziehung gab, ist archäologisch in mehrfacher Hinsicht belegt: Ein Indiz sind Zeichnungen von Booten auf Steinen in bronzezeitlichen Gräbern, die man in Schweden ausgegraben hat, ein anderes ist die alte skandinavische Tradition der Schiffsbegräbnisse. Man hat Kanus in mesolithischen und neolithischen Grabstätten gefunden, und unter bronzezeitlichen Kulthügeln wurden in Schiffsform arrangierte stehende Steine entdeckt. Letztere Tradition der Steinsetzung in Form eines Langboots, in deren Mitte Brand- oder Urnenbestattungen eingebracht wurden, hat sich über die Eisenzeit und die Zeit der Wikinger bis ins Mittelalter fortgesetzt.

BRADLEY empfiehlt, die in die Felsen geritzten Boote nicht wörtlich als Transportmittel für die Seefahrt zu deuten, sondern als komplexe Symbole, die mit dem Tod oder zumindest mit Bestattungsbräuchen in Verbindung gebracht werden müssen. Er hat sich besonders mit dem Zusammenhang zwischen Felskunststätten und bronzezeitlichen Hügelgräbern in der Region um Bohuslän in Westschweden befasst. Als das Meer sich dort zurückzog, gab es landwirtschaftlich wertvollen Schlick frei, der die Grundlage für Siedlungen bildete. »Die Felsgravierungen befinden sich in lokalen Gruppen im Grenzbereich zwischen den ehemals überschwemmten Gebieten und den Hügeln, die schon immer über dem Meeresspiegel lagen,« schreibt BRADLEY (2000). Auf den Gipfeln dieser Anhöhen sowie auf der Küste vorgelagerten Inseln liegen dann die Grabhügel. Auf BRADLEY machten die Felskunststätten den Eindruck, als präsentierten sie sich einem Beobachter, der vom bebauten Uferstreifen aus, wo die Menschen auf dem fruchtbaren Schwemmland siedelten, seinen Blick auf die Hügel richtete. Dort oben und auf den mit Hügelgräbern besetzten Inseln gibt es keinerlei Felskunst.

Schiffs-Petroglyphen in Bohuslän, Schweden. (Robert Wallis)

Neben den Schälchen machen Abbildungen von Booten den Großteil der Felskunstmotive in der Bohuslän-Region aus; gut 80 Prozent von ihnen sind horizontal ausgerichtet, so dass ganze Flotten von steinernen Booten an der landseitigen Grenzlinie des domestizierten Küstenstreifens der bronzezeitlichen Siedler entlangsegeln und damit die Konturen des beginnenden Hügellands, aus dem die Felsen hervortreten, widerspiegeln. Kurz: Sie markieren den Verlauf der ehemaligen Küstenlinie, die am Fuß der jetzt im Inland gelegenen Hügel entlangführte und früher einige von ihnen zu Inseln gemacht hatte, so wie die Inseln, die heute vor der Küste liegen. »Die Begrenzungen von Inseln sind offensichtlich, doch wenn einer Landschaftsformation im Inland dieselbe Bedeutung zukam, musste man ihre Grenzen durch die Darstellung einer offenen Wasserfläche abstecken«, schlägt Bradley vor. »Das erreichte man am effektvollsten mit Abbildungen von Booten.«

In seiner Interpretation repräsentieren die Schiffe das Wasser, das Meer; sie lassen eine mythologische Landschaft entstehen, in der die Hügel zu symbolischen Inseln werden, was an ihre frühere Rolle in der Landschaft erinnert. Weil die See auch mit dem Reich der Toten assoziiert wurde und man die Leichname der Verstorbenen in Booten zu den Inseln transportierte, reichte die Schiffssymbolik vermutlich noch tiefer. An diesem Punkt kommen Bradleys überraschende Einsichten in die Bedeutung des Fußstapfenmotivs in der Felskunst ins Spiel. Ihm fiel auf, dass mehr als dreiviertel der in den Stein gravierten Fußspuren nicht wie die Schiffe und viele andere Motive horizontal angeordnet sind, sondern vertikal verlaufen. Die häufig, aber nicht immer, beschuhten Fußabdrücke, die generell paarweise auftreten, beschreiben also eine Achse zwischen dem Tiefland und den höhergelegenen Gebieten mit den Grabhügeln, als ob sie einem über die Felsen senkrecht verlaufenden Pfad folgten. Die Fußabdrücke sind in Lebensgröße dargestellt, anders als die Menschen und Tiere, die folglich nicht für die Spuren verantwortlich sein können. Nein, wer auch immer diese Spuren »hinterlassen« hat, war unsichtbar. »Sind dies die Toten?« fragt Bradley und zieht die Mythologie Nordskandinaviens heran, in der sich das Totenreich unter der Erde befindet. Und diese Unterwelt existiert genau spiegelverkehrt zur Welt der Lebenden – die Verstorbenen gehen sozusagen kopfüber in der Erde, so dass ihre Fußsohlen die unsrigen berühren! Bradley ist der Meinung, es handle sich bei den beschuhten Versionen der Felskunst-Fußabdrücke um die sogenannten *Hel*-Schuhe, die den Mythen zufolge die soeben Verstorbenen tragen, damit sie in die Anderswelt reisen können.

Diese Interpretation erhält Auftrieb durch Funde im schwedischen Scania, an einer Grabungsstätte namens Järrestad 4, wo ein abschüssiger, glatter Gesteinsaufschluss mit Felsritzungen ein zur heutigen Küstenlinie hin abfallendes Tal überblickt. An der oberen Kante der Felsplatte liegen zwei Rundhügel, Überreste von ehemals drei bronzezeitlichen Grabstätten. Man hat in der Nähe auch eine Ziste (eine Art Kiste aus flachen Steinplatten, die eine Bestattung enthielt) mit zwei eingravierten Booten gefunden, und auch in die Steinplatte selbst sind Boote geritzt. Im rechten Winkel zu letzteren verlaufen in die Platte gravierte Fußabdrücke, sowohl barfüßige als auch beschuhte, die eine Verbindung zwischen der oberen Kante des Gesteinsaufschlusses und einem kleinen Sumpfgebiet – vermutlich ein verlandeter Teich – am Fuß des Felsens herstellen. Die beschuhten Füße »gehen« über die gesamte dekorierte Steinfläche, während die barfüßigen nur in den Randbereichen erscheinen. Wie die beschuhten zeigen die meisten barfüßigen Stapfen hügelabwärts und nur wenige in die andere Richtung. Insgesamt scheint es, als führten die Fußspuren von dem bronzezeitlichen Friedhof oberhalb der Steinplatte in den Sumpf an ihrem Fuß – und Bradley weist darauf hin, dass man schließlich ans Meer gelangte, würde man weiter in dieser Richtung gehen. Er zitiert das Gedicht »Schatten im Wasser« des Mystikers Thomas Traherne (1903), das eine für die Situation passende Metaphorik verwendet:

By walking Men's reversed Feet
I chanc'd another world to meet;
Tho it did not to View exceed
A Phantom, 'tis a world indeed,
   Where Skies beneath us shine
   And Earth by Art Divine
Another face presents below,
Where People's feet against Ours go.

(Sinngemäß: »Als ich in die die Fußstapfen der Menschen trat, die umgekehrt gehen, gelang mir der Blick in eine andere Welt. Doch was ich sah, war mehr als ein Phantom: Es ist tatsächlich eine Welt, wo unter uns die Himmel strahlen und die Erde durch göttliche Kunst ein anderes Antlitz zeigt, dort unten, wo die Füße der Leute gegen die unsrigen gehen.«)

Mit der dem Wissenschaftler eigenen Vorsicht warnt Bradley freilich davor, diese Interpretationen unreflektiert als allgemeine Erklärung für dergleichen Motive in der gesamten skandinavischen Felskunst heranzuziehen, doch auf diesen Seiten haben wir mehr Freiheiten und dürfen ein wenig spekulieren. Wenn Bradley mit seiner Deutung recht hat, dann scheinen einige Aspekte (zumindest) der skandinavischen Felskunst eine Geografie der Toten zu beschreiben und eine Landkarte der Wege, auf denen die alten Seelen wanderten, darzustellen. Vielleicht wurden an den Felskunststätten also Bestattungsrituale abgehalten, von denen womöglich jedes seine Spur auf dem Felsen hinterlassen hat. Doch ging es nur um Bestattungen? Wie steht es um schamanische Prozesse? Immerhin deuten die abstrakten Zeichen auch an, dass Trance an diesen Orten eine Rolle spielte. »Stirbt« nicht auch der Schamane für die Zeit, die er in Trance verbringt? Ist nicht er derjenige, der das Reich der Geister besucht? War er nicht ein *Psychopomp* (im antiken Griechenland der Seelenführer), der die Seelen der Sterbenden in die Anderswelt geleitete? Stammten etwa von ihm die unbeschuhten Fußabdrücke oder eher diejenigen, die zur Grabstätte hinaufführten und nicht abwärts in Richtung Meer? Das sind spannende Fragen, die uns die Felsbilder nach weiteren Forschungen eines Tages vielleicht beantworten werden.

Folgen wir der atlantischen Küste Europas weiter abwärts, gelangen wir zu den Britischen Inseln. Hier kommen vor allem Petroglyphen vor, und wie in Skandinavien beschränkt sich ihr Vorkommen im Wesentlichen auf natürliche Felsaufschlüsse, Felsbrocken und freiliegende Felsplatten, weit weniger häufig schmücken sie Megalithbauten. Von letzteren gibt es in Großbritannien nur relativ wenige, und sie gehören ohnehin nicht zum Schwerpunkt dieses Kapitels. Die meisten Felsgravuren findet man im

Spuren der Toten? Warum sind einige Fußabdrücke nackt, andere beschuht? Symbolisieren die Sohlenabdrücke vielleicht die Hel-Schuhe der soeben Verstorbenen? Der Fundort ist Bohuslän in Schweden. (Robert Wallis)

nördlichen Teil des Landes, im Südwesten Schottlands, in Northumberland im Nordosten Englands und in der Heidelandschaft von West-Yorkshire. Auch in Kumbrien, im sogenannten Lake District im Nordwesten Englands, hat man einige mit Petroglyphen versehene Steine gefunden. Eine solche Fundstätte, entdeckt im Jahr 1999 von dem Amateur-Felskunstforscher Paul Brown, liegt auf einer ehemals wichtigen Wanderroute von und zum Pike O' Stickle, einer neolithischen Produktionsstätte für Steinbeile, die uns bereits begegnet ist.

Die Felskunst Großbritanniens wird in der Regel auf das späte Neolithikum und die frühe Bronzezeit datiert. (Allerdings zeigt sich eine eigenständige Felskunsttradition auch in den Gravierungen der schottischen Pikten aus der späten Eisen- und frühen Römerzeit.) Eigenartigerweise wurde dieses alte Erbe erst im 19. Jahrhundert von der Wissenschaft bewusst zur Kenntnis genommen, und erst in jüngster Zeit ist es zu einem ernsthaften Forschungsthema innerhalb der professionellen Archäologie avanciert. Wie Bradley bemerkt, haben die britischen Archäologen »lieber Siedlungen und Artefakte studiert, als sich einmal mit der Landschaft der Region zu befassen« (Bradley 1992). Die meiste Mühe haben sich auf diesem Gebiet Amateure gegeben; beispielhaft sind hier die Arbeiten von Ronald W. B. Morris in Schottland und Stan Beckensall in Northumbrien zu nennen.

In Irland gilt genau das Gegenteil des für Großbritannien Gesagten: Hier ist nur an wenigen Stellen Felskunst in naturbelassene Steine eingraviert. Die meisten Beispiele finden sich an Megalithbauten wie Knowth und Newgrange im Tal des Boyne, an den Cairns in Loughcrew und andernorts – Stätten, mit denen wir uns im dritten Teil befassen werden. Neben den vereinzelten Naturplätzen im übrigen Land befinden sich die beiden bedeutendsten Gruppen mit Felskunst in den Grafschaften Kerry im Westen und Cork im Südwesten der Insel.

Die englischen und irischen Felsgravuren an Naturplätzen sind im Wesentlichen unfigürlich. Ihr Hauptmotiv sind die sogenannten Schälchen, kleine runde Höhlungen im Stein, die auf den Britischen Inseln häufig mit einem oder mehreren Ringen versehen sind. In einigen Fällen werden die Ringe von einer radial verlaufenden Linie durchschnitten. In anderen Fällen durchkreuzen einzelne und doppelte Linien die mit den Schälchen dekorierten Steinflächen. Ferner gibt es Schälchen mit rechteckigen Umfassungen, Schälchen in kreisförmigen oder anderen Anordnungen, Spiralen, Wellenlinien, Zickzacklinien, Winkel, Rhomben, Gitter und Schraffuren, hufeisenförmige Motive, blumenähnliche Formen und eine Reihe eigenwilliger Gestaltungen wie etwa auf dem treffend als *Swastika*-Stein bezeichneten Felsen im Ilkley-Moor in Yorkshire. Auf einem Felsbrocken bei Barnakille am Crinan-Kanal nahe Kilmartin in der schottischen Grafschaft Argyll befinden sich kleine Abdrücke von linken Händen, die allerdings kaum datierbar sind.

Je schwerer die Deutung solcher archaischer Zeichen fällt, desto üppiger blühen die Spekulationen. Es existieren wohl an die hundert verschiedene Theorien, die diese Bildsprache zu interpretieren versuchten. Unter anderem wurde vorschlagen, dass es sich um Löcher zum Messerschleifen handelte, um Gießformen für Metalle, um Steinmetzzeichen oder Mulden für primitive Tierfettlampen. Etwas weiter gefasste Überlegungen bringen sie mit Sexualriten oder Menschen- und Tieropfern in Verbindung, wobei man die linearen Scharten für »Abflussrinnen« hält, aus denen das Blut von den als Sammelbecken dienenden Schälchen abfließen konnte. Gegen all diese Vorstellungen lassen sich solide Einwände vorbringen, obwohl es im Sinn der Sexualritentheorie immerhin denkbar wäre, diejenigen Schälchen, von deren Zentren eine Rinne ausgeht, als Vulvasymbole zu deuten. Auch eine Reihe astronomischer Interpretationen wurde vorgebracht, angefangen von eher skurrilen Ideen wie diejenige von L. M. Mann, der im Jahr 1915 die Schälchenmotive als Himmelskörper deutete, die um eine »höchste zentrale Kraft« kreisen, bis hin zu der plausibleren These, es handle sich bei den Schälchen um Sonnensymbole. Variationen des Schälchenmotivs finden sich im gesamten atlantischen Europa, so dass ihm wahrscheinlich ein enorm weit verbreitetes Konzept zugrundeliegt, und dafür erscheint die Sonne als gemeinsamer Nenner geeigneter als alles andere. Weitere Hinweise deuten in diese Richtung, beispielsweise Beobachtungen an den Felsbrocken und Aufschlüssen im Ilkley-Moor, von denen nur solche mit Felskunst versehen sind, die von der Sonne

Schälchenstein-Motive auf einem freiliegenden Felsen bei Achnabreck, Argyll, Schottland.

beschienen werden – Bereiche des Steins, die immer im Schatten liegen, sollten demach keine Gravuren aufweisen. Nichtsdestotrotz kann keine dieser Theorien wirklich überzeugen.

ALEXANDER THOM, Pionier auf dem Gebiet der Archäoastronomie, beobachtete 1967, dass eine komplexe Gravur auf einem Felsblock in der Nähe eines Cairns in Perthshire eine Visierlinie vom Cairn auf eine bestimmte Sternenkonstellation markierte, aber solche Indizienbeweise stehen meist auf äußerst wackeligen Beinen – es könnte auch reiner Zufall sein. Die in jüngster Zeit entwickelte entoptische Herangehensweise bietet sich für diese abstrakten Motive als deutlich sinnvoller an. Im dritten Teil werden wir von interessanten Forschungen zu Petroglyphen auf irischen Megalithen hören, die diese Sicht auf das Problem unterstützen.

Die buchstäbliche Bedeutung der Felskunst Großbritanniens und Irlands wird womöglich nie erfasst werden können, doch lassen sich einige Hinweise aus der Geografie der für die Gravuren ausgewählten Felsoberflächen ableiten. Je intensiver sich die Wissenschaftler mit diesem Aspekt auseinandersetzen, desto weiter rückt Willkür als Kriterium für die Wahl der Orte in den Hintergrund. Im Jahr 1974 beispielsweise entdeckte EVA HADINGHAM, dass Flächen mit komplexen Felsgravierungen fast ausschließlich auf horizontalen Felsplatten vorkommen, während andere Oberflächen, zum Beispiel Felsblöcke, nur einfache Muster tragen. Das brachte sie zu der naheliegendsten, einfachsten und dennoch aussagekräftigsten Beobachtung zur Geografie der Felskunst: »Die sorgfältige Platzierung aufwendiger Muster nicht lediglich auf dem nächstliegenden flachen Felsen, sondern auf eindrucksvollen Steinplatten an Aussichtspunkten, die weitschweifende Ausblicke ins Land erlauben, sollten die Neugierde der Besucher wecken.« Ähnliches schreibt auch BECKENSALL, nämlich dass die von den steinzeitlichen Künstlern bevorzugten Felsen an »hochgelegenen Orten mit guter Aussicht« und oft entlang sich natürlich ergebender Fußpfade liegen. »Hat jemand diese Wegstrecken markiert«, fragt BECKENSALL (1992), »um die Abgrenzung der Territorien und Jadgründe oder auch die Wege zu heiligen Orten festzulegen?«

Die mit Rillen verbundenen Schälchen auf einem Stein in Yorkshire halten manche für ein Symbol des Lebensbaums.

Zweifellos haben wir es mit bewusst gewählten Örtlichkeiten zu tun. Aber welche Bedeutung hat dabei die Aussicht? Aussichtspunkte funktionieren schließlich in zwei Richtungen: Ein Ort, der einen Rundblick ins Land hinein erlaubt, ist in der Regel auch von überall sonst gut sichtbar. Wie der Archäologe JAMES DYER in Bezug auf Roughting Linn, den mit den meisten Gravierungen versehenen Felsen in Northumbrien, anmerkt, ist der Stein »bereits von weither zu sehen und muss immer schon eine Landmarke gewesen sein« (DYER 1981).

Wir haben bereits davon gesprochen, dass Panoramen und weite Aussichten mit dem Blick des Jägers ins Land korrespondieren. Dazu BRADLEY:

»Bauern definieren ihr landwirtschaftliches Territorium, indem sie es einzäunen, doch Jäger und Sammler tun dies auf ganz andere Weise: Sie überwachen die Pfade, die zwischen bestimmten Plätzen verlaufen. Diese Orte überblicken die umgebende Landschaft, und Jäger und Sammler bestimmen die Grenzen ihres Landes anhand der Aussichten, die sich ihnen dort bieten. Besitz ist für Jäger-und-Sammler-Kulturen … ›eindimensional‹, denn er basiert jeweils auf Orten und auf Pfaden. Für Ackerbauern ist Besitz ›zweidimensional‹, weil er durch die Begrenzung einer Grundstücksfläche entsteht.« (BRADLEY 1994)

RICHARD BRADLEY führte einige Pilotstudien an ausgewählten Felskunststätten in England und Schottland durch, bei denen er die Abstände zwischen den Motiven und den Grad ihrer Komplexität minutiös kartierte. Dabei fand er einige Gesetzmäßigkeiten. In Strath Tay in Schottland zeigte sich beispielsweise ein beständiger Anstieg in der Komplexität der Felsgravierungen und in der Anzahl der Schälchen in den Steinen, je höher sie gelegen waren. Das Hochland war früher zu bestimmten Jahreszeiten von Jägern, Sammlern und Hirten genutzt worden. In den Niederungen, wo die Felskunstmotive einfacher ausfallen, lebten hingegen Bauern in ganzjährig bewohnten Siedlungen. In Northumberland fand BRADLEY eine Gruppe von Felskunststätten mit komplexen Motiven und weitem Ausblick in Sichtweite bestimmter Zeremonialmonumente, die jedoch von einer benachbarten, ähnlich dekorierten Felsgruppe aus unsichtbar waren; diese wiederum bot exklusive Ausblicke zu anderen Monumenten des Areals. Viele der komplexen Felskunststätten liegen an alten Wanderwegen. BRADLEYS Studien zeigten einen Trend dahingehend, dass Felskunst, die aus sorfältig auf der Fläche angeordneten, komplexen Motiven besteht, an Plätzen liegt, die im Vorbeigehen von vielen wechselnden Passanten, wie Jägern oder Pilgern, relativ kurz eingesehen werden konnten, Stätten mit einfacheren Mustern hingegen so positioniert sind, dass sie von einem begrenzteren und sesshafteren Publikum regelmäßig betrachtet werden konnten.

Solche Studien erklären zwar nicht die Bedeutung der Felskunstzeichen, aber sie geben uns eine Ahnung von ihrem möglichen Kontext und ihren prähistorischen Betrachtern. Und das wiederum könnte irgendwann dazu führen, dass sich etwas von ihrer Bedeutung offenbart.

Weiter südlich die atlantische Küste hinab kommen wir zu den Kanalinseln und in die Bretagne. Diese Region trug in früherer Zeit als Ganze den Namen Aremorica. Wie in

Gravuren auf den Hanging Stones an der Kante des Ilkley-Moors. (Brian Larkman)

Handnegativformen auf einer Wand der Loltun-Höhle, eine zur Zeit der Mayas (und bereits früher) heilige Ritualhöhle. Die Schamanen-Künstler haben hier mit dem Mund Farbe über ihre an die Wand gepressten Hände gesprüht. Wir wissen nichts Genaues über das in der Felskunst weltweit präsente Handmotiv, doch aus Nordamerika existiert ausreichend ethnologisches Beweismaterial, dass man es mit höhernatürlichen Kräften in Verbindung bringen kann. So war es sicherlich auch in Mexiko und überall sonst, denn das Motiv erscheint immer an offensichtlich heiligen Orten.

Irland liegt dort der Schwerpunkt der Felskunst bei den Megalithbauten, auf die wir im dritten Teil zurückkommen werden.

Schließlich landen wir an der Iberischen Halbinsel. Dort gibt es in Nordportugal und im nordwestlichen Spanien eine Reihe von mit Gravuren versehenen Felsaufschlüssen sowie bemalte Felsunterstände. Lara Bacelar Alves hat über die Ortsnamen jener Stätten geforscht und herausgefunden, dass viele Namen auf die Funktion der Orte als Landmarken für die landwirtschaftlich geprägte Gesellschaft und ihre noch immer wichtige Rolle als Grenzmarken von Dorfgebieten im nördlichen Portugal hinweisen. Bis vor kurzem führte man in dieser Gegend noch ein jährliches Ritual aus, bei dem die Bewohner verschiedene Zeichen in Felsen ritzten, um Territorialgrenzen zu kennzeichnen. Die Dorfältesten behaupten, dass mit diesem Ritual schlicht die Tradition der Vorfahren, von denen die prähistorische Felskunst stammt, fortgesetzt wurde. Alves fand noch einige Fragmente von Folklore im Zusammenhang mit den in freier Natur gelegenen Felskunststätten, die darauf hindeuten, dass Geister in den Steinen gefangen seien. Da gibt es beispielsweise Legenden, nach denen »schöne junge Maurinnen« in den Felsen hausen. Dort bewachen sie Schätze, und nur an St. Johanni (zu den Mittsommerfeierlichkeiten) können sie die Felsen verlassen und sich unters Volk mischen. Alves macht sich darüber Gedanken, ob diese Legenden und die bis vor kurzem noch lebendigen Bräuche ein spätes Echo heidnischer Traditionen sein könnten, die bis in die Zeit zurückreichen, als eine halbnomadische prähistorische Gesellschaft jenen Landstrich bewohnte (Alves 1999).

Richard Bradley war auch in Galizien und Nordwestspanien unterwegs, um gemeinsam mit spanischen Kollegen Felsgravuren zu kartieren. Zu den dort verbreiteten Motiven gehören einfache, in den Stein gehauene Punkte, Schälchen, runde Motive und Verbindungslinien ebenso wie Darstellungen von Rotwild, Pferden und Menschen. Abermals untersuchte er die Beziehung der gravierten Felsblöcke zur lokalen Topografie. Ein interessantes Ergebnis war, dass die Motive auf den Felsen in verschiedenen Teilen des Landes so angeordnet sind, als reflektierten sie die Routen der wilden Pferdeherden, die heute über das Land streifen. Zu früheren Zeiten dürfte das Rotwild wohl auf ähnlichen Wegen zu seinen Weidegründen gezogen sein. Sollten die mit Gravuren versehenen Felsen dann lediglich andeuten, wo die auf ihnen dargestellten Pferde und Hirsche gegrast und während der Trockenzeit im späten Sommer Schutz gefunden haben? Wohl möglich – aber wie wir bereits bei den »Kampfszenen« der Buschmann-Felsbilder oder bei den skandinavischen Bootsglyphen gesehen haben, darf man nicht alles für bare Münze nehmen, was man auf den Steinen sieht.

Die Steine waren zwar mit Symbolen und Metaphern verziert, mit Pigmenten und Gravuren. Das archaische Bewusstsein aber blieb dem natürlichen Ort verhaftet.

Naturheiligtümer

Nach diesen Überlegungen zur Felskunst und zu anderen frühen Anzeichen der Überformung und Ausschmückung eines Naturplatzes wenden wir uns jetzt spezifischen Beispielen für die grundlegenden Kategorien von Naturheiligtümern zu. Dabei stelle ich vier typische Orte vor: Höhlen, Berge, Bäume und Orte am Wasser. Wir werden allerdings sehen, dass sich schon diese einfache Kategorisierung nicht immer durchhalten lässt, beispielsweise wenn Tropfsteine wie Bäume verehrt werden, heilige Berggipfel von Höhlen durchzogen sind oder eine heilige Quelle in einer Höhle entspringt – und was der Verwirrungen mehr sind.

RITUALHÖHLEN

Wo immer es Höhlen gab, waren sie bei allen Völkern weltweit die beliebtesten Orte für Naturheiligtümer. Sie dienten nicht nur als Wohnraum und Schutz, sie waren auch die ersten Kathedralen. Woher ihre numinose Kraft herrührt, ist nicht schwer zu verstehen – wir können sie heute noch spüren, wenn wir eine Höhle betreten. Denn Höhlen sind archetypisch: Sie sind der Eingang in die Unterwelt, der Übergangsort, an dem das Licht erlischt und die ewige Dunkelheit beginnt. Die Höhle ist eine Metapher: Sie ist die Gebärmutter der Erde und zugleich das Eingangstor zum Reich der Toten, die Schwelle zwischen der Wärme und den Klängen des Tages und der eisigen Stille der lichtlosen Nacht, das Niemandsland zwischen der lebendigen Menschenwelt und dem dunklen Reich der Schatten und der Schamanen. Die Höhle steht für den Übergang zwischen dem wachen Bewusstseinszustand und den dunklen Tiefen des Unterbewusstseins, sie ist der Ort für Visionen und Träume, aber ebenso für die geisterhaften Zerrbilder, die dem Auge aus den Formen der Stalaktiten und Stalagmiten entgegenspringen. Wer versteht nicht, dass die Schamanen und Zauberer der Eiszeit an solchen Orten ihre Rituale und Visionssuchen abhielten? Vielleicht können wir etwas vom Geist der paläolithischen Höhlenmalereien einfangen, wenn wir sie als mineralisierte Visionen denken, zurückgelassen an den Projektionswänden der Vorgeschichte; als kollektives Unterbewusstsein der Menschheit? Kein Wunder, dass die australischen Aborigines Höhlenmünder als Initiationsplätze genutzt haben, um sich dem Ringen mit den Geistern zwischen Licht und Dunkel, Leben und Tod, zwischen Schau und Vision zu stellen.

In der Mongolei haben Höhlenkulte bis zum heutigen Tag überlebt (HUMPHREY 1995). Dort werden manche Höhlen als besondere Orte ausgezeichnet, indem man ihnen die Bezeichnung *umai* (Gebärmutter) gibt; das allgemeine Wort für Höhle lautet hingegen *agui*. Diese besonderen Höhlen, die buddhistische Asketen für Klausurzeiten aufsuchen, sollen durch die Wirkung besonderer Geister eine weibliche Energie beherbergen. Sie liegen vereinzelt an den nördlichen Landesgrenzen sowie in Burjatien und im Stammesgebiet der Qorcin in der Inneren Mongolei. Man nutzt sie als Schreine und für Fruchtbarkeitsrituale, bei denen die Frauen unter anderem durch schmale Felsspalten kriechen, wobei sie von einem Schamanen unterstützt werden. Das Ritual repräsentiert die Gebärfähigkeit der Frauen. Eine dieser Höhlen, Dayan Derke in der nordwestlichen Mongolei, besteht aus einer Reihe von Kammern, durch die sich die Frauen hindurchkämpfen, und an einem bestimmten Punkt fordert sie der Schamane unvermittelt auf, den Blick nach oben in die tiefe Dunkelheit der Höhle zu lenken und zu berichten, was sie dort sehen. Können sie im Halbdunkel eine Felsformation und Stalaktiten erkennen, deren Gestalt an ein Kind oder ein Tier erinnert, gilt das als gutes Zeichen. Die buddhistischen Lamas lehnten diese Rituale ab. In einem vergeblichen Versuch, sich den Höhlengeistern zu widersetzen, verlegten sie sich an einigen Orten darauf, hölzerne phallische Bildnisse gegenüber den Höhleneingängen aufzustellen.

Die chinesischen Buddhisten nutzten Höhlen für ihre religiösen Praktiken in solchem Ausmaß, dass sie unter unsäglichen Mühen sogar in steile Klippenwände neue Höhlen einarbeiteten – ein Beispiel für die bewusste Veränderung eines Naturplatzes. Weltberühmt sind die Tausend-Buddha-Höhlen von Mogao bei Dunhuang in der

Provinz Gansu in Nordwestchina. Im Jahr 366 hatte man damit begonnen, sie in den Felsen zu schlagen, und in der Folge wurden sie viele Jahrhunderte lang als Rückzugsorte und für die Meditationspraxis aufgesucht, so dass mit der Zeit an die 500 Höhlen, von kleinen Grotten bis zu großen Kavernen, entstanden. Sie liegen an der alten Seidenstraße und beherbergen 2000 Statuen und mehr als 40 000 Wandmalereien zu buddhistischen Themen.

Ein ähnlicher und noch gewaltigerer Komplex sind die Longmen-(»Drachentor«-)Grotten in der Nähe der alten Kaiserstadt Luoyang. Hier wurden 1300 Höhlen aus dem blanken Fels geschlagen, in denen heute noch 100 000 in Stein gehauene Bildnisse erhalten sind. In der größten, der Fengxian-Grotte, thront ein 17 Meter hoher Vairocana-Buddha. Erstaunlich daran ist, dass die Menschen mit der Erschaffung derartiger Höhlenkomplexe im Grund nur Naturplätze imitiert haben – was den machtvollen numinosen Einfluss des Archetyps Höhle auf das menschliche Bewusstsein unterstreicht. Ein weiterer plastischer Beweis ist ein Ort wie Sokkuram in Korea, wo es weder natürliche Höhlen gibt noch Felsenklippen, in die sich welche schlagen ließen. Dort bauten die Buddhisten auf dem Berg Toham eine ganz und gar künstliche Grotte, um eine Buddha-Skulptur zu behausen.

Auch im frühen Buddhismus Indiens waren Höhlen Bestandteile einer sakralen Geografie, wie aus den heiligen Schriften hervorgeht (Law 1979). Eine von ihnen, in der Nähe der alten Stadt Rajagaha im Hügelland um die heutige Stadt Gaya gelegen, ist die Höhle Sattapani, in der angeblich das erste buddhistische Konzil abgehalten wurde. Indasala, eine weitere heilige Höhle der Buddhisten, liegt ebenfalls in jener Gegend. Zwischen den Jahren 250 und 650 entstanden buddhistische Tempel und Klosteranlagen in der westlichen Region von Dekkan östlich von Bombay, die gleichfalls in den Fels gehauen wurden. Die berühmteste solcher Felsanlagen ist vermutlich Ajanta, spektakulär über einer Biegung des Waghora-Flusses thronend, der über eine Kaskade von sieben Wasserfällen in das Tal eintritt. Fraglos hatte man bereits in vorbuddhistischer Zeit die machtvolle, heilige Aura dieses Orts erkannt. Die meisten Höhlen dort waren ausgemalt, oft mit Szenen aus dem Leben Buddhas; einige ihrer steinernen Fassaden imitieren kunstvolle Holzschnitzereien. Skulpturale Kunstwerke sind in den frühen Höhlen eher selten, dafür findet man sie umso reichlicher in späteren Anbauten. Ellora ist ein weiterer berühmter Höhlenkomplex aus demselben Großraum, und an der Westküste nahe Bombay liegen die Höhlen von Kanheri, die noch länger als Ajanta als aktives religiöses Zentrum genutzt wurden. Dieses System entstand zwischen dem ersten und dem zehnten Jahrhundert, indem 300 Grotten in den Fels getrieben und natürliche Kavernen erweitert wurden.

Abgesehen von den paläolithischen Felskunsthöhlen haben das antike Kreta und Griechenland vermutlich die reichste Tradition an heiligen Höhlen im europäischen Raum zu bieten. Kreta war schon vor dem Neolithikum besiedelt. Ob die neolithischen Kreter bereits eine der 2000 Höhlen im Kalkgestein für ihre religiösen Zwecke aufgesucht haben, ist nicht bekannt, doch sind rund 30 Höhlen als Kultorte der einzigartigen minoischen Epoche Kretas belegt, in der sich von 3000 bis 1450 v. Chr. in mehreren Phasen eine eigenständige Hochkultur entwickelte. Eine der bedeutendsten Höhlenanlagen auf der Insel – zumindest die von der Archäologie am ausgiebigsten untersuchte

Natürlicher Altar einer weiblichen Gottheit in der Muang-On-Höhle, Chiang Mai, Thailand. (Chris Ashton)

– ist die Psychro-Höhle, die in über 900 Metern Höhe auf der nördlichen Seite des Dikti-Gebirges liegt, hoch über dem Lasithi-Plateau. Sie wetteifert mit anderen Höhlen um die Ehre, als Dikteon-Grotte anerkannt zu werden, der Geburtsort des Zeus, von dem die Mythen des klassischen Griechenlands erzählen.

Im Jahr 1883 hatten Bauern die Psychro-Höhle entdeckt, worauf sie in den folgenden Jahren von einigen wenigen Forschern oberflächlich in Augenschein genommen wurde, unter anderen auch von Sir Arthur Evans, dem britischen Archäologen, dessen Ruhm für immer mit Kreta verbunden sein wird. Doch erst im Jahr 1900 unternahm D. G. Hogarth eine erste Grabung und begann mit der eingehenden Erforschung der Höhle. Sie gliedert sich in eine obere und eine untere Kammer. In der oberen Kammer fand man Spuren einer Umfriedung, die Überreste eines Steinfußbodens und einen rechteckigen Steinaltar. Auch Keramikscherben, Figurinen, kleine Altäre mit Inschriften in der kretischen Linear-A-Schrift, kleine Doppeläxte (siehe vierter Teil), Messer, Armreifen und andere Votivgaben kamen ans Tageslicht. Der Zugang zum Hauptbereich der Höhle, der unteren Kammer, war durch einen herabgefallenen Felsen blockiert, der erst beiseite geschafft werden musste. Dahinter offenbarte sich, was Hogarth eine »abyssische Schlucht« nannte – hier tat sich ein 60 Meter in unterirdische Tiefen abstürzender Abgrund auf. Hogarth beschreibt den Abstieg:

> »Nachdem wir uns so weit vorgetastet hatten, stehen jetzt alle still, und wir brennen ein starkes Blitzlicht ab. Eine eisige Wasserfläche reicht von deinen Füßen bis zu den Fundamenten der fantastischen Stalaktiten-Säulen und weiter in das Herz des Berges hinein. Halle nach Halle tut sich auf, angefressene Deckengewölbe und der gleiche schwarze, glatte Boden, er verdoppelt das Licht der Taschenlampen, die du und deine Führer tragen müssen. Vor uns ein unpassierbares Labyrinth, in dem sich Felsen und Wasser treffen; hinter und weit über uns ein kleiner Fleck aus fahl leuchtendem Dunst.«

Überall in den Tropfsteinen und um sie herum, in jedem Riss und jeder Felsspalte, fanden Hogarth und sein Team

Die Geburt des Zeus

Dem Titanen Kronos war vorausgesagt worden, dass ihn einst sein eigener Sohn stürzen werde, und um das zu verhindern, verschlang er jeden seiner Söhne, sobald seine Mutter ihn geboren hatte – so heißt es bei Hesiod. Aber als Rhea, die Gemahlin des Kronos, mit Zeus schwanger war, floh sie mit Hilfe der Erdgöttin Gaia nach Kreta und brachte ihren Sohn dort zur Welt. Gaia versteckte den Säugling in einer Höhle. Rhea kehrte zurück und überlistete Kronos, indem sie ihm einen in Windeln gewickelten Granitstein zum Beißen gab. Die Ziege Amaltheia säugte das Zeuskind in der Höhle, Bienen bedachten es mit Honig, Tauben mit Ambrosia, und ein Adler brachte Nektar. Draußen vor der Höhle tanzten bewaffnete Koureten, dämonische Berggeister. Sie machten lautes Geschrei und schlugen mit ihren Speeren gegen ihre kupfernen Schilde, so dass Kronos das Weinen des Kindleins im Inneren nicht hören sollte.

Zeus wuchs heran und stürzte seinen Vater, wie vorausgesagt. Er zwang den alten Titanen, die verschluckten Geschwister wieder auszuspeien. Von Zeit zu Zeit kehrte er zu seiner Geburtshöhle zurück, um seinen Sohn Minos zu beraten. Bei einem dieser Treffen erhielt Minos den Gesetzeskodex, der fortan das Leben der Kreter regelte.

Opfergaben, die dort eingeklemmt und hineingequetscht worden waren. Manche dieser Votivgaben in der unteren Kammer stammten aus minoischer Zeit, etwa aus dem zweiten vorchristlichen Jahrtausend, diejenigen der oberen Kammer waren bedeutend jünger.

Manche der Tropfsteine sind stellenweise bearbeitet und geglättet worden; hier wie auch in anderen minoischen Höhlenheiligtümern brachte man ihnen besondere Aufmerksamkeit entgegen, wohl wegen des vielschichtigen Faltenwurfs ihrer komplexen Formen, die an Figuren, Gesichter und Tiere erinnern. »Hier im Halbdunkeln er-

IN DER ZEUS-GROTTE
In der »abyssischen Schlucht« der Psychro-Höhle bietet sich dem ehrfurchtsvollen Blick eine schier endlose Phantasmagorie von Simulakra, die aus den fantastischen Tropfsteinformen hervorlugen.

scheinen die Umrisse von Zeus, Artemis, Athena und Hera, ruhig und ungestört,« bemerkt GEORGIOS PANAGIOTAKIS (1988). »… Man kann mit Fug und Recht behaupten, dass die Tropfsteinsäulen zu Objekten der Verehrung geworden sind.« Auch dem Wasser im See der tieferen Kammer der Psychro-Höhle schrieb man aufgrund seiner mysteriösen unterirdischen Quellen besondere Eigenschaften zu. Viele Opfergaben wurden dort hineingeworfen.

Weitere minoische Höhlenheiligtümer sind unter anderen die Höhle Kamares, die unter dem Zwillingsgipfel des heiligen Bergs Ida (Psiloritis) liegt, Koteino, Chosto Nero und Loukatos. Es gibt gewisse archäologische Belege dafür, dass neben der Psychro-Höhle weitere Grotten architektonische Ergänzungen erfahren haben. Steinwälle grenzten besonders heilige Bezirke einer Höhle ab, man errichtete künstliche Aufenthaltsbereiche für die Betenden vor dem Höhlenmund. An mindestens einem Ort geht man davon aus, dass vor der Höhle einst ein Tempel stand. In der Regel nutzten die alten Kreter naturbelassene Steine als Altäre, doch zuweilen wurden Altäre auch eigens gebaut. Einem Archäologen fiel auf, dass an manchen Orten Stein- und Geröllhaufen »grob zu Tierformen« aufgeschichtet waren, als ob man die Simulakra, die in den Felswänden und in der Drapierung der Tropfsteinvorhänge imaginiert werden können, hätte verstärken wollen.

Die Griechen waren wesentlich von der minoischen Kultur beeinflusst und nutzten ebenfalls Höhlen als Andachtsorte. Die Bedeutung der Höhle im spirituellen Denken Griechenlands unterstreicht der Umstand, dass Eleusis, der große antike Mysterientempel, um einen kleinen Hügel herum errichtet worden ist, der eine flache Höhle beherbergt. Die *Mystai* (die Anhänger des Kults, die in die Mysterien initiiert werden sollten) wanderten Tag und Nacht in einer Prozession von Athen bis zur Höhle, wobei sie an jedem Schrein am Wegrand haltmachten. So kamen sie erst nach Einbruch der Dunkelheit im Bezirk von Eleusis an. Dort nahmen sie einen Trank zu sich, den viele Forscher für ein Rauschmittel halten, und setzten ihren Weg durch den Tempelkomplex zum Telesterion fort, wo die endgültige Offenbarung, die *Epopteia,* stattfand. Was immer das gewesen sein mag, bleibt eines der großen Rätsel der Vergangenheit.

Mayas ihren Zugang, der allerdings von einem herabgestürzten Felsen blockiert war. Die Legenden beharrten darauf, dass in der Grotte etwas Besonderes verborgen sei. Im Jahr 1959 bahnte sich ein Fremdenführer einen Weg hinein und stand nach über zweistündiger, harter Arbeit vor Opfergaben der alten Mayas, die dort über Jahrhunderte unberührt geblieben waren. Das gesamte Höhlensystem ist bis heute noch nicht vollständig erforscht, doch der zugängliche Teil ist schon beeindruckend genug. Ein Gang führt den Besucher an mehreren kleinen Kammern und Seitengängen vorbei, in denen vor Jahrhunderten Räucherfässer und Gefäße als Opfergaben unter Reihen von Stalaktiten abgestellt worden sind. Schließlich kommt man in einen großen, runden Saal, gut fünfzehn Meter hoch, mit einem eigenartig aufgewölbten Boden, der in der Mitte um sechs Meter ansteigt. Daraus erhebt sich bis zur Decke ein gigantischer Tropfstein wie ein großartiger Baum – eine von der Natur geschaffene, steinerne Axis Mundi – umgeben von seit Jahrtausenden unberührten Opfergaben. Der »Stamm« ist das Ergebnis der Verschmelzung eines Stalaktiten und eines Stalagmiten zu einem sogenannten Stalagnat, und der Eindruck eines »Blätterwerks« entsteht durch zahllose kleine, spitze Stalaktiten. Unter den unzähligen Opfergaben befinden sich Stein- und Holzfiguren, Räucherfässchen aus Noppenkeramik – auf manchen waren zur Verzierung Applikationen in Form der Gesichtszüge Tlalocs (des mexikanischen Regengotts) angebracht –, ferner Steingutgefäße, Amulette, eine Anzahl kleiner Jadestückchen (die vermutlich aus einem ehemaligen Mosaik stammen), kleine Maismühlen sowie winzige Töpfchen und Spindeln.

Die Wirkung des Raums ist schlichtweg überwältigend. Einige der Depots sind inzwischen in Museen gebracht worden, aber die noch verbliebenen befinden sich *in situ*, genau wie sie in alter Zeit von den einstigen Zeremonialteilnehmern hinterlassen wurden. Die Radiokarbondatierung von Holzkohle aus einem Räuchergefäß und einer Herdstelle ergab das Jahr 860 n. Chr. plusminus ein Jahrhundert. Dies belegt die Nutzung der Höhle zumindest zu der Zeit, als die Mayas unter aztekischen Einfluss gerieten, was das Bildnis Tlalocs erklärt. Von diesem Saal, dessen Ausstrahlung trotz aller Ungeformtheit mit jeder gotischen

Das ehrfurchteinflößende Höhlensystem von Balankanche enthält mehrere kleine Kavernen wie Seitenkapellen, in denen Opfergefäße und Kopalharz-Räuchergefäße stehen. Die enorme Stalagnat-Formation in der Hauptkammer war offensichtlich ein Symbol für den Weltenbaum der Maya.

Kathedrale mithalten kann, zweigen zwei Gänge ab. Der eine davon führt hinunter an das Wasser.

Die erstaunliche Ähnlichkeit der zentralen Formation von Balankanche mit einem Baum wird den alten Mayas nicht entgangen sein, und in der Tat kannten auch sie das Drei-Welten-Modell und das Konzept des Weltenbaums. Sie visualisierten ihn als großen Ceiba-Baum (bei uns als Kapok bekannt; der Ceiba-Baum kann eine Höhe bis zu 70 Metern erreichen, der Durchmesser des Stamms liegt zwischen drei und fünf Metern), der Himmel und Erde verbindet und dessen Wurzeln die Unterwelt durchdringen. Balankanche muss für sie ein besonders machtvoller Ort gewesen sein – so sehr, dass er sich im Gedächtnis der örtlichen Mayas über ein ganzes Jahrtausend erhalten hat.

HEILIGE GIPFEL

Ist die Höhle der wohl am tiefsten mit uns resonierende Archetyp, den die Natur als heiligen Ort manifestiert, folgt ihr der Berg unmittelbar. Seine Attribute kennen wir bereits: Stille und Beständigkeit. Für viele Kulturen ist der Berg deshalb ein Ebenbild des »kosmischen Bergs« – der Weltmitte, der Axis Mundi. Zugleich ist er der Hüter des Wassers: Quellort von Flüssen und Bächen und Ursprung von Regenwolken, Donner und Blitz. Schneebedeckte Gipfel ragen hoch ins Firmament, sie erheben sich bis ins ätherische Reich der Himmel. Die weithin sichtbaren Berge sind meist für die Welt unter ihnen nur schwer erreichbar und somit Orte von unbefleckter Reinheit. All diese Gefühle und Assoziationen weckt das physische Bild eines Bergs in uns. Sucht man die Wohnstatt der Götter, so ist ein Berg der perfekte Ort. Darum haben die alten Griechen ihr Pantheon auf den Olymp verlegt, und deswegen sahen die zoroastrischen Mystiker im alten Persien die transzendente innere Geografie des Paradieses aus ihren visionären Trancen – den »Berg der Morgendämmerung« – im Gewand der wirklichen Berglandschaft ihres Landes, wie CORBIN schreibt (1990). Denn: Strahlt nicht der höchste schneebedeckte Gipfel als allererstes im Licht der aufgehenden Sonne? Der Berg ist das vollkommene Symbol für die Transzendenz und somit die ideale Umgebung für den Yogi, den meditierenden Mönch, den Asketen oder auch nur für Menschen, die ihre geplagte Seele zur Ruhe bringen möchten, indem sie ihren Blick in weite Fernen schweifen lassen, weit hinaus über alle Kleinlichkeiten des Erdenlebens. Der Berg kann aber auch ein Vulkan sein, der in der Menschenwelt Verwüstung anrichtet: ein zorniger Gott, den es zu beruhigen gilt, dem geopfert werden muss. Für all diese verschiedenen und noch viele weitere Aspekte haben die Menschen den Berg als spirituelles Werkzeug genutzt. Es muss dabei keineswegs immer ein hoher, pyramidenförmiger Himalayagipfel sein, denn letztlich geht es um das Symbol. Auch eine unscheinbare Hügelkuppe kann in ihrem spezifischen Kontext genauso wirksam sein.

Es sind unterschiedliche Gründe, die einen bestimmten Berg zu einem heiligen oder besonderen Berg machen, beispielsweise weil er in einer Region die Horizontlinie dominiert, also eine Landmarke darstellt. Vielleicht liegt er auch in einer kosmologisch bedeutsamen Richtung oder ist ein gefährlicher Berg wie ein Vulkan, der das Leben einer Gesellschaft oder einer ganzen Zivilisation in der Hand hält. Womöglich kennzeichnen ihn besondere visuelle Charakteristika, wie eine besonders gleichmäßige pyramidale Form oder außergewöhnliche Felsformationen, oder er erinnert an ein Tier oder an eine menschliche Figur im Profil. In einer trockenen Gegend sind Berge außerdem oft der einzige Ort, an dem Wasser zu finden ist.

Lassen Sie uns nun in den folgenden Abschnitten eine Rundreise um die Welt unternehmen, um einen Blick auf einige der heiligsten Gipfel unseres Planeten zu werfen.

Die präkolumbianischen Ureinwohner Amerikas kannten viele heilige Gipfel. Einige Felswände an den heiligen Bergen der frühgeschichtlichen Algonkin auf dem Kanadischen Schild sind mit Wellenlinien aus rotem Ocker bemalt, um damit die Kraft des Bergs anzudeuten – in eben diesem Felsen wohnten die *Manitus*, die Geister der Steine. In Montana liegt nahe der kanadischen Grenze der Berg Ninaistakis, der den Blackfoot-Indianern heilig ist. Selbst innerhalb der Rocky Mountains bildet er eine Landmarke. Er ragt so weit empor, dass er das erste und das letzte Sonnenlicht des Tages einfangen kann. Darüber hinaus erzeugt er Töne (er »singt«), wenn der Wind auf dem Gipfel durch seine Felsspalten pfeift. Auf einer Seite des Bergs zeigen sich in den Klippenwänden Simulakra, die eine Blackfoot-Legende illustrieren. Der Gipfel selbst sieht aus wie

Einer der Tempelschreine, die die *Mystai* auf ihrem Weg zum Telesterion besuchten, war das Plutonion (»Grotte des Pluto«), das in einer Höhle errichtet war, in der man geheime Rituale vollzog. Diese Höhle galt buchstäblich als Tor zum Hades, als Eingang in die Unterwelt. Bereits vor dem Bau des Plutonions hatte hier ein Tempel gestanden – eindeutig ein uralter heiliger Ort.

Auch wenn wir weiter nach Westen, nach Amerika gehen, begegnen wir Höhlen, die als Naturtempel begriffen wurden. Der Glaube einiger Eskimostämme bringt Höhlen mit dem Schamanismus in Verbindung. Ein werdender Schamane musste zu seiner Initiation in der Nacht zu einer Höhle in einer steilen Klippenwand gehen; erst in der Dunkelheit durfte er sich dorthin auf den Weg machen. Wenn er zum Schamanen bestimmt war, so sagte man, könne er den Weg in die Höhle finden, ansonsten würde er die Felswand hinunterstürzen. In dem Augenblick, in dem er die Höhle betrat, schloss sie sich hinter ihm für eine gewisse Zeit, und wenn sie sich wieder öffnete, musste er den Au-

Etwas unterhalb des rechten Gipfels des alten Bergs Ida (heute Psiloritis) ist die Kamares-Höhle als dunkler Punkt zu erkennen. Auf diesen heiligen Berg ist der zentrale Hof des Phaistos-Palasts ausgerichtet (siehe Teil 4).

Eingang zum Hades: Die Überreste der Grotte und des Plutotempels im Bezirk des Mysterientempels von Eleusis.

genblick ergreifen und die Höhle verlassen, sonst wäre er für immer dort eingekerkert geblieben. Solche Vorstellungen gründen in der uns bereits bekannten Idee, dass Schamanen in Trance durch Risse im Gestein in den Felsen eindringen können. Auch MIRCEA ELIADE schreibt: »Höhlen spielen eine wichtige Rolle in den Initiationsriten der nordamerikanischen Schamanen.«

Erinnern wir uns auch an die texanischen Höhlen, in denen archäologische Funde die jahrtausendelange Anwendung von Halluzinogenen dokumentieren. Die eindrucksvollsten Zeugnisse für einen Höhlenkult in Nordamerika sind die Felsensiedlungen des untergegangenen Volks der Anasazi. Die berühmteste Stelle, wo man sie bewundern kann, ist die Mesa Verde in Colorado, aber es gibt noch weitere solcher Beispiele wie den Canyon de Chelly in Arizona oder Butler Wash und Arch Canyon in Utah. Diese Felsüberhänge und Höhlen boten nicht nur – wie auf der ganzen Welt – nützlichen Schutz für Behausungen, sondern enthielten auch *Kivas,* runde Kult- und Ritualbauten; einige zeigen zudem Felsgravuren. Es scheint wichtig, die Trennung, die wir modernen Menschen zwischen dem Säkularen und dem Heiligen vollzogen haben, nicht auf andere Kulturen zu projizieren.

Vor 2000 Jahren errichtete ein unbekanntes Volk die große Zeremonialstadt Teotihuacan im Tal von Mexiko unweit des heutigen Mexico City mit vielen Tempeln, Plätzen, Prozessionswegen und zwei gigantischen terrassierten Pyramiden, die bei den Azteken der Sonne und dem Mond geweiht waren. Die Azteken glaubten, dass die Götter in Teotihuacan auf die Welt gekommen seien. Unterhalb der Sonnenpyramide (siehe Frontispiz) entdeckte man im Jahr 1971 den Eingang zu einer Höhle, die direkt unter der Pyramide lag und weit vor deren Bau für einen ungewissen Zeitraum genutzt worden war. Über Stufen und einen langen, natürlichen, unterirdischen Gang gelangte man in eine vierflügelige Kammer. Es zeigte sich, dass der Gang im ersten Jahrhundert nach unserer Zeitrechnung bearbeitet worden war, indem man manche Stellen schmaler und die Decke hier und da mit Steinblöcken niedriger gemacht hatte, um ihn noch beengter und gewundener erscheinen zu lassen. Wer die Höhle betreten wollte, sollte offenbar beständig zwischen Stehen, Kriechen und Knien wechseln müssen. Damit wollte man vermutlich einen bestimmten rituellen Ablauf befördern. Die Höhle selbst ist mit Sicherheit als Ritualort genutzt worden, denn man hat darin Opfergaben wie Muscheln, Knochen und Keramik sowie Gebrauchsspuren von Feuer und Wasser gefunden (MILLON 1993). Nicht ohne Absicht dürfte zudem die Öffnung des Gangs auf den Untergangspunkt der Plejaden ausgerichtet worden sein. Die Sonnenpyramide über der Höhle ist exakt nach der Plejaden-Linie des Höhlengangs orientiert. Von dieser Ausrichtung ausgehend, ist auch das gesamte Straßennetz der gewaltigen Kultstadt angelegt worden.

Noch weiter im Süden Mexikos, auf der heutigen Halbinsel Yukatan und darüber hinaus, lag das Gebiet der alten Mayas. Auch für dieses Volk waren Höhlen essenzielle heilige Orte. Manche jener Kultorte erfahren noch heute von den dort lebenden Nachfahren der Mayas Verehrung, obgleich die meisten der Zeremonien, die früher in den Höhlen stattfanden, inzwischen in die Kirchen transferiert worden sind. In Chiapas finden immer noch private Andachten in der Sacamche'en (der »weißen Höhle«) statt. Man besucht sie zu Zwecken der Divination und zur Heilung – Praktiken, die sicherlich in altertümliche Maya-Zeiten zurückreichen. Die lokal ansässigen Mayas sagen, dass Höhlen heilende und magische Kräfte besitzen. *El dueño de la tierra* (»der Herr der Erde«) soll dort wohnen, der Donner, Regen und Blitze senden kann (SANMIGUEL 1994).

Bei den klassischen Mayas (ca. 300–900 n. Chr.) galten Höhlen ebenso wie alle anderen natürlichen Öffnungen der Erde als Eingänge in die Unterwelt. Dort wähnten sie auch den Wohnsitz der Götter und Ahnen, und noch zu Lebzeiten der heutigen Mayas war der Brauch lebendig, die Nachgeburten in heiligen Höhlen zu begraben (FREIDEL et al. 1993).

Die hohe Bedeutung der Höhlen in der alten Maya-Kultur zeigt sich auch an der Integration des Höhlenmotivs in ihre sakrale Architektur: Eine Kammer im Inneren einer Pyramide repräsentierte die Höhle im Inneren des Berges. Außerdem wurden einige Maya-Bauten direkt über Höhlen errichtet; ein eindrucksvolles Beispiel ist das sogenannte Hohepriestergrab bei Chichen Itza.

Der geologische Untergrund der Yukatan-Halbinsel besteht aus Kalkstein, in dem unterirdische Wassersysteme

viele Hohlräume ausgespült haben. Auf der Suche nach Wasser – zum Gebrauch als Trinkwasser oder für rituelle Zwecke – haben die Mayas im Verlauf ihrer langen Geschichte all diese Höhlen auch tatsächlich entdeckt. Manche dienten als Trinkwasserreservoirs, andere wechselweise als Zufluchtsorte (allerdings nur selten), zur Bestattung und Einäscherung Verstorbener, zur Entsorgung abgenutzter Zeremonialgegenstände und selbstverständlich für religiöse Riten. In den Ritualhöhlen wurden Stein- und Holzidole sowie eine Anzahl Wandmalereien und Hieroglyphen gefunden. Auch Räuchergefäße und Votivkeramik wurde neben anderem dort deponiert. Die in den Höhlen verehrten Tropfsteine sind an einigen Stellen von Menschenhand bearbeitet worden, um ihre suggestiven Formen deutlicher hervorzuholen. Aus Gesteinsknollen an den Höhlenwänden wurden Masken oder Schädel geschnitzt, ebenfalls mit der Absicht, die Simulakra stärker in Erscheinung treten zu lassen. Genauso verfuhr man auch mit seltsam geformten Steinbrocken in den Höhlen. In manche Ritualhöhlen wurden auch Plattformen eingebaut sowie Gänge, Eingänge

Die Anasazi-Höhlen bei Butler Wash, Utah. Die aus dem 13. Jahrhundert stammenden Ruinen in der großen Höhle zeigen, dass sie in erster Linie für kultische Zwecke genutzt wurde. Neben Wohnungen und Lagerräumen finden sich dort vier Kivas (unterirdische oder halb-unterirdische Ritualkammern), drei runde und eine viereckige. Die dunklen Streifen auf der Felswand stammen von abfließendem Wasser.

und Kammern künstlich verengt. Manche Höhlen scheinen spezifischen Gottheiten geweiht gewesen zu sein, wie dem Jaguargott oder den Regen-, Toten- und Maisgöttern sowie der Mondgöttin der Mayas.

Eines der bekannten Beispiele einer Maya-Ritualhöhle ist die Grotte von Loltun (»Steinblume«) in Yukatan, die ihren Namen von den dort eingravierten blütenförmigen Petroglyphen bezieht. EDWARD THOMPSON war der erste, der in dieser Höhle im Jahr 1890 mit Grabungen begann, gefolgt von HENRY MERCER, der dreizehn der zwanzig von ihm besuchten Maya-Höhlen ausgrub. An einer offenen Felswand vor der Höhle befindet sich ein überlebensgroßes

LOLTUN – DIE HÖHLE DER STEINBLUME

Oben: Stalagtiten und Stalagmiten sind hier zu gigantischen Tropfsteinsäulen verschmolzen (Stalagnate). Diese beiden Exemplare lassen sich anschlagen und geben tiefe Töne von sich, die in der ganzen Höhle widerhallen. Auch die Mayas dürften diesen Effekt gekannt haben, denn überall auf der Welt haben die alten Völker den »musikalischen« Tropfsteinen ihrer heiligen Höhlen Töne entlockt.

Unten: Eine Maya-Höhlenmalerei auf einem vorspringenden Stein, mit dem Mund gesprüht.

Basrelief eines männlichen Profils, das als der sogenannte Loltun-Krieger bekannt ist. Er wird als Gott der Unterwelt angesehen, der aus der Höhle heraustritt. Es handelt sich vermutlich um das älteste Exemplar einer solchen Felsgravur im gesamten Tiefland des Maya-Gebiets. Man geht davon aus, dass das Bild aus der vorklassischen Maya-Ära (300 v. Chr.–250 n. Chr.) stammt. Heute ist es ziemlich verwittert und nur noch undeutlich erkennbar.

Das Höhlensystem selbst besteht aus einer Reihe kathedralenartiger, mit relativ geräumigen Gängen verbundener Kammern; MERCER beschrieb sie als sehr »erfurchtgebietend«. Da am Ende der Gänge eine Kaverne mit zum Teil eingebrochener Decke liegt, kann hier das einfallende Sonnenlicht ein dramatisches Lichtspiel inszenieren. Ein in den Fels geschnitztes Gesicht bzw. eine Maske an einer der Höhlenwände könnte den Regengott darstellen, denn überall tropft Wasser herab. Eigentümlich geformte Felsen und Tropfsteine wirken aus dem Augenwinkel betrachtet wie Menschenkörper oder Tiere. MERCER fiel ein gewaltiger Stalagmit in Form einer »kauernden Katze« auf – nur eine von vielen derartigen Gestalten in der Grotte. Er schrieb außerdem: »An mehreren Orten sind viele der Stalagmiten grob behauen worden, um menschliche Figuren herauszumeißeln« (1975). Augenscheinlich sind die alten Mayas mit den Steingestalten in den Höhlen in eine ähnliche Interaktion getreten wie die Minoer. Auch Malereien sind verschiedentlich an den Höhlenwänden angebracht – einfache Umrisse, Bilder und Handabdrücke, außerdem eingravierte Spiralen, geometrische und blütenartige Formen sowie ein grob herausgemeißeltes männliches Gesicht, bekannt als der 1960 entdeckte »Kopf von Loltun«. Ausgrabungen in dem Höhlensystem brachten den Nachweis, dass es seit frühester Zeit genutzt worden war: Man fand Tierknochen, interessanterweise auch von Mammuts, ebenso Steinwerkzeuge, die auf die Zeit um 2200 v. Chr. datiert wurden. Die frühesten Keramikfragmente aus Loltun stammen aus dem Jahr 700 v. Chr.

Balankanche (»der verborgene Thron«) in der Nähe von Chichen Itza, ebenfalls auf der Halbinsel Yukatan gelegen, ist eine kleinere und weniger bekannte, aber mit Abstand die faszinierendste aller bis heute entdeckten Maya-Höhlen. Über lange Zeiten hinweg kannten die ansässigen

oder der Axis Mundi des Landes. Den Mythen zufolge stand dort der heilige Baum der großen Göttin-Königin Medb der Provinz Connacht, der *Bile Meidbe*. Erinnern wir uns daran, dass die Druiden ihre Rituale in heiligen Hainen abhielten und ihnen die Eiche besonders heilig war. Weil die Eiche Blitze anzieht – so sagte man – würde sie von den Göttern bevorzugt.

Wir können mit Sicherheit davon ausgehen, dass ein solcher Baumkult tief in der europäischen Vorgeschichte wurzelt, doch weil Bäume mit der Zeit vergehen, sind die frühen Andachtsorte an Bäumen, anders als etwa die Heiligtümer auf Berggipfeln, heute nicht mehr für uns erkennbar. Dennoch fördert die moderne Archäologie in Europa mit neuen Untersuchungsmethoden und geophysikalischen Nachweistechniken derzeit das gesamte Ausmaß der aus Holz errichteten prähistorischen Kultstätten zutage. Heute wissen wir, dass die Steinzeitmenschen tatsächlich eher »Holzzeit«-Menschen gewesen sind. Sie haben nicht nur Steinkreise, sondern auch Holzkreise und sogar weitläufige Holzstrukturen wie gewaltige, hölzerne Tempelanlagen errichtet. Von einigen solcher ehemaligen Stätten, beispielsweise Woodhenge in der Nähe von Stonehenge, wissen wir schon lange, aber das Ausmaß dieser Praxis ist erst seit relativ kurzer Zeit bekannt. Mittlerweile sind allein in England rund 50 solcher Stätten entdeckt worden. Zu den dramatischsten Funden gehört die Entdeckung, dass der größte Steinkreis der Stanton-Drew-Gruppe in Somerset ehemals von einer Holzstruktur aus 500 Pfosten in neun konzentrischen Kreisen umgeben war, ein mächtiges Bauwerk von gut 90 Metern Durchmesser und fast zehn Metern Höhe. Auch in der Umgebung von Avebury haben Luftbildaufnahmen dunkle Spuren auf der Erdoberfläche bei der West Kennet Farm zum Vorschein gebracht. Nach eingehender Untersuchung entpuppten sie sich als Überreste massiver Holzbauten von 180 Metern Durchmesser, die das Kennet-Flüsschen überbrückten. Anhand der Pfostenlöcher ließ sich ablesen, dass hier neun Meter hohe, gigantische Eichenpfosten eine Palisade gebildet hatten. Man schätzt, dass in der Anlage 20 000 Festmeter Holz verbaut wurden. Am Fuß einiger Pfosten hat man Depots von Tierknochen gefunden, vermutlich handelte es sich dabei um Gründungsopfer.

Ironischerweise könnte gerade Stonehenge, der berühmteste Steinkreis der Welt, den schlagenden Beweis für die Verwendung von Holz in der Steinzeit liefern. Vor der Errichtung der mächtigen Sarsen-Steine des äußeren Kreises, die die meisten von uns vor Augen haben, wenn sie an Stonehenge denken, führte eine Allee aus Holzpfosten vom südlichen Eingang zu einem komplexen kreisförmigen Holzbau in der Mitte der Kreisgraben-Umfassung (dem eigentlichen »Henge«). Darüber hinaus ist es aufschlussreich, wie das spätere Stonehenge-Monument selbst errichtet wurde: Man verwendete Holzbau-Techniken! Zapfenlochverbindungen sicherten die großen Steinstürze auf den gigantischen aufrechtstehenden Megalithen, und die Steine, die ringförmig auf dem äußeren Kreis liegen, waren mit Zinkenverbindungen aneinandergefügt. Der Archäologe ALEX GIBSON sagt richtig: »Stonehenge verkörpert den Zenith einer Holzkreis-Bautradition« (GIBSON 1999). Es scheint, als habe das Bauen in Stein eine lange Tradition der Holzbauten abgelöst.

Die Entdeckung der neolithischen Holztempelbauten weist allen voran die Eiche als angemessenes Material für ein steinzeitliches Heiligtum aus, doch damit ließ sich noch nicht belegen, dass die Bäume selbst einen sakralen Stellenwert hatten. Das war die Situation bis zu einem erstaunlichen Fund im Jahr 1999, der vom Volksmund sofort *Seahenge* getauft wurde: An der heutigen Küstenlinie bei Holme-next-the-Sea in Norfolk, der beständig erodierenden Ostküste Englands, war nach einem Sturm ein Kreis aus Holzpfosten um ein zentrales Holzobjekt aufgetaucht. Der ungewöhnlich hohe Gezeitenstrom hatte den Fund aus dem Sand herausgewaschen. (Auch wenn die Archäologie eine Ersterlebnis feierte, lag die Struktur offenbar bereits in den vergangenen Jahren verschiedentlich frei, so dass sie einigen lokalen Strandläufern bereits seit längerem bekannt war.)

Der Fund eines noch weitgehend intakten prähistorischen Holzkreises war eine derartige Sensation, dass die Denkmalschutzorganisation English Heritage im Bemühen, das Monument vor dem raschen Verfall durch Oxidation an der Luft zu retten, umgehend den Abtransport an einen sicheren Ort zum Zweck der Konservierung in die Wege leitete. Dieser Akt löste eine hitzige Kontroverse aus,

Der große heilige Baumstumpf, der Bile von Seahenge an der Küste bei Norfolk. (Alun Bull/English Heritage)

denn viele Anwohner und sensible, engagierte Menschen von überall her waren der Ansicht, dass Seahenge zwar vermessen, fotografiert und nach allen Regeln der Kunst erforscht werden, aber doch *in situ* belassen werden sollte, damit diese Stätte mit der Zeit ihr natürliches Schicksal ereilen könne. Als man – unter erheblichen technischen Schwierigkeiten – das zentrale Element des Holzkreises aus dem Sand zerrte, entpuppte es sich als der gigantische Stumpf einer Eiche, der umgekehrt in den Boden gerammt worden war, so dass die Wurzeln nach oben in die Luft ragten. (Das erinnert an die – allerdings viel jüngere – Tradition der Sami, Holzidole aus Baumstümpfen mit nach oben gerichteten Wurzeln anzufertigen.) Der überraschende Fund ermöglichte eine außergewöhnlich exakte Datierung der Anlage, denn die Radiokarbondaten konnten mit der Jahresringdatierung des mächtigen Eichenstamms abgeglichen werden. Demzufolge muss die Eiche zwischen April und Juni des Jahres 2050 v. Chr. gefällt worden oder umgestürzt sein. Die für den umgebenden Holzkreis verwendeten Eichen waren ein Jahr später, 2049 v. Chr., geschlagen worden. Bemerkenswert war eine Schnur aus Geißblattstengeln, die um den großen zentralen Eichenstamm gewickelt war. Seit den Untersuchungen an Seahenge lässt sich die Tradition der Holzkreise nun direkt mit einem Baum, speziell der Eiche, in Verbindung bringen. Der mächtige zentrale Baumstumpf war sicherlich ein *Bile* gewesen, für den auch Rituale ausgeführt wurden; das legen entsprechende Funde im Holzkreis nahe. Was Seahenge uns vor Augen führt, ist die Verlagerung der religiösen Aufmerksamkeit vom gewachsenen heiligen Baum an seinem Lebensort hin zu einer umgestalteten, monumentalisierten Version eines Baumheiligtums, die sich in der Holzkreistradition des Neolithikums ausdrückt und eine Parallele zu den frühen Anzeichen einer solchen Entwicklung bei den Höhlen- und Bergheiligtümern darstellt.

Trotz der megalithischen Bauaktivitäten der neolithischen Gesellschaften haben Aspekte der Holzbautradition offenbar bis in die keltische Eisenzeit, die Zeit der Druiden, überlebt. So hat die Archäologie auf der Hügelkuppe von Emain Macha (Navan Fort) in der Provinz Armagh in Nordirland die Fundamente einer mächtigen Holzstruktur zutagegefördert. Es handelte sich dabei um ein kreisrundes Gebäude aus konzentrischen, massiven Holzringen von 40 Metern Durchmesser, das höchstwahrscheinlich überdacht war. Man datierte es auf das Jahr 100 v. Chr. und fand auch Beweise für eine frühere bronzezeitliche und möglicherweise jungsteinzeitliche Besiedelung des Hügels. Seit etwa 700 v. Chr. gab es dort neben weiteren Bauwerken auch ein Erdwerk. Das Interessante an dieser Anlage ist der massive, elf Meter hohe Eichenpfahl, der im Zentrum des Rundbaus gestanden hatte. Vermutlich ragte er aus einer Dachöffnung heraus, wenn es denn ein überdachtes Bauwerk war. Wie die Wissenschaftlerin ANNE ROSS bemerkte, muss der Pfahl nicht nur ein Fokuspunkt für den Tempel selbst gewesen sein, sondern auch für die gesamte umgebende Landschaft – eine sakrale Landmarke. Sie führt aus:

> »*Die Tatsache, dass der Eichbaum, aus dem der Pfahl gefertigt war, zum Zeitpunkt seines Fällens schon 200 Jahre alt war, ist an und für sich bereits von großem Interesse und legt nahe, dass es durchaus ein Bile, einer der heiligen Bäume Irlands, die über die Jahrhunderte hinweg so gut belegt sind, gewesen sein kann. Ein Bauwerk von solcher Heiligkeit verlangte, dass auch der Mittelpfosten selbst geheiligt war.*« (Ross 1986)

Es scheint, als sei die besondere Bedeutung der Eiche für die eisenzeitlichen Druiden ein deutliches Echo der neolithischen Holzbautradition gewesen, und dies widerspiegelt wiederum – aus dem Blickwinkel der in Seahenge gewonnen Erkenntnisse – einen tieferen Reflex im Menschen gegenüber dem heiligen Baum, der vermutlich in mesolithischen oder noch älteren Zeiten wurzelt. Die Kelten kannten neben der Eiche noch weitere heilige Bäume. Für sie waren sowohl gewisse einzeln stehende Bäume oder auch ganze Wälder heilig. Jedoch galt dies nicht nur für die Kelten, auch die Griechen pflegten etwa in der gleichen Epoche einen Baumkult, wie wir von klassischen Autoren wissen. Wie die Kelten assoziierten sie bestimmte Bäume mit bestimmten Gottheiten. Auch sie kannten heilige Haine. Einige stehen in Beziehung mit heiligen Bergen oder auch mit verschiedenen Divinationstechniken. Pausanias schrieb im zweiten Jahrhundert über ein Festival in der Nähe von Palatia, zu dessen Vorbereitung die Menschen unter anderem Fleischstücke in einen Eichenwald mit den dicksten Baumstämmen in der ganzen Region hängten. Sie beobachteten dann, wie Schwärme von Krähen angeflogen kamen und sich auf die Zweige setzten, um genau herauszufinden, von welchem Baum die Krähe, die als erste ein Fleischstück angepickt hatte, herunterflattern würde. Diese Eiche wurde dann gefällt und zu einem Bildnis umgearbeitet, das man unter einer Decke verborgen auf einen Wagen legte und in einer Prozession auf den Gipfel eines heiligen Bergs brachte. Dort wurde ein Ritual abgehalten, zu dem auch das Verbrennen des Holzidols und Tieropfer gehörten.

Die Entsprechungen zwischen den Baumkulten der keltischen und der griechischen Überlieferung verweisen auf eine weithin verbreitete, archaische Quelle, die tief im Animismus und Schamanismus des prähistorischen Europas begründet liegt.

Es gibt Belege, dass auch im minoischen Kreta, lange Zeit vor dem klassischen Griechenland, ein bedeutender Baumkult praktiziert wurde. Entsprechende Hinweise stammen von dem Pionier der minoischen Archäologie, ARTHUR EVANS, dem bestimmte Szenen auf Goldringen aufgefallen waren. Sie zeigen einzelne, von einer Mauer umgebene Bäume wie in einem *Temenos* (einem heiligen Bezirk), manchmal gekrönt von Weihe-Gehörn, zuweilen auch neben Tempeln oder Göttererscheinungen. Aus dieser Beobachtung leitete EVANS eine Reihe von interessanten Schlüssen ab. Ihm war wie jedem Besucher von Knossos bewusst, dass Säulen ein wichtiges architektonisches Element der Minoer waren – die sich nach unten leicht verjüngende Säule ist ein Markenzeichen der minoischen Bauweise. Dahinter müsse noch mehr stecken als lediglich ein architektonischer Stil, meinte EVANS, denn in den Palast-Tempeln Kretas hatte man die Überreste ehemals geschlossener, dunkler Ritualräume mit einer freistehenden Säule in der Mitte gefunden. Eine solche »Säulenkrypta«, argumentierte EVANS, imitiere die Höhlen, in der früher Rituale abgehalten wurden. Die Säulen seien stilisierte Darstellungen von Tropfsteinen, die, wie wir bereits gehört haben, in den Kulthöhlen Verehrung erfuhren. Bäume und Tropfsteine waren EVANS zufolge die Naturmodelle für die minoische Säule. (Wir erinnern uns an eine ähnliche Korrespondenz bei den alten Mayas, die in Balankanche einen baumartigen Stalagnaten verehrten.) EVANS schlägt weiter vor, dass die Säule mit ihrer phallischen Form auch ein Fruchtbarkeitssymbol gewesen sein könnte. Diese These erhielt Unterstützung durch einen Fund in der Grotte von Eileithyia bei Amnisos, die an der Nordküste Kretas ein paar Kilometer östlich der heutigen Stadt Heraklion liegt. In früherer Zeit befand sie sich in der Nähe des

Ein heiliger Baum in einer Umfriedung auf einem kretischen Schmuckstück aus Speckstein. (Arthur Evans, 1901)

Die Säulenkrypta (von der heute das Dach fehlt) im minoischen Palast von Mallia in Kreta.

Hier finden wir die Säulenverehrung in ihrer ursprünglichsten und naturalistischsten Form. In diesem Kontext muss man auf die offensichtliche Verbindung zwischen dem Säulenkult und dem Kult der heiligen Bäume hinweisen. Auch letztere fassten die Minoer mit Mauern ein, und sie legten Zweige auf ihre Hausaltäre« (COTTERELL 1979).

Aus COTTERELLS Sicht lag EVANS richtig mit seiner Folgerung, dass der Baum- und der Tropfsteinkult untrennbar miteinander verbunden seien und dass man sie in Beziehung zur Säulenkrypta und einem »Säulenkult« setzen müsse.

Im europäischen Raum haben also Bäume durch die Eisen- und Bronzezeit hindurch bis ins Steinzeitalter zurück kontinuierlich besondere Verehrung erfahren. Reste dieses Kults sind in Europa durch die Jahrhunderte bis in die historische Zeit tradiert worden, und hier und dort hören wir noch dessen Echo, manchmal kräftiger, manchmal verhaltener. Die nomadische Volksgruppe der Samoyeden (Nenets) in Nordrussland beispielsweise besaß ein bedeutendes Baumheiligtum an einem Ort namens Kozmin Copse, eine schmale Waldschneise, die sie auf ihren jährlichen Wanderungen durchquerte. Forscher fanden hier Opfergaben zu beiden Seiten des Pfads durch das Waldstück an weit über 200 Baumstämmen befestigt, darunter Glocken, Metallscheiben, Bronze- und Kupfergegenstände (beiden Materialien schrieb man höhernatürliche Kräfte zu), Ringe und sogar Knöpfe. Die meisten waren an Birken angebracht, denn die Birke gilt in ganz Eurasien als heiliger Baum, möglicherweise aufgrund seiner symbiotischen Beziehung mit dem halluzinogenen Fliegenpilz, der von vielen eurasischen Schamanen zu Trancezwecken eingenommen wurde. Andere für Opfergaben ausgewählte Bäume waren Fichten, Espen und Ebereschen. Zeitgenössische ethnologische Aufzeichnungen berichten, dass ein Samoyeden-Schamane *(tadibeis)* »pflichtgemäß« einen Baum aus diesem Wald fällen musste, um daraus seine Trommel zu fertigen – eine ur-uralte Vorstellung. In ganze Europa opferten die Menschen über Jahrhunderte hinweg den Bäumen, behängten deren Äste mit Bändern und Tüchern oder hämmerten Nägel in den Stamm – noch unzählige weitere Votivpraktiken ließen sich hier aufzählen.

Hafens von Knossos, der heute jedoch versandet ist. Der Name der Höhle erinnert uns an ihre Bedeutung zu minoischen Zeiten, wo sie als Heiligtum der Nymphe oder Göttin Eileithyia, der Schutzherrin der Frauen und Geburten verehrt wurde. In dieser Höhle finden wir das natürliche Vorbild des Säulenkults: einen gleichmäßig geformten, säulenartigen Tropfstein, der von einer niedrigen Mauer eingefasst ist. ARTHUR COTTERELL beschreibt den Ort:

»Im Inneren dieser Einfassung, einem kleinen, rechteckigen Raum, erhebt sich ein alleinstehender Stalagmit – die aufstrebende Präsenz universaler Fruchtbarkeit. Der Phallus. Dort steht er, ein unbearbeiteter Stein, unverkennbar präsent hier im ›Allerheiligsten‹ eines weiblichen Schreins.

Abgesehen von solchen bis in die Gegenwart lebendig gebliebenen Traditionen gibt es weitere folkloristische Quellen, auf die wir zurückgreifen können. Im keltischen Raum, insbesondere in Irland, war beispielsweise der Glaube verbreitet, dass in einem Weißdorn Feen und andere Geister hausen, besonders wenn es sich um einen einzeln stehenden Baum handelte oder er neben einem Felsen oder einer Quelle stand, vorzugsweise aber an einem Wegkreuz, denn dort treffen sich die Geister. Der Kult um den Weißdorn von Glastonbury ist Teil dieses Glaubensmusters in einem christlichen Gewand. (Der Legende nach spross jener Weißdorn aus dem Wanderstab von Joseph von Arimathäa, dem Überbringer des heiligen Grals nach Glastonbury – der Insel von Avalon –, als er ihn nach seiner mythischen Landung am Weyrall Hill in den geheiligten Boden steckte.)

Interessant sind auch einige besondere Bäume, die an speziellen Orten stehen oder standen: Eine Grenzurkunde aus dem Jahr 845 erwähnt »die Esche, die einigen Ignoranten als heilig gilt,« bei Taunton in Somerset – womöglich ein schwaches Echo der mächtigen Yggdrasil. Solche Bäume sind älter als die Grenzen, die sie später markierten. Man wählte sie als territoriale Markierung aufgrund ihrer hohen Bedeutung für die lokale Bevölkerung und ihres hohen Alters. Oft wurde an derselben Stelle ein neuer Baum gepflanzt, nachdem sein Vorgänger an Altersschwäche abgestorben war. Einige dieser Grenzbäume kennen wir heute in England als *Gospel Oaks* (»Evangeliums-Eichen«), die mit dem *Rogation Day* in Verbindung gebracht werden, einem Bitt- und Feiertag im April, an dem der Priester einen Prozessionsumzug leitete und die Gläubigen Kreuze und laubtragende Äste mit sich führten. Der Bittgang sollte Segen für das Land und die Felder herabrufen und zugleich die Grenzen der Dörfer bestätigen. Die *Gospel Oak* war eine Station auf dem Weg, an dem der Priester haltmachte und aus den Schriften las. Man weiß, dass dieser Festtag unmittelbar von einem sehr viel älteren heidnischen Fest mit ähnlichem Zweck übernommen wurde. In Frankreich ist es unter dem Namen *Robigalia* bekannt. Ebenfalls aus der heidnischen Religion übernommen sind die Eiben, die auf Friedhöfen gepflanzt wurden.

Selbstverständlich erfahren Bäume überall auf der Welt besondere Verehrung, nicht nur in Europa. Die Lakota-Sioux-Indianer kannten den Brauch, einen besonderen Baum auszusuchen und in einem Ritual zu fällen, ihn zurechtzustutzen und zu bemalen. Dann stellten sie ihn in der Mitte ihres Sonnentanzplatzes als Totempfahl auf. Während der Sonnentanzzeremonie war der Pfahl für sie das Zentrum der Welt. Die ritualisierte Version des Baums, der Pfahl, spielte bei vielen amerikanischen Völkern eine wichtige Rolle, besonders die Omaha brachten ihm größte Verehrung entgegen. Indianische Legenden berichten von glühenden Bäumen, die den Ort markierten, an denen sich die vier Richtungen schneiden.

Vom Weltenbaumkonzept der Mayas haben wir bereits gehört. Sie nannten den Weltenbaum *wakah-chan* (»aufgerichteter Himmel«), sein Repräsentant in der wirklichen Welt war für die Mayas in Nord-Yukatan der Ceibabaum; in anderen Teilen des Mayareichs war es eine Maisstaude. Die Spanier hielten das Maya-Symbol des Weltenbaums für ein belaubtes Kreuz, denn so sieht es tatsächlich aus. Es taucht bereits in alten Felsritzungen auf, beispielsweise in Palenque. Moderne »Mayakreuze« sind geringfügig christianisierte Versionen des alten Weltenbaums. Man zieht ihm Kleider an und verziert ihn mit Spiegeln oder Blumen und Kiefernzweigen. Diese Kreuze gelten als lebendige Wesen im gleichen Sinn, in dem die Lakota ihren Sonnentanzpfahl begriffen haben.

Auf den Fidschi-Inseln glaubt oder glaubte man, die Kriegsgöttin Ravuravu wohne in einem hohen Tavola-

Ein alter Eibenbaum auf dem Kirchhof bei Compton Dundon, Somerset. (Simant Bostock)

Baum (eine Mandelart). Aus seinem Holz fertigte man die großen Schlitztrommeln, mit der sich in alten Zeiten rivalisierende Gruppen zum Kampf herausforderten (TOREN 1995). In manchen Regionen Ostbengalens existiert ein Baumkult um die tantrische Göttin Durga-Kali, die in den Wurzeln bestimmter Bäume leben soll (ELIADE 1988). Auch in Nepal kennt man vergleichbare Kulte: Im Dorf Tamdungsa im Tamang-Gebiet des nordwestlichen Kathmandu-Tals liegen zwei heilige Haine, von denen der eine von der Gottheit Shyihbda und der andere von einem göttlichen Wesen namens Shyingmardung bewohnt wird. Einen Baum aus einem dieser Haine zu fällen oder ihn in irgendeiner Weise zu schänden, soll großes Unheil über das Dorf bringen. Im Hochland von Madagaskar werden bestimmte sakrale Orte von drei Baumarten gekennzeichnet, von denen man sagt, dass sie nirgendwo anders wachsen könnten als an solchen heiligen Stätten.

Und so weiter und so fort: Den ganzen Planeten überzieht ein Wald von heiligen Bäumen.

WASSER DES LEBENS

Ohne Wasser gäbe es kein biologisches Leben auf der Erde. Diese Tatsache ist derart fundamental, dass die Assoziation von Wasser mit dem spirituellen Leben geradezu auf der Hand liegt, wie sie sich im Konzept der Taufe im Christentum oder im heiligen Bad des Hinduismus noch heute äußert. Wie die Höhlen, Berggipfel und Bäume weckt auch das Wasser in uns eine archaische Resonanz. Wasser kennt viele Arten des In-der-Welt-Seins, und viele bieten sich für spirituelle Interpretationen an. Wasser ist, wie die Bäume, allgegenwärtig, doch wo ein Volk verschwunden ist und keine Spuren hinterlassen hat oder wo Wasserquellen und Wasserläufe ausgetrocknet sind, gehen für uns auch die mit den Wassern verbundenen heiligen Orte verloren. Glücklicherweise haben viele bis heute überlebt, so dass wir vielfältige Beispiele indentifizieren können.

Die Cheyenne in Nordamerika glaubten, Quellen seien Öffnungen, durch die Tiergeister in die Erde eingehen und wieder hervorkommen können, um sich zu materialisieren. Für die Mescalero-Apachen waren Quellen der Ursprung von Kraft – von *diyi,* einer höhernatürlichen Potenz –, weil dort das Wasser jungfräulich aus der Erde tritt. Wasser ist das Trägermaterial dieser Kraft und verteilt es in der physischen Welt. Quellen und Bäche gelten deshalb als »lebendiges« Wasser, während Seen und Teiche in Hinblick auf *diyi* »tot« sind.

Auf Yukatan in Mittelamerika, wo Oberflächenwasser rar ist, waren die Mayas von unterirdischen Wasservorkommen abhängig, und wir haben bereits festgestellt, dass die Suche nach Trinkwasser ein wesentliches Motiv zur Erkundung der Höhlen der Kalkstein-Halbinsel war. Doch auch hierbei ging es um mehr als um Trinkwasser, das Wasser spielte auch eine spirituelle Rolle. Wasser aus bestimmten Höhlen galt als besonders spirituell aufgeladen, denn

Chinesische Neujahrs-Geisterschreine um einen heiligen Bo-Baum in Chian Mai. Der Baum steht auf der Innenseite des östlichen Stadtgrabens der alten Stadt. (Chris Ashton)

Oben: »Jungfräuliches Wasser« im unterirdischen See in den Tiefen der Balankanche-Höhle, Yukatan, Mexiko.

Unten: Diese heilige und heilende Quelle bei – nomen est omen – Holywell, Cornwall, füllt immerwährend Frischwasser in mehrere Bassins in einer Höhle auf der Brandungslinie der Küste, die nur bei Ebbe zugänglich ist. Pilger haben am Höhleneingang Stufen in den Fels geschlagen.

es war unverschmutztes, »jungfräuliches Wasser« *(zuhuy ha)*, aufgestiegen aus den Tiefen des Untergrunds, aus der Unterwelt. In vielen Mayahöhlen finden sich zahlreiche steinerne Wasserbehälter oder Tröge, die Wassertropfen von der Höhlendecke und insbesondere von den Stalaktiten auffangen sollten. Unzählige Tonscherben von Wassergefäßen in den Höhlen stammen offensichtlich von rituellen Zerschlagungen. Oft sind sie mit Wasserbecken oder Lagunen in den tiefen, schwer zugänglichen Bereichen der Grotten assoziiert, selbst wenn es vor Ort leicht erreichbare Bäche und andere oberflächennahe Wasserressoucen gab, so dass jene Tongefäße nichts mit der Trinkwasserversorgung zu tun hatten. An den unterirdischen Seen finden sich auch häufig Opfergaben und von Räucherungen mit Kopalharz geschwärzte Felsoberflächen, was die rituelle Begleitung des Schöpfens von jungfräulichem Wasser weiter unterstreicht. Solches Wasser verwenden die Mayas noch heute in ihren Regenritualen – und im Bundesstaat Quintana Roo auch für die Taufe (THOMPSON 1975). Das

Der heilige Zenote in Chichen Itza, in den von einer Tempelplattform aus auch Menschenopfer geworfen wurden.

Wasser muss dabei aus unterirdischen Quellen, an die keine Frau je ihren Fuß setzt, geschöpft werden und darf anschließend nicht auf die Erde tropfen.

Zum Wasserkult der Mayas gehörte auch die Verehrung heiliger Zenoten (natürliche Karsttrichter). Wie bei den Höhlen dienten manche von ihnen als profane Trinkwasserquellen, während andere einen besonderen Status innehatten. Insbesondere der heilige Zenote bei Chichen Itza war über viele Jahrhunderte ein bedeutender Wallfahrtsort und Opferplatz für die alten Mayas, Kukulcan, der gefiederten Schlange, geweiht. Zum Zeitpunkt der Ankunft der Spanier wurde er noch aktiv begangen. Bei diesem fast kreisrunden Zenoten von etwa 60 Metern Durchmesser liegt der Wasserspiegel gut zwanzig Meter tief unter dem Rand. Sowohl Objekte als auch Menschen wurden hier als Opfergaben ins Wasser geworfen. Die Stätte wurde mit den Mitteln der Unterwasserarchäologie eingehend erforscht, man ist getaucht und hat Wasser abgesaugt, wobei viele Gegenstände und Skelette ans Tageslicht kamen. Insgesamt wurden die Überreste von 42 Menschen gefunden, die meisten von ihnen Kinder. Nur acht davon waren Frauen, anders als in den reißerischen Geschichten über geopferte Jungfrauen behauptet wird. Die Menschenopfer im Zenote hatten einen divinatorischen Zweck: Man warf sie zu Sonnenaufgang ungefesselt ins Wasser, und wenn sie bis zum Mittag überlebten, zog man sie wieder hoch und fragte sie über alles aus, was sie von der Gottheit des Wassers gelernt hatten. Möglich ist auch, dass man den Zenoten zu Divinationszwecken als dunklen Spiegel nutzte. Zu den vielen dort deponierten Objekten gehörten auch Gegenstände aus Gold, Kupfer, Jade und Kautschuk. Manche kamen von so weit entfernten Orten wie Kolumbien in Südamerika. Die am zahlreichsten vertretenen Votivgaben sind Kupfer- und Goldglocken, aber es wurden auch Räuchergebinde, Ritualäxte und kleine Bildnisse vom Grund des Beckens gefischt. Manche Gegenstände waren mit der gefiederten Schlange verziert.

Eine bemerkenswerte religiöse Praxis in Verbindung mit Wasser stellten – und stellen vielleicht immer noch – die Rituale der ecuadorianischen Jivaro-Indianer dar. Ab etwa einem Alter von sechs Jahren werden die männlichen Stammesangehörigen zu einem heiligen Wasserfall mitgenommen, und zwar jeweils zu dem höchsten, der in einigen Tagesmärschen zu erreichen ist. Dort müssen sie eine Vision, ein *arutam*, suchen. Wasserfälle hielt man für Versammlungsplätze der Ahnenseelen, die dort in Gestalt von Lufthauchen in den Wasserschleiern umherschweifen und den Sprühnebel verteilen (HARNER 1984). Diese Seelen sind es, die den Suchenden die Vision gewähren und ihnen die damit verbundene spirituelle Kraft schenken. Der Visionssucher geht nackt und schlotternd den ganzen Tag lang in dem Raum zwischen der Wasserkaskade und der Felswand hin und her, gestützt auf einen Stock aus Balsaholz, und wiederholt in ständigem Singsang die Silben »*tau, tau, tau …*«. In der Nacht trinkt der Visionssucher, der gefastet hat, ein starkes Tabakwasser und wartet auf das Erscheinen der Vision. Dieser Prozess kann bis zu fünf Tage lang wiederholt werden, bis die Vision sich schließlich einstellt. Wenn das immer noch nicht geschieht, wird ein noch stärkeres Halluzinogen, zum Beispiel *Datura*, eingenommen. In der Regel erscheinen in der Vision ein Jaguar-Paar oder Anakondas, die aus dem Wald hervorkommen, ein schwebender Menschenkopf oder auch ein Feuerball. Der Visionssucher muss sich dieser durchaus furchteinflößenden Vision nähern und sie berühren, wodurch sie explosionsartig verschwindet. Wenn der Initiant dann nach Hause zurückkehrt und einschläft, träumt er von der Ahnenseele, die sich in der Vision manifestiert hat, und die Kraft jener Seele geht in seinen Körper ein.

Die alten Griechen errichteten ihre Orakelstätten in der Nähe von Quellen, wobei anzunehmen ist, dass sich solche Orte an bereits in früherer Zeit als sakrale Quellen oder Brunnen erkannten Stätten etabliert haben. Bevor die Prophetin Pythia in Delphi ihre Orakelsitzungen abhielt, badete sie in der Quelle der Nymphe Kastalia am Fuß des Abhangs, auf dem sich der Tempelkomplex befand. Anschließend trank sie aus der Quelle der Kassotis, deren Wasser unter dem Apollotempel hervorkam, dort, wo auch die Sitzungen stattfanden. In Dodona, dem anderen bedeutenden Orakelzentrum, sprudelte eine heilige Quelle unter den Wurzeln der großen Eiche hervor. Es scheint, als habe man sowohl das Rauschen des Windes in ihren Blättern als auch das Murmeln der Quelle für das Orakel gedeutet. Die Korrespondenz von Quellen und Bäumen ist im alten Griechenland bewusst gesucht worden (Birge 1994). Auch die rund 300 griechischen Asklepien, die magisch-religiösen Heilzentren Äskulaps, lagen alle an Wasserstellen und hatten ihre eigenen Brunnen zu Ritualzwecken. Der Brunnen in Epidaurus, dem wichtigsten Asklepion, existierte bereits lange bevor dort das Tempelheilbad errichtet wurde. Wie zu erwarten, verehrten auch die Minoer in Kreta heilige Quellen. Die bekannteste ist vermutlich der Wasserschrein in der Karawanserei bei Knossos.

Wasserplätze gehörten auch in Madagaskar zu den wichtigsten alten Sakralorten (Radimilahy 1994). Man hielt Quellen für Orte, an denen die Geister der Ahnen, die *Vazimbas*, umgingen. Die sterblichen Überreste verstorbener Häuptlinge wurden in Kanus in heiligen Seen versenkt. Die Könige praktizierten in alter Zeit die Tradition eines »Zauberbades« in bestimmten Flüssen und an speziellen Abschnitten der Küste der großen Insel (wie beispielsweise an der Nordwestküste).

Das Pendant zu heiligen Wassern, insbesondere kultischen Seen, ist die heilige Insel. Um hier zwei Beispiele aus Kulturen von entgegengesetzten Enden der Welt heranzuziehen, kehren wir zuerst zu den Sami zurück, die viele solcher Inseln und Inselchen kannten. Ein Bericht aus dem 18. Jahrhundert schildert eine Episode von einer Rentierjagd, die in den Gewässern um eine kleine Insel im norwegischen Süßwassersee von Leunje Jauvre in Varanger stattfand. Nachdem die Tiere getötet waren, opferten die Jäger Teile der Geweihe auf dem Inselchen. Archäologen fanden an diesem Ort einen runden Opferplatz. Ein anderes Beispiel für eine Sami-Insel ist Ukonsaari im Inarisee in Nordfinnland. Die Insel wirkt »wie eine riesige Schildkröte« und war dem Donnergott heilig. Der junge Arthur Evans, der den Ort in den Jahren vor seinem großen kretischen Abenteuer besuchte, fand eine niedrige Höhle oder Kluft in den Felsen, die mit Knochen vollgestopft war – offensichtlich eine Opferstätte.

Auf der anderen Hälfte der Weltkugel kommen wir zu dem wichtigsten heiligen Gewässer der alten Andenvölker, dem Titicacasee. Diese mysteriöse Salzwasserfläche, die dort zwischen den Anden eingefangen liegt, spielt die Schlüsselrolle in der Kosmogonie der alten Andenbewohner, denn hier entstieg der große Schöpfergott Viracocha den Wassern. In der Nähe liegt die alte Kultstadt Tiahuanaco mit ihrer riesenhaften Akapana-Pyramide, umgeben von einem Graben, so dass sie die heilige Sonneninsel im Titicacasee nachbildet – auch auf der Insel selbst befinden sich Tiahuanaco-Schreine. Die mythische Kraft der Sonneninsel machten sich die späteren und geografisch etwas entfernteren Inkas zu eigen: Sie sahen in der Insel den Ursprungsort ihres Volkes.

Der Titicacasee und die Sonneninsel, Bolivien. (John Miles)

3

Geisterfelsen, heilige Steine

»Die Fähigkeit zur Handhabung großer Steine war der eigentliche Beginn der Monumentalisierung. Die Verwandlung von Naturplätzen in Monumente war ein fundamentaler Akt. Er hat einen neuen Klang in die Welt gesetzt, der seitdem durch alle folgenden Zeitalter der Menschheit widerhallt.«

Mondlicht über einem Schälchenstein aus Nether Largie im schottischen Kilmartin-Tal.

Irgendwann und irgendwo im langen Morgenrot der menschlichen Vorgeschichte geschah etwas Eigenartiges, ja fast Unerklärliches: Der Mensch begann, heilige Orte zu errichten. Offenbar waren ihm die Orte und Gestalten in der Natur nicht mehr genug, um sein Gefühl für das Heilige zu erregen und auszudrücken, und so kam er auf den Gedanken, eigene Stätten zu bauen. Vorbote zu diesem Prozess war der Brauch gewesen, Naturorte auszuschmücken, wie wir im vorangegangenen Teil 2 gesehen haben. Mit der Errichtung der ersten baulichen Strukturen aus Erde oder Holz war der Prozess endgültig in Gang gesetzt. Doch erst die Bearbeitung großer *(mega)* Steine *(lithos)* signalisiert den Beginn der Monumentalisierung. Heute nimmt man an, dass einige Megalithbauten steinerne Kopien früherer Holzbauwerke waren; das Beispiel Stonehenge habe ich bereits erwähnt. Stein überdauert bis in alle Ewigkeit, Gestein bildet den Boden unter unseren Füßen, und auch die Berge und Höhlen sind aus Stein.

Die Monumentalisierung durch Steinbauwerke war in vielen Fällen ein zögerlicher und schrittweiser Prozess – hier wurden ein paar Felsplatten in die Erde eingelassen, um ein bescheidenes Grabmal zu setzen, dort wurde ein unbehauener, nicht allzu großer Stein aufgerichtet. Doch mit der Zeit wurden die verwendeten Steine größer, manchmal wurden sie bearbeitet, geformt, geglättet, und schließlich gruppierte man sie zu regelrechten Bauwerken – die Grabmäler und Megalithtempel waren entstanden. Doch auch in dieser Phase verehrte man meist nach wie vor die heiligen Orte in der Natur. Die ersten Steinmonumente waren gewissermaßen noch Anhängsel an die heiligen Plätze in der Natur, doch war damit die Sphäre der Menschenwelt in die Welt, für die die alten Plätze standen, unwiderruflich eingedrungen. Der Wirkbereich der Kultur hatte begonnen, sich in das Reich der Natur hinein auszudehnen, und im Lauf der Zeit drängte die Kultur die Natur immer weiter zurück, bis schließlich ein gebauter heiliger Ort sich nicht mehr notwendigerweise auf einen heiligen Naturort beziehen musste.

Der Impuls, künstliche Sakralorte zu erschaffen, ist ein früher Hinweis auf die großartige Fähigkeit des Menschen, seine Umwelt zu transzendieren. Im wahrsten Wortsinn kristallisierte sich unsere technische Begabung heraus,

AUS HOLZ WIRD STEIN

Oben: Deutlich kann man auf den einzelnstehenden Steinen von Stonehenge, deren Stürze heruntergefallen sind, den runden Zapfen sehen, der in ein entsprechendes Loch des querliegenden Steins passgenau eingefügt war.

Unten: Die senkrechte Nut an diesem Bluestone wirkt, als wäre der Stein einst Teil einer mit Nut und Feder verbundenen Fläche gewesen, bevor er seinen Platz in Stonehenge fand.

eine Eigenschaft, der wir einerseits die Verbesserung unserer Lebensumstände verdanken, deren ungehemmte Entwicklung aber droht, uns und die Natur um uns zu zerstören. Der Bau von Heiligtümern ist nur eine frühe Etappe auf jenem Weg, dem wir heute noch folgen, indem wir zunehmend komplexere Technologien entwickeln und Dank unserer schwindelerregenden Produktivität die Natur immer krasser manipulieren – bis hin zum Eingriff in den genetischen Code. Der in unterschiedlichen Phasen weltweit sich Bahn brechende Impuls des neolithischen Menschen, »die Erde umzubauen«, wie RICHARD BRADLEY es ausdrückt, jener Wandel vom Naturplatz zum Monument, war derart fundamental, dass sein Echo durch alle folgenden Zeitalter nachhallt. Manche sehen im Aufkommen der Monumentalisierung den Sündenfall der Menschheit aus einem Zustand der Natürlichkeit, für andere beginnt damit der Fortschritt.

Die unterschiedlichsten Kulturen haben in vielen Teilen der Welt Megalithstätten errichtet. Wenn wir die hochentwickelten Tempel der antiken Alten und Neuen Welt, die allgemein als architektonische Meisterwerke anerkannt sind, beiseite lassen und uns auf das konzentrieren, was JAMES FERGUSON, ein Reisender und Historiker des 19. Jahrhunderts, »grobe Steinmonumente« genannt hat, so stoßen wir auf eine große Bandbreite von Megalithbauwerken im mediterranen Raum – in Süditalien, auf Inseln wie Menorca, Korsika, Sardinien und insbesondere Malta, ebenso in Marokko und Algerien. Auch andernorts in Afrika findet man bedeutende megalithische Zeugnisse: hunderte von Steinkreisen in Gambia an der Westküste, Megalithstätten in Ghana und Nigeria, hohe stehende Steine und Zisten (»Kisten« aus flachen Steinen für Körperbestattungen oder Kremationen, die in die Erde oder in Hügel eingelassen sind) in Zentralafrika und hunderte von stehenden Steinen in Äthiopien. In dessen nördlichem Landesteil befindet sich zudem ein bemerkenswerter Riesenmonolith von 30 Metern Höhe, im Süden und in der Soddo-Region gibt es gravierte stehende Steine und im Osten des Landes Dolmen. Auf Madagaskar wurden erst in jüngeren Jahrhunderten Steine und Dolmen errichtet.

Der steinzeitliche Tempel von Ggantija auf der maltesischen Insel Gozo zählt zu den eindrucksvollsten Megalithbauten im Mittelmeerraum. (Malta National Tourist Office)

Weiter nach Osten findet man rund um das Schwarze Meer prähistorische Steinbauten, wie etwa die in Kammern gegliederten Grabhügel Bulgariens und die rechteckigen Felsplattengräber im Kaukasus, darunter viele mit »Bullaugen« oder sogenannten Geisterlöchern in den Frontplatten. Die Megalithbauten im Nahen Osten, im östlichen Mittelmeerraum, einem Gebiet, das Syrien, den Libanon, Israel und Jordanien umfasst, datieren aus dem dritten und vierten Jahrtausend vor unserer Zeitrechnung und weisen zum Teil einfache Dolmenstrukturen auf. Weiter südlich, auf der arabischen Halbinsel, kann sich der Jemen mit Steinreihen, Steinkreisen und mit Plattformen, auf denen megalithische Kammern errichtet sind, brüsten. In Bahrain am Persischen Golf haben die prähistorischen Gräber die Form von großen, bis zu zwölf Meter hohen steinernen Truhen, deren Innenraum in unterschiedliche Bereiche gegliedert ist.

In Asien sind Teile der Himalayaregion, Pakistan und Indien mit Megalithen geradezu übersät. Das gilt insbesondere für das Dekkan-Plateau in Südindien, dort gibt es buchstäblich tausende von Hügelgräbern und Grabruinen mit Lochsteinen vor dem Eingang, der jeweils in eine rechteckige oder kreuzförmige Grabkammer führt. Jene Stätten stammen aus dem ersten und zweiten vorchristlichen Jahrtausend, der Zeit der Veden. Ebenso hat der Ferne Osten seinen Anteil an der Megalithkultur, beispielsweise mit rechteckigen Steinkammern in verschiedenen Regionen Südostchinas. Dies sind durchaus gewaltige Anlagen: Die Deckplatte einer dieser Kammern in der Mandschurei, Che-pin-shan (»Steinplattenberg«) genannt, wiegt stolze 70 Tonnen. In Korea misst der Deckstein einer Kammer, deren Bau auf das erste vorchristliche Jahrtausend datiert wird, über siebeneinhalb Meter Länge. Während der letzten vorchristlichen Jahrhunderte und im Verlauf des ersten Jahrtausends nach unserer Zeitrechnung wurde auch in Japan mit Megalithen gebaut – das bekannteste Beispiel dürften die konzentrischen Steinkreise auf dem Gipfel des riesigen Tatetsuki-Hügelgrabs bei Okayama sein. In Teilen Südostasiens und Ozeaniens, insbesondere in Malaysia, auf Borneo und einigen pazifischen Inseln, findet man vereinzelt jüngere Megalithstätten.

Obgleich mehrere Zivilisationen der beiden Amerikas mit Stein bauten, sind dort Megalithbauwerke des hier beschriebenen Typs eher selten. Einige Beispiele sind dennoch erwähnenswert, wie die alleinstehende Megalithgruppe in der San-Augustin-Region in Kolumbien. Neben behauenen, aufrechten Steinen oder Stelen befinden sich dort steinkammernartige Gebilde, die auffallende Ähnlichkeit mit den Dolmen in Westeuropa aufweisen.

In Westeuropa findet unsere Megalithen-Weltreise ihren Abschluss. Diese große Region, insbesondere das nördliche Deutschland und Polen sowie die atlantischen Länder von der iberischen Halbinsel nordwärts bis nach Skandinavien, wartet mit der weltweit größten Bandbreite an Megalithen auf – und offenbar auch mit den ältesten. Das Material von Megalithgräbern in Südportugal wurde Radiokarbon-Messungen zufolge im fünften vorchristlichen Jahrtausend verbaut. Auch einige Kammerngräber auf den Britischen Inseln sind von solch hohem Alter: Zwei kleine, einfache Kammerngräber wurden auf die Zeit um 5800 v. Chr. datiert, also auf das späte Mesolithikum. Sogar eine komplexe Megalithstruktur wie der Cairn de Barnenez bei Pouézoch im Finistère mit mehreren Kammern und Zugängen stammt aus dem späten fünften vorchristlichen Jahrtausend. Zahlreiche Stätten aus dem vierten Jahrtausend finden sich auf der Iberischen Halbinsel und im Norden und Westen Frankreichs. Dänische Megalith-Langgräber mit Steinkammern stammen aus derselben Zeit, ebenso die Hofgräber in Westirland, wie beispielsweise Creevykeel.

Stich eines Dolmens bei Pullicondah in der Nähe von Madras, Indien, aus James Fergussons Rude Stone Monuments, 1872.

Das Hofgrab Creevykeel bei Sligo gehört zu den ältesten Megalithstätten Irlands. Die Aufnahme zeigt den Blick vom Endstein der Doppelkammer nach Osten. (DolmenTours)

Neuere Erkenntnisse in der Archäologie führen womöglich zu weiteren Verschiebungen dieser Daten in die Frühzeit. Sicher ist jedenfalls: Es ist sehr, sehr lange her, dass die Menschen in Europa begannen, Naturheiligtümer in Steintempel zu verwandeln.

Die immense Zahl von Megalithfunden weltweit ist in einer unübersehbaren Fülle von Literatur belegt. So muss ich den Rahmen dieses Buches nicht sprengen und streife daher nur diejenigen Schlüsselaspekte des Phänomens, die unser Thema berühren: den Übergang vom heiligen Naturplatz zum künstlichen heiligen Ort.

Die ersten Steine

Dass überall auf der Welt bestimmte Steine und Felsaufschlüsse Verehrung erfuhren, weil ihre Gestalt oder ihre Umgebung durch eine eigenartige Qualität auffielen, wurde schon erwähnt. So unternahm beispielsweise das in der russischen Arktis lebende Volk der Samojeden, dem wir bereits im zweiten Teil begegnet sind, Pilgerfahrten zu einem singulären, naturbelassenen Felsen in der Tundra der Halbinsel Kanin Nos in der Barentssee. In seinem Umkreis legten sie Opfergaben ab, ähnlich wie bereits von den finnischen Sami berichtet. Von einem solchen Steinkult bis zur Versetzung besonderer Steine in einen vom Menschen geschaffenen Kontext oder zur Schaffung eines solchen Kontexts *in situ* scheint es kein allzu großer Schritt gewesen zu sein.

STÜCKCHEN VON ORTEN

Was hinter dieser simplen, aber doch weitreichenden Handlung steckt, lässt sich anhand der berühmten Bluestones (»Blausteine«) von Stonehenge verdeutlichen, aus denen die beiden inneren Kreise des heutigen Monuments errichtet sind. Sie bestehen aus vulkanischem Feldspat (Dolerit), einer völlig anderen Gesteinsart als der Sarsen (vermutlich von saxonisch *sesen*, »Stein«; es handelt sich um lokale Sandsteinfindlinge), aus dem die größeren, mit Stürzen versehenen Megalithen des äußeren Rings und die Trilithonen, die das typische Bild von Stonehenge prägen, gefertigt sind. RICHARD BRADLEY hat darauf hingewiesen, dass die kleineren Bluestones womöglich die ursprüngliche Steinsetzung am Ort darstellen. Während die äußeren, lokalen Sarsensteine nach ihrer Errichtung den Platz nicht

IM KREIS DER BLUESTONES

Oben: Teil des äußeren Bluestone-Kreises in Stonehenge vor der Kulisse des äußeren Sarsen-Rings. Die Stürze über den mächtigen Steinsäulen sind nach Holzbauweise mit Zapfen- und Zinkenverbindungen zusammengefügt.

Unten: Die kürzeren stehenden Steine vor dem großen Trilithon sind Bluestones aus dem inneren hufeisenförmigen Kreis.

mehr wechselten, hat man die Bluestones nach der ersten Setzung wieder abgebaut und mindestens noch dreimal umgestellt. »Deshalb kann man die Bluestones als das älteste, aber auch als das exotischste Material des Bauwerks betrachten«, stellt BRADLEY fest (2000).

Sämtliche Bluestones stammen von den Preseli-Bergen und deren unmittelbarer Umgebung, einer kleinen, pittoresken Region im südwestlichen Wales. Auf welche Weise die Steine von dort in die 210 Kilometer entfernte Ebene von Salisbury nach Stonehenge gelangten – ob von Menschenhand oder etwa infolge eiszeitlicher Gletscherbewegungen –, ist seit Jahren Gegenstand der Debatte. Das Wie ist hier jedoch nicht von Belang, der Herkunftsort der Bluestones hingegen durchaus. Obwohl die Steine ein und derselben Region entstammen, handelt es sich doch um unterschiedliche Gesteinstypen, die verschiedenen Ursprungsorten zugeordnet werden. In Stonehenge sind sie bemerkenswerterweise voneinander getrennt angeordnet: Ihrer heutigen Anordnung nach sind in dem größeren Bluestone-Ring (zwischen dem äußersten Sarsenkreis und den Trilithonen) sämtliche walisischen Gesteinsarten, die in Stonehenge vertreten sind, versammelt, während für die inneren, hufeisenförmig angeordneten Bluestones (innerhalb der massiven Sarsen-Trilithone) ausschließlich gesprenkelter Dolerit verwendet wurde. Der sogenannte Altarstein am Scheitelpunkt der inneren Bluestone-Konstruktion auf der Mittelachse des Monuments besteht aus grünem Sandstein. (BRADLEY weist darauf hin, dass diese Positionierung die Beziehung der Herkunftsorte in den Preseli-Bergen recht gut widerspiegelt: Der gesprenkelte Dolerit bildet eine Art Zentrum, um das sich die anderen Gesteinstypen verteilen.) Wir dürfen annehmen, dass mit den walisischen Steinen sehr bewusst verfahren wurde, dass sie mit besonderer Bedeutung aufgeladen waren und vermutlich auch verehrt wurden – zumindest während der fünfhundertjährigen Epoche, in der sie auf bestimmte Weise angeordnet, mehrmals aufs neue arrangiert und zuletzt durch Ringe aus lokalem Stein erweitert und eingeschlossen wurden. Damals waren sie vermutlich nicht nur Repräsentanten und Verkörperungen eines wichtigen heiligen Orts in der Ferne, sie waren wohl auch Symbole einer alten Zeit. Aus Preseli-Steinen wurden Beilklingen hergestellt, die über große Entfernungen Verbreitung fanden. Ich habe schon erwähnt, dass einige dieser Äxte Zeremonialwerkzeuge für rituelle Anlässe und Opferungen gewesen sein könnten. Erst in jüngster Zeit wurden sogar Gravuren in Axtform auf Steinen in Stonehenge entdeckt. Solche Äxte waren verehrungswürdige Reliquien, oder, in den Worten RICHARD BRADLEYS, »Stückchen von Orten«. Waren demnach auch die Bluestones Reliquien einer entfernten sakralen Landschaft, womöglich einer Region, in der ein Ursprungsmythos spielte?

Diese Frage können wir getrost bejahen, denn die Preseli-Region war tatsächlich eine heilige und rituell genutzte Landschaft, und die Praxis, für den Bau von Monumenten Material aus entlegenen Gebieten zu holen, war im Neolithikum weit verbreitet. Ein klassisches Beispiel ist die Außenschicht aus Quarz, mit der der gewaltige Sonnentempel von Newgrange im irischen Boyne-Tal bedeckt war: Das weiße Gestein stammt zum größten Teil aus den 80 Kilometer entfernten Wicklow-Bergen. Bei dem Langgrab von West Kennet im südenglischen Avebury wurden die Lücken zwischen den großen Steinen mit Kalkstein aus dem Umkreis der elf Kilometer westlich gelegenen Stadt Calne aufgefüllt; aus nochmals mehr als dreißig Kilometer weiter entfernten Felsbrüchen wurde Oolith-Kalk herangeschafft. Da es an örtlich verfügbarem Füllmaterial nicht mangelte, scheint mit dem Einarbeiten jenes Gesteins eine bestimmte Absicht verknüpft gewesen zu sein.

Womöglich war also der erste Schritt auf dem Weg zum Megalithbau die Entnahme und die rituelle Verwendung von heiligem Gestein aus kultisch verehrten Naturplätzen.

MAGISCHE SPUREN

Die Bluestones in Stonehenge weisen eine spezifische Färbung auf, die dieser Gesteinsart ihren Namen gegeben hat. Der Farbton zeigt sich besonders deutlich, wenn der Stein feucht ist. Vielleicht spiegelt sich dieser Umstand in einer der Legenden, die sich um Stonehenge ranken: Es heißt, wenn man die Steine des Monuments mit Wasser wasche, nehme das herabrinnende Wasser Heilkraft an. Die mineralische Farbeigenschaft bringt ein weiteres Auswahl-

Der Umfassungsstein Nr. 52 von Newgrange zeigt die gesamte Bandbreite der für irische Ganggräber oder Tempel typischen Felskunst-Motive. Die vertikale Linie bezieht sich vermutlich auf die Ausrichtung des Gangs auf den Sonnenaufgang zu Mittwinter: Der Stein liegt exakt auf dieser Linie.

REGENBOGENKREIS

Besuchern des »liegenden Steinkreises« (Fachausdruck für Steinkreise, bei denen einige oder alle Steine liegend platziert sind) von Easter Aquorthies in Aberdeenshire fällt auf, dass dessen Steine von vielfältiger Farbigkeit sind. Sie schimmern in hellgrauen, rosenfarbenen, grünen und roten Tönen. Einige sind auffallend stark von Quarzadern durchzogen. Es dürfte sicher sein, dass die Megalithbaumeister die Steine bewusst ausgesucht haben und mit den unterschiedlichen Farben bestimmte Vorstellungen verbanden.

kriterium für Steine von Megalithbauten ins Spiel, nämlich ungewöhnliche visuelle Kennzeichen und Gesteinsoberflächen. Wir haben bereits im zweiten Kapitel gesehen, dass Risse im Gestein von Bedeutung sein konnten, doch man schätzte auch Quarzadern, Steinfärbungen und andere Besonderheiten. Zum Beispiel enthalten fast alle Steine der Hauptanlage in Callanish sowie einige weitere der Callanish-Gruppe auf der schottischen Insel Lewis Kristallansammlungen (Quarz, Feldspat oder Hornblende). Die Annahme, den Megalithbaumeistern sei es – wie uns heute – allein um schönes, dekoratives Material gegangen, wäre sicherlich falsch. Richtig dürfte sein, dass man damals die visuellen Besonderheiten der Steine als Zeichen für höhernatürliche Kräfte oder Heiligkeit deutete und diese Kräfte in die Monumente integrieren wollte. Das Gefühl für den naturgegebenen Rang der Dinge, für die Gaben von Mutter Erde, war noch nicht verlorengegangen.

Einige der natürlichen Zeichnungen müssen den neolithischen Menschen wie von Geistern oder Göttern gemalte Bilder vorgekommen sein – ein Beispiel dafür findet sich etwa bei dem Langgrab von Stoney Littleton in der englischen Grafschaft Somerset. Der Eingang der An-

Am Eingang zum Langgrab von Stoney Littleton in Somerset, England, prangt ein Ammonit. (Tim Clark)

lage liegt exakt im Scheitelpunkt eines bogenförmigen Vorhofs. Der Kalkstein der Vorhofmauern setzt sich von dem blauen Liasgestein der Pfosten und des Sturzes ab, die den Eingang bilden. Am unteren Ende des westlichen Pfostens prangt ein auffälliger fossiler Ammonit von mehr als 30 Zentimetern Durchmesser. Zweifellos ist dieser Stein mit Absicht dorthin gesetzt worden – die buchstäbliche Versteinerung einer ästhetischen Entscheidung, die Menschen vor Jahrtausenden getroffen haben.

Das Fossil von Stoney Littleton ist ein Werk der Natur, doch die Menschen des Neolithikums haben auch selbst Spuren an den Steinen ihrer Monumente hinterlassen. Die Felskunst, die wir bisher kennengelernt haben, ziert naturbelassene Felsen. Ähnliche Bilder hat man allerdings auch in stehende Steine geritzt. In welcher Beziehung stehen diese beiden Felskunst-Traditionen zueinander? Ging eine der anderen zeitlich voraus, oder entwickelten sie sich synchron? Worin bestehen ihre Unterschiede? Untersuchungen von EVAN HADINGHAM zufolge bilden die Gravuren an den natürlichen Felsen mit wenigen Ausnahmen keine komplexen Muster wie die Zickzacklinien, Rhomben und ineinandergreifenden Spiralen in den großen irischen Ganggräbern Newgrange, Knowth oder von Loughcrew. An den Monumenten wiederum gibt es im Vergleich mit Felsoberflächen in freier Natur relativ wenige sogenannte

Markante Schälchen am Clava Cairn, Schottland.

Der Endstein der Kammer des Table-des-Marchands-Dolmens in der Bretagne weist symmetrische Reihen hakenförmiger Gravuren auf. Man nimmt an, dass der Stein ein einzelnstehender Idol-Stein war, bevor er in das Megalithmonument integriert wurde. (Simant Bostock)

Schälchen (runde Mulden im Stein, oft von einem oder mehreren Ringen umgeben); eine bekannte Ausnahme bilden beispielsweise die Clava-Cairns in Schottland. Die Darstellung von Axtklingen, wie wir sie von verschiedenen Megalithen kennen, kommt nicht auf naturbelassenen Oberflächen vor. Dies kann man unter anderem im nordenglischen Kilmartin-Tal sehen, wo sowohl Gravuren auf Megalithen als auch auf natürlichen Felsen erhalten sind. HADINGHAM fand auch, dass bis auf wenige Ausnahmen »in der Umgebung der größten Ansammlung von Schälchensteinen im Westen der irischen Grafschaften Cork und Kerry keine Beispiele für Ganggrab-Kunst bekannt sind.« Er problematisiert den Befund folgendermaßen:

> *»Die Gravuren an Felsaufschlüssen und freistehenden Felsen verlangten offenbar keine derartige Bandbreite an Symbolen wie die Verzierungen in den Gräbern. Entwickelten sich die Schälchensteine in Kerry und Kircudbright aus der künstlerischen Tradition von Grabstätten wie Loughcrew, oder gingen sie diesen voran und dienten ihnen vielleicht sogar als Vorbild?«* (Hadingham 1974)

Freilich könnten einige der Steinritzungen auch erst einige Zeit nach der Konstruktion der Megalithbauten dort angebracht worden sein, doch angesichts ihrer Positionierung ist dies in den meisten Fällen eher unwahrscheinlich, in Anlagen wie Newgrange und Knowth sogar definitiv ausgeschlossen.

HADINGHAM betont, dass die meisten der großen britischen Steinkreise, unter anderen Avebury, Callanish oder der Ring of Brogar auf der Orkney-Insel Mainland, überhaupt keine Gravuren aufweisen und schließt daraus, dass »die Steingraveure einer anderen Tradition folgten als die Megalithbaumeister«. Britische Megalithbauwerke weisen überhaupt nur vereinzelt Gravuren auf, und die wenigen Beispiele in Westschottland, Kumbrien und Nordwales sind höchstwahrscheinlich von der wesentlich lebendigeren megalithischen Felskunsttradition Irlands beeinflusst. Allerdings hat man im süwestlichsten Zipfel Englands, in Cornwall, eine Reihe von Schälchensteinen gefunden. Ein weiterer von Schälchen übersäter Stein wurde in dem jungsteinzeitlichen Grab von Tregiffian nahe Lamorna entdeckt, und während einer Dürreperiode in den 80er-Jahren gab der Stithians-Stausee zehn Schälchensteine frei. Die Mehrzahl wies nur wenige Gravuren auf, ein einzelnes Exemplar besaß jedoch insgesamt 48 Schälchen (STRAFFTON 1994). Auch diese Steine könnten das Ergebnis irischer Einflüsse sein: Während ihrer Mission im keltischen Siedlungsraum kamen irische Mönche auf dem Seeweg nach Cornwall – auf dieselbe Weise könnte auch die Inspiration eines älteren Glaubens lange Zeit vorher an die Küste der Halbinsel gelangt sein.

Auch die Megalithbauwerke Frankreichs tragen nicht selten Gravuren, doch ihre Bildersprache unterscheidet sich etwas von der britischen Megalith-Felskunst. Der rückwärtige Stein in der Kammer des bretonischen Ganggrabs La Table des Marchands (»Tisch der Händler«) ist mit hakenförmigen Zeichen überzogen, von Forschern »Hirtenstäbe« genannt. Dieser Stein, der sich deutlich vom Granit des übrigen Bauwerks abhebt, besteht aus Sandstein. Man hält ihn für einen ursprünglich alleinstehenden Monolithen – ein »Idol« –, an den später der Rest der Kammer angebaut wurde. Wie auch andernorts gibt es an dieser

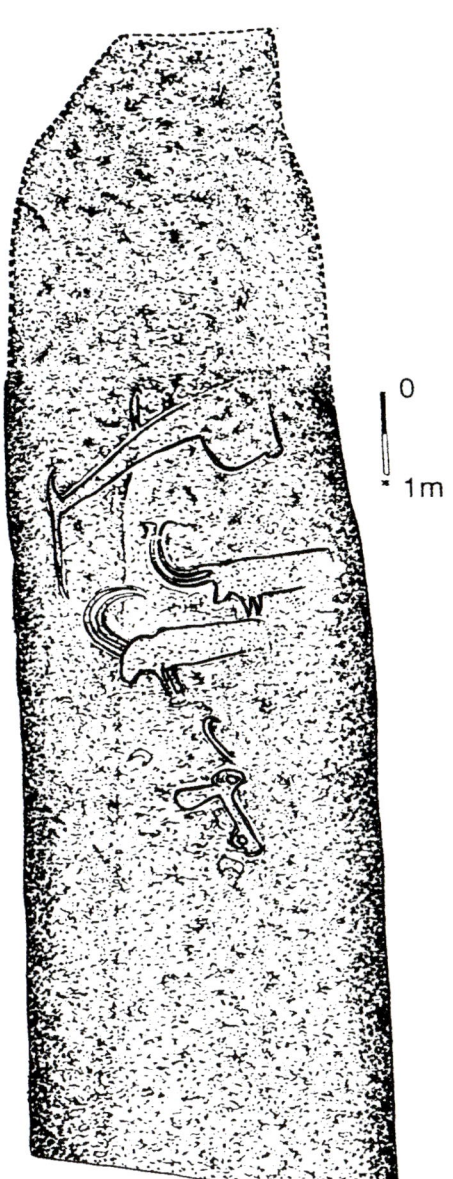

Einer der vielen dekorierten Steine im Ahnentempel Gavrinis im Golf von Morbihan an der südlichen Bretagne-Küste.

Vollständige Ansicht des gewaltigen, heute zerbrochenen »großen Menhirs«, dessen Teile als Decksteine von Gavrinis und zweier weiterer Monumente in der Bretagne dienen.

Anlage Schlangenlinien und andere in den Stein gravierte Zeichen zu bewundern. An manchen bretonischen Megalithstätten sind aus den Steinen weibliche Brüste herausgearbeitet (siehe Abbildung auf Seite 143). Die erstaunlichsten Gravuren finden sich jedoch in der Kammer des Tempels von Gavrinis im Golf von Morbihan. Hier ist der gesamte Innenraum mit fließenden Linien überzogen, die an die Fingerabdrücke eines Riesen erinnern. In dieses Formenspiel sind auch Abbildungen von Axtklingen eingearbeitet (siehe Teil 2).

Die bretonische Felskunst stellt uns aber noch vor ein ganz besonderes Rätsel. Es begann mit der Entdeckung, dass der riesige Deckstein von Gavrinis auf seiner Oberseite Gravuren einer völlig anderen Art aufwies. Vor der Ausgrabung war diese Seite vom Erdreich, das den Hügel über Gang und Kammer bildete, bedeckt gewesen. Dem Blick aus dem Inneren der Kammer verborgen, sind dort großflächige Zeichnungen gehörnter Tiere, aufgestielter Äxte und anderer Objekte eingeritzt. Diese gegenständlichen Darstellungen stehen in scharfem Kontrast zu der abstrakten Bildsprache von Kammer und Gang. Nach einem Puzzlespiel mit den Bildfragmenten auf der »falschen« Seite des Decksteins konnten die Archäologen feststellen, dass dieser ein Teilstück eines ehemals riesigen, einzeln stehenden Menhirs (von bretonisch *men*, »Stein«, und *hir*, »lang«) von 13,5 Metern Höhe ist. Auf zwei weiteren Monumenten haben Bruchstücke des Originalsteins als Decksteine Verwendung gefunden. Der Table des Marchands ist eines davon; auf der Unterseite des Decksteins ist eine aufgestielte Axt zu sehen.

Es gibt noch mehr Beispiele von wiederverwendeten Steinen. Offenbar hat sich in der frühen Jungsteinzeit ein bedeutender kultureller Wandel in der Bretagne vollzogen, in dessen Verlauf sich der Kunststil derart drastisch geändert hat. Was könnte hierzu Anlass geboten haben? Zwei Forschungsstränge fließen hier zusammen und bieten einen überzeugenden Erklärungsansatz, von dem wir uns zu einem Interpretationsversuch der megalithischen Felskunst des atlantischen Europas leiten lassen können.

Niemand kann heute behaupten, die genaue Bedeutung der Megalithkunst zu kennen, ebensowenig wie die der Felskunst in freier Natur. Dennoch existieren immerhin einige Hinweise. Wie ich schon zuvor bemerkt habe, wurden einige Felsbilder auf Steinen in der freien Natur als Darstellungen von Tranceerlebnissen, wie sie gewöhnlich im schamanischen Kontext vorkommen, interpretiert. JEREMY DRONFIELD, Archäologe an der Universität Cambridge, entwickelte ein raffiniertes Forschungsprogramm, um zu prüfen, ob dieser Erklärungsansatz auch auf die Megalithkunst zutrifft (DRONFIELD 1995). Mit computergestützten Verfahren vermaß er die Felskunstmotive der irischen Ganggräber Knowth, Newgrange, Dowth, Knockmany, Sess Kilgreen und einige der Cairns von Loughcrew sehr detailliert. Die Ergebnisse verglich er mit ebenso exakt vermessenen entoptischen Mustern sowohl aus der Malerei traditioneller Völker, die kultische Halluzinogene verwenden, als auch aus Aufzeichnungen von freiwilligen Probanden moderner Studien, welche die visuellen Effekte bestimmter halluzinogener Substanzen, darunter Cannabis, LSD, Meskalin und Psilocybin (»Zauberpilze«), aufzeigen sollten. Ferner untersuchte er die Effekte einer Reihe elektrisch ausgelöster entoptischer Muster, die üblicherweise durch Migräne, Kokainvergiftung und Stroboskoplicht ausgelöst werden. Beide Testreihen wurden abwechselnd mit einer Kontrollreihe von zufällig erzeugten Mustern abgeglichen. Wie zu erwarten war, fand DRONFIELD keinerlei Parallelen zwischen der megalithischen Bildersprache und der Kontrollreihe. Dasselbe gilt für die durch Cannabis oder Pseudo-Kokain erzeugten Muster. Er fand jedoch Entsprechungen zu Psilocybin und zu anderen Halluzinogenen, die in Pilzen vorkommen, ebenfalls zu den Mustern, die unter dem Einfluss von flackerndem bzw. Stroboskoplicht auf die Retina sowie als typische entoptische Überreizungsmuster bei migränebedingten Sehstörungen entstanden waren. Bei einigen Stätten – so in Knowth, Newgrange und dem Cairn L in Loughcrew – deckten sich diese Entsprechungen, bei anderen Orten nicht.

Nun findet man bewusstseinsverändernde Pilze überall in der irischen Landschaft, ihre Verwendung war Bestandteil der frühen schamanischen Traditionen Nordeurasiens. Die migränebedingten Muster gehören zu einem Krankheitsbild, das in Stammeskulturen häufig als Zeichen der schamanischen Berufung eines Menschen gedeutet wurde, weshalb man solche Symptome dort eher als verheißungsvolle Zeichen denn als pathologischen Zustand begriff. Der Hinweis auf Stroboskoplicht ist hier von besonderem Interesse: Irische Monumente, wie etwa Newgrange oder Knowth, sind so angelegt, dass das Sonnenlicht an wichtigen Kalendertagen durch die Gänge in die ansonsten dunkle Tempelkammer eindringt. Wenn man in einer solchen Situation mit den Fingern oder rituellen Gegenständen den Einfall der Sonnen-»Laserstrahlen« auf die geschlossenen Augenlider rhythmisch unterbricht, lassen sich Effekte wie mit einem starken Stroboskop erzeugen. Verstärkt man das Erlebnis durch die Reduzierung aller sonstigen Sinnesreize, vielleicht auch durch Fasten oder nicht zuletzt durch die Einnahme bewusstseinserweiternder Substanzen, konnten solche Techniken zu tiefen Erfahrungen führen, in denen tranceinduzierte mentale Bilder erschienen.

Im Fall der französischen Megalithanlagen, wie zum Beispiel Gavrinis, fand ANDREW SHERRATT vom Ashmolean Museum in Oxford Hinweise darauf, dass in der Bretagne um das Jahr 4000 v. Chr. eine neue Kultur die Bühne betrat. Archäologisch wird der Kulturwandel durch das Auftreten verzierter Keramikgefäße angezeigt, die vermutlich als Kohlebecken gedient haben. SHERRATT glaubt, dass diese Gefäße für Opium-Räucherungen verwendet wurden (SHERRATT 1991). Die Verbreitung des Opiumgebrauchs in Europa lässt sich bis zu einem gewissen Grad nachzeichnen; die Praxis ist so alt, dass heute kein unkultivierter Schlafmohn (*Papaver somniferum*, die Rohstoffpflanze des Opiums) mehr gefunden wird. Das Auftauchen dieser Räucherpfännchen fällt mit dem Wandel der Megalithbaukunst in der Region und dem damit einhergehenden Wandel des Kunststils zusammen. Einen ganzen Satz erkennbar für Räucherungen genutzter Pfännchen fand man bei Er Lannic, dem heutzutage wellenumspülten Doppelsteinkreis auf einem Inselchen nahe Gavrinis, damals eine bedeutende Werkstatt für zeremonielle Äxte (siehe Teil 2). Hängt also der drastische Wandel des Kunststils mit einer neuen Religion, die auf Opiumträumen basierte, zusammen? Oder anders gesagt: Ist die Megalithkunst von Gavrinis das früheste Beispiel für psychedelische Kunst in Europa? Alle Hinweise scheinen in diese Richtung zu deuten, besonders wenn man DRONFIELDS Forschungsergebnisse einbezieht. Dennoch erklärt uns diese These, wenn sie denn der historischen Wirklichkeit entspricht, lediglich eine der Inspirationsquellen für einige der abstrakten und geometrischen Bilder der Megalithkunst. Selbst wenn die Zeichen einer neurologisch bedingten Bilderwelt entspringen sollten: Ihre symbolische Bedeutung ist kulturell begründet und somit unserem heutigen Verständnis nur ahnungsweise zugänglich.

Alle anderen, nicht-psychedelischen Erklärungsansätze für die Megalithkunst sind nicht sonderlich ermutigend. Meist sind es nur wilde Spekulationen. Eine der fundierteren Argumentationslinien behauptet, dass sich die Schäl-

MUSTER FÜR DAS INNERE AUGE

Felskunstmotive von irischen Monumenten, die Jeremy Dronfield für seine Forschungen über tranceinduzierte Kunst heranzog. Einige Bilder stimmen mit Mustern überein, die auf bewusstseinserweiternde Praktiken der Schöpfer schließen lassen.

Oben: Einer der 134 Umfassungssteine aus Knowth. Die Hälfte dieser Steine ist dekoriert. Insgesamt gibt es in Knowth 250 Steine mit Felskunst. Unten: Eingang zum Cairn T in Loughcrew.

chensteine auf die Sonne und vielleicht noch auf andere Himmelskörper beziehen. AUBREY BURL, Experte für Vorgeschichte, gehört zu den Forschern, die diese Richtung verfolgen. Er hat herausgefunden, dass die Clava-Cairns auf einer Achse in Richtung des Sonnenuntergangs zur Wintersonnenwende angeordnet sind. Das legt für die Gravuren an den Cairns eine Auslegung als Sonnensymbolik nahe. Weitere Unterstützung erfuhr die Theorie durch seine Entdeckung (1976), dass die in den liegenden Steinkreisen im schottischen Aberdeenshire gefundenen Schälchen insbesondere in solche Steine eingemeißelt sind, die in die entsprechende Himmelsrichtung zeigen. Die mögliche Verbindung der Schälchengravuren mit der Sonne wurde und wird noch von weiteren Forschern vertreten.

Geistersteine in Wisconsin, USA. (State Historical Society of Wisconsin)

DER GEIST IM STEIN

In den ersten beiden Teilen des Buchs sind wir dem Brauch der Sami, an Menschen oder Tiere erinnernde Steine als Heiligtümer zu wählen, sowie weiteren Beispielen für solche Simulakra begegnet. Darin kommt der tiefe Glaube mancher frühen Völker zum Ausdruck, dass Steine von Geistwesen bewohnt sind. Auch wurde bereits die weit verbreitete Vorstellung erwähnt, Geister könnten den Rissen im Gestein entsteigen, und Schamanen könnten auf demselben Weg ihre Trancereisen in die höhernatürlichen Sphären hinter der Felsoberfläche antreten. Auf den Britischen Inseln spielen Steine im Volksglauben häufig die Rolle lebendiger Wesen. Hier ranken sich Legenden um Steine, die sich bewegen, umhertanzen oder anders zeigen, dass sie lebendig sind. Neben den »Geisterfelsen« der Sami, den *Seite*-Steinen, gibt es weitere Beispiele solcher beseelter Steine. In Wisconsin und wohl auch in vielen anderen Gegenden Nordamerikas hielt man bestimmte Steine für »von Geistern besessen« und machte sie entsprechend kenntlich. Es handelte sich meist um natürlich geformte Steine, die an Menschen oder Tiere erinnerten oder auch nur außergewöhnlich aussahen, gelegentlich aber auch um von Menschenhand behauene. Über diese Tradition existieren nur wenige Aufzeichnungen, doch einige alte Fotos belegen sie recht eindrucksvoll.

Ein weiteres Beispiel finden wir in Schottland. Dort steht in einem entlegenen, einsamen Winkel von Glen Lyon ein kleiner Stein-Schrein, dessen keltisch-heidnischer Kult mindestens seit der Eisenzeit ungebrochen fortgeführt wird. Dieser Schrein sieht aus wie ein winziges Häuschen – er heißt auch *Tigh nam Bodach* (»Hexenhaus«) –, und obwohl in dem abgelegenen Teil des Tals schon seit einigen Jahrhunderten niemand mehr wohnt, nimmt der Schäfer, der seine Herde im Mai zur Zeit des keltischen Lichtfests Beltane auf die Weide bringt, jedesmal einige seltsam geformte Steine aus dem Haus. Zu Samhain in den ersten Novembertagen bringt er sie wieder zurück und verschließt das Haus, so dass sie ein behagliches Winterquartier haben. Diese Steine, vom Wasser des nahen Flusslaufs geformt, haben eine eigenartige Anmutung. Sie verkörpern eine Göttin – die *Cailliche* oder »Alte Frau« – mitsamt ihrem Ehemann und ihrer Tochter. Vor nicht allzu langer

Zeit wurden sie um drei weitere Steine ergänzt, da »ihre Famile gewachsen« sei. Die Legende sagt, dass die schwangere Göttin mit ihrem Mann während eines fürchterlichen Schneesturms in das Tal kam und von den Menschen dort freundlich aufgenommen wurde. Sie gebar ihr Kind und blieb im Tal, segnete die Bewohner und versprach, den Segen so lange aufrecht zu erhalten, wie das jährliche Ritual an ihrem Haus ausgeführt würde. Einige der Steine weisen Bearbeitungsspuren auf, doch der etwa 45 Zentimeter hohe Stein der *Cailliche* selbst hat eine natürliche anthropomorphe Gestalt, wobei sich auf ihrem »Kopf« schwache Spuren eines Gesichts und möglicherweise um ihren Hals auch die einer Kette finden (CLARKE 1994). Nur in einem bestimmten Abschnitt eines nahegelegenen Flüsschens, des Cailliche Burn, schleift das Wasser die Steine zu diesen eigentümlichen Hantelformen.

Ein drittes Beispiel für beseelte Steine sind die *Bhume*-Steine im östlichen Nepal. Sie gehörten zu den Stammesriten des schriftlosen Volks der Thulung, deren Tradition gegenwärtig im Niedergang begriffen ist. *Bhume*-Steine können an verschiedenen Orten aufgeschichtet sein, beispielsweise auf einem Hügel oder neben einem heiligen Baum, der von einer Einfriedung umgeben ist. Die Steine sind mit Mapa Raja, einem Stammesvater der Thulung-Kultur, verknüpft. Man glaubt, sein Geist wohne in ihnen. Der Ethnologe NICHOLAS ALLEN hat insgesamt neun Bhume-Stätten identifiziert und aus den Fragmenten der mündlichen Überlieferung rekonstruiert, dass die Steine Mapa Rajas Finger und Zehen repräsentieren. Die Legende erzählt, dass der mythische Recke an Aussatz erkrankt war und an bestimmten Orten seiner Heldenreise seine Gliedmaßen verlor (ALLEN 1981).

Wenn wir heute vor den Steinen eines Megalithbaus stehen, erfahren wir nur noch ein Schweigen. Die Mythen, die ihnen früher eine Seele gaben, scheinen verstummt. Nur dem achtsamen Besucher mag sich womöglich der Geist der Steine noch immer offenbaren. So übernachtete der Forscher COSIMO FAVALORO einmal am liegenden Steinkreis von Easter Aquorthies in Aberdeenshire. In tiefster Nacht bemerkte er, wie eine Frau den Kreis aufsuchte. Er sprach sie vorsichtig an, und es stellte sich heraus, dass sie ganz in der Nähe lebte. Zu bestimmten Anlässen besuchte

Die vom Wasser eines nahen Bachs geformten Steine in diesem Schrein in Glen Lyon, Schottland, stellen die Ortsgöttin mit ihrer Familie dar. (David Clarke)

sie die Stätte und hatte auch Namen für einige besonders charakteristische Steine des Kreises. Allerdings wusste sie nicht, wie alt diese Vorstellungen über den Steinkreis waren. Als es Tag wurde, unterzog FAVALORO die von der Frau beschriebenen Steine einer genaueren Betrachtung. Auf die richtige Spur gesetzt, fiel es ihm nicht schwer, die Figuren zu erkennen, die die Frau beschrieben hatte – ihre Umrisse waren tatsächlich subtil im Oberflächenrelief der Steine versteckt (FAVALORO, im persönlichen Gespräch).

Vielleicht gibt es an anderen Stätten Gleiches zu entdecken, wenn man nur das richtige Auge dafür hat? Über die Steine von Avebury wird immer wieder ähnlich spekuliert, weil einige in ihren Formen an Tiere und Menschen erinnern. Zyniker sagen, dass es nur zufällige Verwitterungsspuren sind, die den mächtigen Steinen von Avebury ihre faszinierenden Formen gegeben haben; doch andererseits schrieben STUART PIGGOT und ALEXANDER KEILLER, die Teile des Avebury-Komplexes in den 30er-Jahren restauriert haben, 1936 in einem Beitrag für das Magazin Antiquity: »Zweifellos wurden die Steine absichtsvoll so

GEISTERSTEINE IN AVEBURY
Drei Beispiele für eigenartig geformte Steine aus dem großen Steinkreis von Avebury. In den faltigen Formen kann man jede Menge Simulakra erkennen.

bearbeitet, dass sie Ähnlichkeit mit bestimmten Gestalten erhielten. Daher wählte man solche Steine, die der gewünschten Form entgegenkamen.«

Freilich ist es leicht, in eine zufällige Form eine Bedeutung hineinzulesen, doch sollte man solche Assoziationen nicht bloß aus übertriebener Skepsis von vornherein abtun, zumal wir heute zumindest eine Ahnung davon entwickeln, wie die Menschen der Vorgeschichte gedacht und gefühlt haben mögen. Damals waren die Steine eben von Geistwesen bewohnt, und ungewöhnliche, die Fantasie anregende Formen stachen den archaischen Menschen daher besonders ins Auge. Wenn moderne Menschen suggestive Gestalten in einigen der Avebury-Megalithen erkennen, konnten das die neolithischen Erbauer des Monuments mit Sicherheit auch. Ob nun bearbeitet oder nicht, zumindest einige von ihnen dürften aufgrund ihrer besonderen Form ausgewählt und verehrt worden sein. Man muss ja nicht gleich in jedem Winkel der großen Steine Gesichter und Formen sehen wollen oder irgendwelche Bilder auf die Steine projizieren, um seine eigene Lieblingstheorie zu bestätigen. Wenn wir aber behutsam und unvoreingenommen beobachten, können wir authentische Eindrücke gewinnen, die uns aus den Steinen entgegenkommen und die wir ihnen nicht von außen überstülpen. Es ist durchaus möglich, mit Subjektivität objektiv umzugehen.

Mit der gebotenen Achtsamkeit können wir womöglich auch heute noch einen Schimmer von den Göttern und Geistern des neolithischen Pantheons erhaschen.

Lichtsteine

Quarz ist das am häufigsten vorkommende Mineral der Erde, doch das tut seiner magischen, hypnotischen Ausstrahlung keinen Abbruch. Im Schamanismus war die Anwendung von Quarz weit verbreitet; er galt als Gestein von höhernatürlicher Kraft. Klare Bergkristalle waren essenzielle Bestandteile der Initiationsriten australischer

Einer der drei Meter hohen stehenden Kristallsteine in Duloe, Cornwall. Der gesamte Steinkreis besteht aus solchen, offensichtlich bewusst ausgewählten Kristallsteinen.

Die rekonstruierte Quarzfassade von Newgrange in Irland.

Aborigines. Sie nannten ihn »geronnenes Licht« (ELIADE 1964). Auch die Megalithbaumeister waren seiner Faszination erlegen. Duloe, ein Steinkreis in Cornwall, besteht vollständig aus massiven Säulen von weißem Quarz. In Boscawen-un, einem anderen Steinkreis der Region, befindet sich im südwestlichen Teil des riesigen Kreises ein massiver, weißer Quarzbrocken. Und auf halber Strecke des Gangs von Gavrinis befindet sich ebenfalls ein einzelner Quarzblock. Nach AUBREY BURL markiert er die Stelle, an der sich zwei astronomische Visierlinien, die eine solar, die andere lunar, innerhalb des Monuments kreuzen, so dass das Licht der aufgehenden Sonne und des aufgehenden Mondes zu bestimmten Konstellationen diesen unverzierten Quarzstein erleuchten (Burl 1985). In Südwest-Irland gibt es eine Gruppe von zehn Steinkreisen, in deren Mitte jeweils Quarzsteine platziert wurden. Dass das Material für die Quarzhaut von Newgrange aus weiter Entfernung herangeschafft wurde, habe ich schon erwähnt. Auch in vielen anderen irischen Kultstätten wurde Quarz verbaut. Als EUGENE CONWELL im Jahr 1865 den sogenannten Cairn T in Loughcrew untersuchte, entdeckte er, dass sich »rings um das Fundament des Cairns eine Schicht aus funkelndem irischem Quarz angesammelt hatte, drei bis vier Fuß hoch und etwa zwei Fuß breit«. Ein anderer Forscher schrieb 1895, das Bemerkenswerteste an den Loughcrew-Cairns sei »die Menge an kleinen Quarzsplittern, die dort überall im Boden verteilt sind.« Im vierten Teil des Buchs wird noch die Rede von einer Beobachtung des Archäologen STEFAN BERGH sein, der eine gründliche Untersuchung der Megalithbauten in Sligo, Nordwestirland, durchführte. Dort wurde ein Quarzvorkommen im Gebirge durch ein steinzeitliches Monument markiert. Quarz taucht in zahlreichen irischen Megalithstätten auf, und zwar entweder als Bestandteil des zentralen Baus oder als eigene, in den Eingangsbereich übergehende Struktur, so wie es etwa in Knowth oder in Carrowkeel der Fall ist.

Quarz war jedoch nicht nur Baumaterial der megalithischen Monumente, es wurde in vielen Fällen auch als Opfergabe dargereicht. Dazu schreibt BERGH:

»Welche physische und symbolische Bedeutung Quarz innerhalb von Monumenten gehabt haben könnte, wird verständlich, wenn man kleinere mit größeren Megalithbauten vergleicht. In Dolmen und anderen kleineren Anlagen finden sich einzelne Quarzbrocken oder kleine, kantige Quarzbruchstücke, die zusammen mit Knochen deponiert wurden. Die Kraft des Quarzes sollte wohl für die Verstorbenen wirken, möglicherweise auch als Verbindung zu den Göttern oder als Licht der Anderswelt.« (BERGH 1995)

BERGH ist der Ansicht, dass Quarz zuerst als Opfer- oder Grabbeigabe verwendet und erst später als Träger einer umfassenden Symbolik in die eigentlichen Megalithbauten integriert wurde.

Der »liegende Steinkreis« von Castle Frazer, Schottland. Bei sogenannten liegenden Steinkreisen sind in den Kreis Steinkombinationen integriert, die an Altäre erinnern.

Auf den Britischen Inseln hat man Quarz in zahlreichen Stätten als Grabbeigaben gefunden. So fand man beispielsweise im Langgrab von Nympsfield in Südwest-England neben den Knochen von einigen frühen Bestattungen drei Quarzsteinchen sowie eine durchbohrte Meeresmuschel. Auch in Schottland brachten Ausgrabungen an einer Gruppe von Monumenten, die vermutlich auf denselben Stamm zurückgehen wie die Clava Cairns, verstreute Quarzsteine ans Tageslicht. Zu den Beispielen für schottische Megalithstätten mit auffallenden Quarzfunden gehören auch der liegende Steinkreis von Castle Frazer in Aberdeenshire sowie der Steinkreis Croft Moraig in Perthshire. Beim Granggrab Corrimony in Glen Urquart bei Inverness hat man im ganzen Umkreis des Cairns während der Konstruktionsphase gebrochenen Quarz eingearbeitet. Auch in Wales finden sich ähnliche Beispiele.

QUARZ UND FELSKUNST

Die Forschung erkennt heute zunehmend, dass Felskunst offenbar auch mit Quarzvorkommen in Verbindung steht. Man fand beispielsweise in Norwegen »Felskunst-Motive inmitten ausgeprägter, auf der Felsoberfläche sichtbarer Quarzadern« (WALDERHAUG 1998). Vor kurzem erbrachten Untersuchungen einer kleinen Stätte namens Sally's Rockshelter im Zentrum der Mojave-Wüste in Südostkalifornien ebenfalls eine Verbindung zwischen dem Mineral und der schamanischen Felskunst. Auf der Innenseite jenes natürlichen Felsunterstands trägt eine der Steinflächen Gravuren. Den Forschern fiel auf, dass dort Quarzsteine in die Felsspalten gesteckt worden waren; auch der Boden war mit Quarzsplittern bedeckt. Außerdem fand man ein Depot von Quarzsplittern in der Mulde eines großen Steinblocks. Da es in der Umgebung keine Quarzvorkommen gibt, musste das Material aus einiger Entfernung in die Höhle gebracht worden sein. Die Felskunst gehört zur schamanischen Tradition der seit Jahrtausenden in jener Region lebenden Stämme, die zur Sprachfamilie der Numic gehören: Sally's Rockshelter war einer der vielen Orte, die Stammesschamanen in diesem Teil Kaliforniens und der Great-Basin-Region für die Visionssuche aufsuchten (siehe Teil 2). Man schätzt die Felskunst dort auf ein Alter von höchstens eintausend, vermutlich aber weniger als 500 Jahren. Quarz kann aufgrund seiner Härte durchaus als Werkzeug beim Ritzen der Felskunst Verwendung gefunden haben. In der Ethnologie gibt es Hinweise darauf, dass Quarz für diesen Zweck wegen seines höhernatürlichen Potenzials sorgfältig ausgesucht wurde. Doch an dieser Stätte wurde er offensichtlich absichtsvoll als Weihegabe deponiert.

Die Funde von Sally's Rockshelter veranlassten die Forscher, auch andere Stätten der Region auf das Vorhandensein von Quarzdepots hin zu untersuchen. Mit Hilfe von elektronenmikroskopischen und diversen spektrometrischen Methoden analysierten sie insgesamt 35 Felskunststätten in Gegenden ohne natürliche Quarzvorkommen. In 63 Prozent der Fälle konnten sie nachweisen, dass Quarz bewusst an diese Orte gebracht worden war. Man datierte auch Gravuren an Felsen mit Quarzeinschlüssen, indem die Patina über den Gravuren mit Hilfe der Kationen-Verhältnis-Methode untersucht wurde. So fanden die Wissenschaftler heraus, dass einige der Stätten mindestens 10 000 Jahre alt waren – sie reichen also in paläo-indianische Zeiten zurück. Die schamanische Felskunsttradition der Region war noch bis ins frühe 20. Jahrhundert hinein lebendig, was die Behauptung der Entdecker, es handle sich beim Schamanismus der Mojave-Wüste um die »bislang älteste kontinuierlich praktizierte Religion der Welt« (WHITLEY et al. 1999) eindrucksvoll untermauert.

Eine ritueller Zusammenhang zwischen Quarz und Schamanismus (und deshalb auch Felskunst) in jener Gegend wird sowohl durch archäologische Funde als auch durch die ethnologische Literatur über die Region bestätigt. Archäologisch zeigt sich eine solche Verbindung an Stätten wie Corn Springs in der kalifornischen Wüste, wo eine Quarzader in das Motiv einer Felsgravur integriert wurde. Bei Balch Camp in der südlichen Sierra Nevada finden sich Piktogramme über einer Quarzader, die zum Teil auch selbst übermalt ist. Vor mehreren Felskunstdarstellungen der weitläufigen Region hat man zudem Quarz-Depots gefunden. Ethnologische Aufzeichnungen berichten unter anderem von Bob Rabbit, dem letzten bekannten Numic-Regenschamanen der Mojave-Wüste. Ähnlich wie über Avenari, einem Regenschamanen der Las-Vegas-Indianer, berichtet wird, gehörten zu seinen zeremoniellen Utensilien auch Quarzkristalle, insbesondere von Orten, die einmal vom Blitz getroffen worden waren.

Die Ethnologie lieferte eine Erklärung für die beiden unterschiedlichen Arten, in denen der Quarz in Sally's Rockshelter gefunden wurde: In die Felsspalten waren unbearbeitete Quarzsteine geklemmt worden, bei den Splittern auf dem Boden und in der Felskuhle hingegen handelte es sich um zerschlagenen Quarz. Aus Interviews mit örtlichen Yuman-Indianern erfuhr man von einer Prozedur im Rahmen der Visionssuche, bei der Steinkristalle aufgebrochen werden, damit deren Kraft in den Körper des Schamanen übergehen kann. Einer der Informanten konnte sogar einzelne Quarzsplitter den Visionssuche-Plätzen zuordnen, von denen sie stammten. Dies ließ wiederum den Schluss zu, dass eine weitere faszinierende Eigenschaft von Quarz für den rituellen Gebrauch bedeutsam war: Reibt oder schlägt man zwei Stücke dieses Steins aneinander, entstehen Lichtblitze – es reicht bereits aus, zwei faustgroße Kristalle kräftig aneinander zu reiben, um einen mittelgroßen Raum zu erhellen. Kein Wunder, dass diese Steine bei den nordamerikanischen Indianern und anderen Stammesvölkern auf der ganzen Welt als »Blitzsteine« bekannt waren. Das Licht wurde als Manifestation

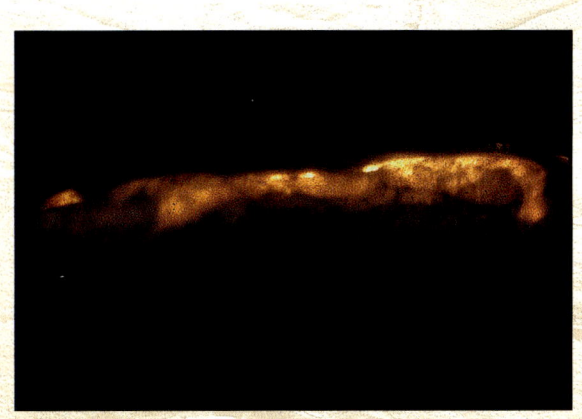

Blitzende Steine

Im Jahr 1880 entdeckten Pierre und Jacques Curie, dass bestimmte Kristalle – insbesondere Quarze – elektrische Spannung erzeugen, wenn sie gebrochen oder gerieben werden. Diesen Effekt bezeichnet man als Piezoelektrizität. Die Fähigkeit von Quarz, mechanische Kraft in elektrische Ladung umzuwandeln, wurde zu einem Schlüsselfaktor in der Technologie-Entwicklung des 20. Jahrhunderts und zur Voraussetzung für die Funktion vieler High-Tech-Geräte wie Radio, Telefon oder Fernseher. Das Licht, das die Kristalle erzeugen, ist ein Nebeneffekt der Piezoelektrizität. Es entsteht, wenn der Kristall die nötige Energie zur Verfügung stellt, um die Elektronen im Kristallgitter anzuregen. Wenn sie wieder in ihren normalen Ausgangszustand zurückkehren, geben die Elektronen die aufgenommene Energie in Form von Lichtquanten wieder ab. Dieser Effekt wird Triboluminszenz genannt.

Das Bild zeigt die Lichtentladung eines weißen Quarzkristalls, Millisekunden nachdem er an einem anderen Kristall gerieben wurde.

übernatürlicher Kräfte begriffen. Bis zum heutigen Tag verwenden Schamanen aus dem Amazonasgebiet mit Quarzstückchen gefüllte und mit kleinen Löchern versehene Rasseln, um »magisches Licht« zu erzeugen.

Orte des Erinnerns

Das Wort »Monument« leitet sich aus dem lateinischen Begriff für erinnern (*monere*, mit mahnendem Unterton auch »gedenken«) ab. Monumente erinnern an alle möglichen Dinge – an Ereignisse, Personen, Errungenschaften. Stehen wir heute vor den verfallenden Megalithbauten der Vorgeschichte, fällt uns jedoch nichts ein, was sie uns ins Gedächtnis rufen wollen könnten – es sei denn ebendiese kollektive kulturelle Amnesie. Wir sollten aber den Gedanken in uns einlassen, dass die alten Steine vor allem an eines erinnern: an die Qualität eines Orts. Können wir uns angesichts eines Steinzeitmonuments dieser Vorstellung

Einer von mehreren Steinen des Castlerigg-Steinkreises nahe Keswick in Kumbrien, der die Horizontlinie nachzuahmen scheint. (John Glover)

nähern, haben wir die Tür zum Zugang zu unserer Tiefenerinnerung an älteste Zeiten einen Spalt breit geöffnet. In der Folge stelle ich einige Beispiele für die Beziehung von Megalithmonumenten zur umgebenden Landschaft vor.

WELCHEN WEG WEIST DER STEIN?

Ein aufgerichteter Stein – die schlichteste Funktion, die man ihm auf den ersten Blick zuerkennt, ist buchstäblich die eines Wegweisers, doch Vorsicht: Das kann in die Irre führen! Die Forschung ist klug beraten, vorschnelle Interpretationen in diese oder jene Richtung zu vermeiden.

Eine der möglichen Formen von »Wegweisung« scheint sich der Umrisse der stehenden Steine zu bedienen. Ein klassisches Beispiel dafür ist der Castlerigg-Steinkreis in Kumbrien in Nordwestengland. Wenn man hier quer über den Steinkreis blickt, erkennt man, dass sich im Umriss einzelner oder auch paarweise gesehener Steine der Verlauf der Horizontlinie wiederholt. JOHN GLOVER, ein Fotograf

und Künstler, war der erste, dem dieser Zusammenhang auffiel; eines seiner Bilder sei hier wiedergegeben, damit sich der Leser ein eigenes Urteil bilden kann. Wenn dieser Effekt beabsichtigt war – und es fällt schwer, anzunehmen, die für natürliche Formen so empfänglichen Steinkreiserbauer seien sich dessen nicht bewusst gewesen –, was war dann das Besondere an dem derart markierten Ort in der Landschaft? Eine gründliche Überprüfung steht in diesem Fall noch aus; es ist durchaus möglich, dass man an der entsprechenden Stelle auf archäologische Funde stößt, doch ebensogut könnte der gewiesene Ort lediglich kultische Bedeutung gehabt haben, die zusammen mit dem Volk, das die Steine setzte, in der Geschichte versunken ist. Vielleicht weisen die Castlerigg-Steine auf Orte hin, an denen Menschen auf Visionssuche gingen, wo Geistwesen wohnten oder wo wichtige, heute längst vergessene Dinge geschehen sind.

Im Brecon-Beacons-Nationalpark in Wales haben Archäologen ähnliche Kongruenzen zwischen Horizontlinie und Steinformationen bemerkt. So könnte ein in der Ortschaft Bwich stehender Stein so behauen worden sein, dass er das Profil des Sugar Loaf Mountain im Südwesten abbildete. Auch die Spitze des Maen-Llwyd-Monolithen tief in den Brecon Mountains sieht aus, als wäre sie »nach der Kontur der südöstlichen Horizontlinie geformt worden« (BRECON BEACONS NATIONAL PARK COMMITTEE 1983).

Viele der dortigen stehenden Steine gehören zur sogenannten Spielkarten-Kategorie (flach und breit), so dass sie eine Achse aufweisen, die als Wegweiser-Funktion interpretiert werden kann – der Archäoastronom ALEXANDER THOM war jedenfalls davon überzeugt. Während einige dieser Spielkarten-Steine, wie etwa der flache Stein im Zentrum der Ballochroy-Gruppe (siehe Teil 4), augenscheinlich in astronomisch relevante Himmelsrichtungen deuten, fluchten andere mit keinem speziellen Ort, zumindest mit keinem, den wir heute als relevant erkennen könnten (sofern, wie gesagt, diese Steine überhaupt als Wegweiser fungiert haben sollten). Ein typisches Beispiel ist hier der 3,6 Meter hohe, plattenförmige Maen-Llia-Monolith zwischen Helo Senni und Ystradfellte in Wales. Er ist nahezu perfekt in Nord-Süd-Richtung orientiert und zeigt auf den Ausgang des Tals hin, von wo aus betrachtet er als promi-

Der hintere dieser beiden Steinen in Kilmartin Glen, Schottland, weist eine leichte Drehung auf, so dass er auf einen hinter dem Zaun erkennbaren, entfernteren Stein zu deuten scheint. Der Zweck des Alignments ist bislang ungeklärt.

nente Landmarke auf der Horizontlinie zu sehen ist. In diesem Fall könnte der Stein auch als vorgeschichtliche Wegmarke gedient haben, doch er steht nahe dem Llia-Fluss und scheint abgesehen von seinen sonstigen denkbaren Funktionen hauptsächlich ein heiliger Ort gewesen zu sein. Ein weiterer rätselhafter Spielkarten-Stein steht am nördlichen Ende einer Linie stehender Steine im schottischen Kilmartin Glen. Wir werden gleich auf diese Gruppe zu sprechen kommen; hier sei lediglich erwähnt, dass der betreffende Monolith ein »sehr hübsches *Alignment*« (wie es AUBREY BURL ausdrückt; mit *Alignment* wird die schnurgerade Ausrichtung von Monumenten auf einer gemeinsamen Achse bezeichnet) mit einem 90 Meter entfernten Stein im Nordwesten bildet. Diese Linie hat keinerlei astronomischen Bezug; wozu der Archäoastronom J. E. WOOD trocken anmerkt, »dass sie wohl eine andere Bedeutung hatte.« Eine mögliche Erklärung für einen axialen Stein nördlich von Kilmichael Glassery nahe Kilmartin mag in der Tatsache liegen, dass er auf das nahegelegene Ende eines Felsaufschlusses deutet, der Gravuren aufweist.

Es wäre eine durchaus reizvolle Herausforderung für ein Forschungsprojekt, an jenen scheinbar unbedeutenden Orten, auf welche die stummen steinernen Wegweiser hindeuten, Probegrabungen durchzuführen.

KREISE ZIEHEN

Wie Christopher Tilley in einer Reihe von Feldstudien in verschiedenen Gegenden zeigen konnte, nehmen megalithische Monumente noch deutlich spezifischere Beziehungen zu auffälligen Orten in ihrer Umgebung auf. Eines seiner Studiengebiete waren die Preseli-Berge im südwestlichen Wales, woher, wie bereits geschildert, die Bluestones in Stonehenge stammen. Tilley untersuchte die megalithischen Grabkammern der Region, wobei er besonderes Augenmerk auf diejenigen des frühen Neolithikums richtete. In der Regel handelt es sich dabei um einfache und eher kleine Anlagen, mit Ausnahme der beiden großen und komplexen Monumente von Pentre Ifan und Garn Turne. Tilley suchte wiederkehrende Muster in Hinblick auf ihre Beziehung zu natürlichen Orten und zu mesolithischen Fundstätten, an denen nomadische Jäger-und-Sammler-Gruppen für längere Zeit ihr Lager aufgeschlagen hatten oder an die sie periodisch zurückgekehrt waren und Spu-

Wir können heute nur raten, warum Carn Ingli für die frühen Völker ein heiliger Berg war. Es ist jedoch erwähnenswert, dass die Einheimischen im Gesamtprofil des Bergrückens noch heute eine aufgestützt liegende menschliche Figur erkennen. Auch in anderen Preseli-Gipfeln sehen sie Gestalten. So erging es den Megalithbaumeistern sicherlich auch. Carn Ingli weist zudem eine natürliche magnetische Anomalie auf. An verschiedenen Punkten kreiselt die Kompassnadel wie wild, auf seinem Gipfel zeigen zwei Kompassnadeln tatsächlich in entgegengesetzte Richtungen (Devereux 2000). Kein Archäologe ist heute bereit, darin eine Bedeutung zu sehen, trotz der Fülle an experimentellen und klinischen Beweisen, dass die Auswirkung von schwachen Magnetfeldern auf Teile des Gehirns Bewusstseinsspaltungen (»Ekstase«, »außergewöhnliche Erfahrungen«) und Halluzinationen oder Visionen erzeugen können.

ren wie Feuersteinsplitter, einfache Holz- und Knochenperlen, Tierknochen etc. hinterlassen hatten. Tilley fand heraus, dass die von ihm untersuchten neolithischen Anlagen »in der Regel in genau denselben Arealen« lagen wie die älteren mesolithischen Fundstätten, was auf eine gewisse Kontinuität in der Wahl der bevorzugten Plätze der frühen Jäger und Sammler schließen lässt. Auch in ihrem Bezug zur Umgebung entdeckte er eine Gesetzmäßigkeit: Offensichtlich waren die Monumente in der Nähe von auffälligen Felsaufschlüssen platziert worden, insbesondere solcher, die entweder eine deutlich erkennbare lineare Form oder aber einen zirkularen Grundriss aufweisen. Die Monumente bestehen aus demselben Gestein wie die Auf-

Der Pentre-Ifan-Dolmen in den Preseli-Bergen, Wales. Im Hintergrund der Gipfel von Carn Ingli.

schlüsse, daher sind sie bereits aus kurzer Entfernung oder wenn man versucht, von einem zum anderen zu blicken, kaum mehr zu erkennen. Die natürlichen Felsen hingegen stellen weithin sichtbare Landmarken dar. TILLEY schreibt über seine Beobachtungen: »Die Felsaufschlüsse verankern die Monumente in der Landschaft, sie richten die Aufmerksamkeit auf ihren Standort und machen sie zu besonderen Orten« (1994).

Eine der Megalithgruppen, denen sich TILLEY in den Preseli-Bergen widmete, war die des Nevern-Tals am östlichen Ende der Bergkette. Hier dominiert der zerklüftete Kamm von Carn Ingli die Umgebung. TILLEY erkannte ihn als den »zentralen symbolischen Bezugspunkt« für die neolithischen Monumente der Region: Zwischen den einzelnen Anlagen gibt es keine Sichtverbindungen, doch bieten sie alle einen Ausblick auf den Carn Ingli. Eines dieser Monumente ist Pentre Ifan, ein großer und eindrucksvoller Dolmen mit Überresten einer Kammernstruktur. Er ist so situiert, dass die Horizontlinie im Westen ganz durch das Profil des Carn Ingli beherrscht wird. Der Deckstein des Dolmens weist dieselbe Neigung auf wie der Grat des Carn Ingli. Der ursprüngliche Zugang zum Monument ist so angelegt, dass jeder, der in sein Inneres tritt, unwillkürlich auf dessen Felszacken blickt. Der Berg war für die Megalithbaumeister eindeutig von hoher Bedeutung – und die Erinnerung an die Heiligkeit jenes Orts hat offenbar bis in historische Zeiten überlebt: *Carn Ingli* bedeutet »Hügel

Der Fernacre-Steinkreis im Bodmin-Moor, Cornwall wirkt geradezu zwergenhaft neben dem Rough Tor, einem Naturheiligtum, auf den sich das Monument offenbar bezieht.

der Engel« und geht auf St. Brynach zurück, einen Heiligen aus dem 6. Jahrhundert, der sich auf den Gipfel zurückgezogen hatte, um zu fasten und sich seinen Visionen von Engeln hinzugeben.

TILLEY hat auch in vielen anderen Regionen solche Forschungen betrieben, beispielsweise in Bodmin Moor in Cornwall (1996), in den Black Mountains an der walisisch-englischen Grenze (1994) sowie in Gegenden von

Der Hurlers-Steinkreis im Bodmin-Moor, Cornwall, vor dem Hintergrund der verwitterten Tors der Cheesewring-Gruppe.

Südschweden (1993b). Im zweiten Teil des Buchs habe ich bereits seine Beobachtungen an den Felsaufschlüssen und Tors im Bodmin Moor erwähnt – manche von ihnen wurden schon im Mesolithikum regelmäßig von Menschen der Gegend aufgesucht und später sparsam verziert. Tilley hat sich außerdem mit den sechzehn Steinkreisen des Moors befasst. Er glaubt, dass eine »besondere Beziehung« zwischen den Kreisen und den Tors besteht, denn jedes einzelne dieser sechzehn Monumente ist entweder in unmittelbarer Nachbarschaft oder sogar direkt am Fuß eines solchen turmartigen Steingebildes angelegt. Beispiele sind die Hurlers, die Kreise von Fernacre, Leskernick Hill North und die Stripple Stones. Sie liegen in der Regel südlich der jeweiligen Tors, nur drei bilden eine Ausnahme. Tilley postuliert ein ausdrückliches Bedürfnis der Erbauer, die markanten Tors in Sichtweite der Steinkreise zu haben, da in einigen Fällen bereits eine Verschiebung der Anlagen um weniger als 30 Meter ausgereicht hätte, um den jeweiligen Felsturm aus der direkten Sichtlinie zu verlieren. Er vermutet, dass Prozessionswege zwischen den Kreisen mit den landschaftlichen Elementen spielen sollten. Beispielsweise kommt, wenn man aus Richtung der anderthalb Kilometer entfernten Trippet Stones auf den Stripple-Stones-Kreis zugeht, der sogenannte Rough Tor in Sicht, und zwar erst ganz in der Nähe des Steinkreises – vollständig bekommt man ihn erst zu Gesicht, wenn man im Zentrum des Kreises steht.

In den Black Mountains fiel Tilley auf, dass die Achsen der Langgräber entweder parallel zu Flüssen und ihren Tälern verlaufen oder auf markante Felsvorsprünge auf den Bergrücken der Black Mountains ausgerichtet sind.

Zu den Gegenden, mit denen er sich in Schweden befasste, gehört auch Västergötland. In dieser Gegend sind über die Hälfte der Megalithbauten Schwedens versammelt, meist Ganggräber. Sie liegen verstreut auf einem Kalk- und Sandsteinplateau, das von Granitrümpfen, die generell in Nord-Süd-Richtung verlaufen, durchbrochen wird. Über die Hälfte der Ganggräber Västergötlands bieten Ausblick auf den Allenberg, den höchsten und markantesten der Granitrücken. Noch heute spielt er eine wichtige Rolle im Volksglauben: Der Allenberg ist Hüter unterirdischer Flüsse und geheimer Höhlen; dort hausen die Bergtrolle und schlafen die Götter in Erwartung des Weckrufs, das Mutterland zu retten. Die Ganggräber bilden die umliegende Landschaft nach. Sie sind in Nord-Süd-Reihen auf einer gemeinsamen Achse ausgerichtet, wobei die für ihren Bau verwendeten Steine mit ihren zum Teil merklichen Farbunterschieden die Struktur der Landschaft widerspiegeln: Die Stützen sind aus Kalk- und Sandstein, die Decksteine aus Granit, was die Polarität zwischen den hochragenden und den tieferen Landschaftselementen aufnimmt. Die Gänge der Gräber sind so angelegt, dass man sich beim Betreten zunächst auf den Allenberg zubewegt.

Die von Tilley angewandte Methode, das Landschaftsumfeld in die Untersuchung einzubeziehen, hat in letzter Zeit zunehmend Eingang in die Archäologie gefunden. Monumente lenken unsere Aufmerksamkeit auf die ansonsten unsichtbare heilige Geografie der Landschaft, die schon vor ihrer Errichtung existierte, und machen die später durch die Megalithbaumeister vorgenommenen Modifizierungen und Entwicklungen dieser Geografie sichtbar. Nach und nach tun sich doch Wege für uns auf, die steinzeitliche Landkarte der Seele wiederzuentdecken.

Himmel und Steine

Über die astronomischen Bezüge der stehenden Steine und anderer Megalithbauten ist derart viel geschrieben worden, dass ich hier auf eine ausführliche Darstellung verzichten kann; sie würde auch den Rahmen sprengen. Doch weil es sich um einen wichtigen Aspekt der alten Steine handelt, wollen wir wenigstens ein paar Beispiele betrachten. Die Landschaft spielt hier immer eine große Rolle, denn die meisten astronomischen Fluchtlinien beziehen die Umgebung der megalithischen Anlage ein, seien es die Kontur des Horizonts, auf deren Höhe der Megalithbau abgestimmt ist, oder Landmarken in der Horizontlinie, wie Bergspitzen oder Einschnitte, die als Visierpunkte dienten. So will zum Beispiel der Pionier der Archäoastronomie, Alexander Thom, in Stonehenge astronomische Visierlinien entdeckt haben, die entfernte topografische Merkmale integrieren.

Der Blick vom südwestlichen Ende des Nether-Largie-Stone-Alignments. Das Steinpaar im Vordergrund weist auf den Monduntergang zur großen Mondwende und die Anlage als Ganze auf einen weiteren wichtigen Mondstand (siehe Text).

Auf dem Talboden des schottischen Kilmartin Glen ist ein großer »linearer Friedhof« angelegt – eine Reihe von Ganggräbern, die auf eine ferne Bergspitze ausgerichtet sind. Im vierten Teil werde ich näher auf diese Konstellation eingehen; hier interessiert uns ein weiteres wichtiges (und vermutlich früheres) *Alignment* aus stehenden Steinen und anderen Megalithstrukturen in dieser bemerkenswerten prähistorischen Rituallandschaft. Die als Nether Largie Stones (ehemals Kilmartin Stones) bekannte Steingruppe bildet eine breite Linie in Nordost-Südwest-Richtung, die dem Schwung des Tals folgt. Jeweils ein Paar hoher Steine markiert die beiden Enden der Linie, und dazwischen liegen zwei Gruppen niedrigerer Felsplatten und Blöcke, wobei aus einer der beiden ein einzelner hoher Stein hervorragt, der die Strecke ziemlich genau in zwei gleiche Abschnitte teilt. ALEXANDER THOM sieht in dieser Anlage ein bedeutendes Mondobservatorium. Zieht man nämlich eine Linie durch das Steinpaar am südlichen Ende der Anlage, so weist sie von Süd-Südost nach Nord-Nordwest und somit ziemlich exakt auf den nördlichsten Monduntergang zur großen Mondwende (siehe Kasten). Nach AUBREY BURL fluchtet die Visierlinie zwischen den nördlichen und südlichen Steinpaaren und dem großen stehenden Stein in der Mitte auf den Ort des äußersten südlichen Monduntergangs zur großen Mondwende. Dass diese Ausrichtungen dem bloßen Zufall geschuldet sind, ist höchst unwahrscheinlich. Ein weiterer faszinierender Aspekt der Anlage sind die vielen Schälchen-Motive auf allen Steinpaaren. Auf dem zentralen Monolithen befinden sich sogar über vierzig solcher Gravuren (einige sind auf dem Titelfoto zu diesem Teil 3 abgebildet). Bedingt durch den Winkel, den die Steine bezüglich der Achse des *Alignments* einnehmen, reflektieren die Schälchen die lange Visierlinie zum südwestlichen Monduntergang, weshalb einige

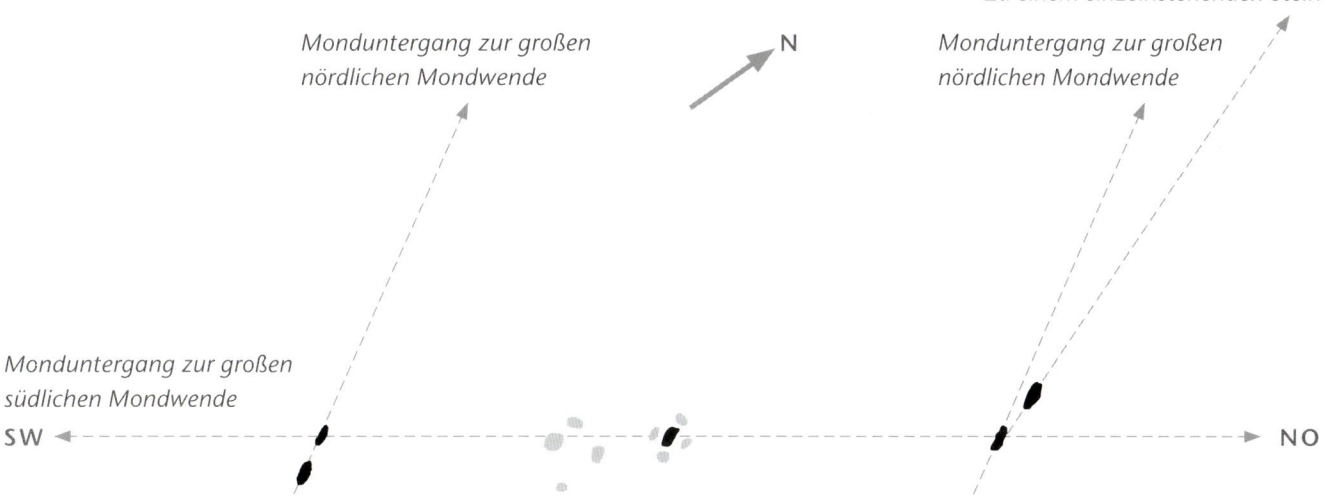

Planskizze der Nether-Largie-Steine mit den wichtigsten anstronomischen Alignments.

Kommentatoren in den Gravuren eine Mondsymbolik vermuten.

Ein drittes, nicht minder bemerkenswertes Beispiel für eine gelungene megalithische astronomische »Lichtshow« ist ein Sonnenaufgangsphänomen am Cairn L der irischen Hügelnekropole von Loughcrew. An einigen der Ganggräber, die auf den drei Gipfeln des Höhenzugs liegen, lassen sich astronomische Ereignisse beobachten, aber Cairn L sorgt für ein besonderes Glanzlicht: Zur Zeit der November-Sonnenaufgänge fällt ein schmaler Sonnenstrahl durch den Gang des Ahnentempels und strahlt in der dunklen Kammer eine einzelnstehende, weiße Steinstele an. Die Jahreszeit, der Neigungswinkel der Passage und die Kontur der nahen Horizontlinie tun sich hier zusammen, um den Sonnenstrahl zu einem feinen, gebündelten Lichtpfeil zu modellieren, so dass dieser eindrucksvolle, präzise Lichteffekt entsteht (BRENNAN 1983). Für einige Augenblicke scheint es dann, als leuchte der weiße Monolith von ganz allein im Dämmerlicht der Kammer (MARTIN BRENNAN im persönlichen Gespräch mit dem Autor).

Der freistehende weiße Monolith im Cairn L aus der westlichen Ahnentempelgruppe der Nekropole von Loughcrew in Irland wird um die Zeit von Samhain im November von einem raffiniert gelenkten Sonnenstrahl direkt angeleuchtet.

SCHATTENSPIELE

Wo Licht ist, ist auch Schatten – aber das Phänomen des Schattens hat die Archäoastronomie bisher weitgehend vernachlässigt, obwohl sich herausstellen könnte, dass der Schattenwurf für die Megalithbaumeister ebenso wichtig war wie bestimmte Auf- und Untergangspositionen der Sonne. So gewann MARTIN BRENNAN während seiner Untersuchungen zur astronomischen Ausrichtung der Monumente im irischen Boyne Valley und der Symbolik der dort gefundenen Steingravuren den Eindruck, dass beispielsweise im Umkreis von Newgrange stehende Steine zu bestimmten Jahreszeiten wie mit Schattenfingern auf die Felskunstmotive deuten, die auf einigen der Umfassungssteine des gewaltigen Tempels zu sehen sind. Vielleicht muss auch der berühmte Heel Stone (»Fersenstein«) von Stonehenge, über dem die Mittsommersonne aufgeht, aus der entgegengesetzten Richtung betrachtet werden – nämlich nicht vom Zentrum des Kreises aus, sondern von der anderen, sonnenzugewandten Seite des außerhalb des Kreises stehenden Monolithen. Genau das glaubt der findige Amateurarchäologe TERENCE MEADEN, der die Idee aufbrachte, der zur Sommersonnenwende in Richtung des Steinkreises fallende Schatten des Fersensteins repräsentiere den Phallus des Himmelsgottes, der in den umfriedeten Raum von Stonehenge, für MEADEN die Gebärmutter der Erdgöttin, eindringt (MEADEN 1992). Das Schauspiel lässt sich tatsächlich so beobachten, doch MEADENS Annahme, es handle sich dabei um einen beabsichtigten Effekt, sowie seine Interpretation der Mythen, die dadurch in Szene gesetzt werden sollen, bleiben freilich Spekulation.

Ähnlich und noch eindrucksvoller ist ein Phänomen am Castlerigg-Steinkreis in Kumbrien, für das bislang noch keine vorgeschichtlichen Mythen bemüht worden sind. Dem Fotografen JOHN GLOVER fiel als erstem auf, dass der größte Stein der Anlage während des Mittsommer-Sonnenaufgangs einen unglaublich langen Schatten in das Tal hinabwirft. Es ist kaum vorstellbar, dass die Erbauer des Steinkreises diesen verblüffenden Effekt nicht bewusst gesetzt haben sollten. Dieser »Schattenpfad«, wie GLOVER ihn nannte, ist, wie die Steine selbst, ein integraler Bestandteil der Stätte, ebenso wie die von THOM dort entdeckten solaren Ausrichtungen. Wenn der Effekt nun kein

Herr und Frau Stein

Es braucht nicht viel Fantasie, um einzelne stehende Steine – Monolithen – als Phallussymbole zu erkennen. Auch die Menschen der Jungsteinzeit haben wohl nicht lange gebraucht, um diese Assoziation herzustellen – folgte doch das Aufstellen von Steinen auf eine Phase der Verehrung von natürlichen Felsnasen oder phallischen Stalagmiten in gebärmutterartigen Höhlen (siehe Teil 2). Auch mittelamerikanische Völker haben ihre Steine mit Sicherheit so gesehen und waren mit ihren Darstellungen keineswegs zimperlich. An verschiedenen Plätzen der Halbinsel Yukatan findet man größere und kleinere Steine, die explizit in Phallusform gebracht worden sind. Man weiß über den dahinterstehenden Kult nicht allzu viel, nimmt jedoch an, dass er gegen Ende der klassischen Periode Südamerikas um das Jahr 1000 n. Chr. aus der Region um Veracruz am Golf von Mexiko in die Kultur der Mayas übernom-

Sonnenaufgang über dem Heel Stone in Stonehenge – sollte dies vielleicht von der anderen Seite betrachtet werden?

An Mittsommer zeigt ein Schattenfinger in das Tal von Castlerigg. (John Glover)

Zufall sein sollte, worauf will dann der Schattenfinger in der umgebenden Landschaft zeigen?

Die Archäoastronomen bezeichnen die vorgeschichtliche Astronomie als Geburt der Wissenschaft, wie wir sie heute kennen, und schreiben den Megalithbaumeistern ein enormes Maß an Präzision zu. Während einige *Alignments* tatsächlich sehr exakt sind, gibt es allerdings wesentlich mehr, die nur eine generelle Richtung angeben. Unstreitig hatten die Menschen damals ausgesprochen fortgeschrittene Kenntnisse in Astronomie erworben, doch es ist wohl treffender, die astronomischen Aspekte der Megalithen eher im rituellen und kosmologischen Kontext zu sehen, denn als »wissenschaftlich« im heutigen Wortsinn. Es ging wohl eher um Astrologie als um Astronomie.

Ein hoher Phallusstein nahe der Balankanche-Höhle in Mexiko; ursprünglich befand er sich einige Kilometer entfernt.

glättete oder geformte Stein, der säulenartig aus der Erde wächst, war einst eine universale Chiffre der Zeugungsfähigkeit und Fruchtbarkeit.

AUFTRITT DER DAMEN

Nun liegt in der Form der stehenden Steine allerdings eine Zweideutigkeit: Sie können auch als menschliche Figur gesehen werden. Tatsächlich wurden in einigen Regionen des neolithischen Europas, insbesondere in der Bretagne und auf den Kanalinseln, Menhire wie der bereits beschriebene Endstein des Table-des-Marchands-Dolmens zu Idolen ausgearbeitet. Die meisten, wenn nicht alle diese Steine repräsentierten eine weibliche Gestalt – vermutlich die Erdmutter oder andere Fruchtbarkeitsgöttinnen. In einige Steine in den Kammern bretonischer Ganggräber sind weibliche Brüste graviert. Auf einer Seitenplatte des Ganggrabs Prajou-Menhir an der Côte du Nord sieht man zwei Paar Brüste, die in eine kartuschenförmige Vermen wurde. Offenbar entwickelten sich damals Uxmal und Chichen Itza zu Zentren dieses Kults im nördlichen Yukatan.

In der Bretagne existierte bis ins 20. Jahrhundert hinein den Brauch, dass sich Frauen an stehenden Steinen mit entsprechend suggestiver Form, wie etwa dem Menhir bei Plonéour-Lanvern im Finistère, trafen und um sie herumtanzten. In Irland steht auf dem Hill of Tara der phallische Menhir Lia Fail, der »Stein der Vorsehung«. Tara war der Ort, an dem die keltischen Hochkönige inthronisiert wurden. Der Lia Fail war ein Symbol für die Beziehung des Königs zum Land, da er sich rituell mit der göttlichen Allherrscherin vermählen musste. Während der Inaugurationszeremonie musste der Thronanwärter den Stein berühren, und es hieß, der Stein würde aufschreien, wenn dieser der rechtmäßige König sei.

Steinerne Phalli waren ebenso bei afrikanischen Kulturen, im Mittleren Osten, in Indien und in vielen anderen Gegenden der Welt bekannt. Der einzelnstehende, ge-

Der Lia Fail in der rituellen Landschaft von Tara in Irland.

Die »Gran'mère du Castel« genannte Menhir-Statue auf der Kanalinsel Guernsey. (Anthony Weir/Fortean Picture Library)

Der sogenannte Vulvastein von Avebury, England.

tiefung eingemeißelt sind. Viele jener megalithischen Idole wurden minimalistisch mit Brüsten oder U-förmigen Motiven verziert, die möglicherweise Halsringe oder Halsketten darstellen, während andere zu regelrechten Menhir-Statuen ausgearbeitet wurden. Zuweilen beschränkte sich der Minimalismus auf die Andeutung einer hochstilisierten, abstrakten menschlichen Form durch unmerkliche Modifizierung der natürlichen Steinform; die bretonische Archäologie nennt dies *écusson*. Man glaubt sogar, dass einige Steine allein aufgrund ihrer Rhombus- oder Drachenvierecksform für die Verkörperung der Göttin gehalten wurden. In Avebury gibt es solche Exemplare. In manchen Abschnitten der West Kennet Avenue (die doppelte Steinreihe, die vom großen Steinkreis von Avebury bis zum so-genannten Sanctuary auf dem Overton Hill verlief) stehen sich säulenartige und rautenförmige Steine gegenüber, was einige Forscher als komplementäre Folge männlicher und weiblicher Qualitäten deuten. Auch hier begegnen wir wieder der Herausforderung, zu urteilen, ob eine derartige Interpretation für Avebury zutrifft oder nicht. Zumindest bei einem Stein im großen Avebury-Henge dürfte bezüglich seiner »Weiblichkeit« kein Zeifel bestehen, da seine natürlichen Spalten und Rundungen derart ausdrucksstark an eine Vulva erinnern, dass man diese Symbolik nicht leugnen kann.

Es braucht immer zwei dazu – das galt nicht anders als heute auch für die aus dem Stein geborene Bildermystik der neolithischen Epoche.

4

Landschaften der Seele

»Heilige schamanische Landschaften wurden direkt in den Erdboden eingeschrieben. Das liegt als Grundwahrheit unter allen stilistischen oder strukturellen Ausprägungen der unterschiedlichen Kulturen. Sie machen die sonst unsichtbaren Bewusstseinslandschaften in der Natur sichtbar.«

Steinmosaik von Tie Creek in Manitoba, USA.

Wenn wir heute an alte Heiligtümer denken, kommt die Welt um sie herum selten vor. Wir isolieren sie, passen sie in geistige (und deshalb visuelle) Rahmen ein und nähern uns ihnen so, als würden wir eine antike Vase betrachten, die auf einem leeren Tisch steht. Vor wichtige und große Monumente haben staatliche Organisationen Kassenhäuschen und Drehkreuze gestellt. So kommt es, dass wir Stätten wie Stonehenge oder die Pyramiden von Gizeh besuchen, als würden wir ins Kino gehen: Unterhaltungs-Archäologie. Die Tendenz, Heiligtümer als herausgehobene und abgegrenzte kulturgeschichtliche Stätten zu denken, zeigt sich nicht nur in der allgemeinen Öffentlichkeit. Auch viele Generationen von Archäologen wurden von diesem Denken heimgesucht; der britische Archäologe PETER FOWLER hat für diese reduzierte Sichtweise den Begriff »Einzelortsyndrom« *(single site syndrome)* geprägt. Jahrzehntelang waren die Archäologen an ihren Fundstätten in ihre Ausgrabungen vertieft und haben, bildlich gesprochen, nur selten den Blick vom Boden erhoben, um zu sehen, wo sie überhaupt waren. Dieses Syndrom ist ein uns allen wohlbekannter Effekt: Monatelang gehen wir Tag für Tag eine bestimmte Straße entlang – und bemerken plötzlich, dass wir noch nie hochgesehen haben, um die Gebäude vom ersten Stock an aufwärts zu betrachten. Wegen dieser Unterlassungssünde sind fast alle Beziehungen zwischen einem alten Heiligtum und anderen heiligen Stätten einer Gegend oder zwischen einem alten Heiligtum und der natürlichen Gestalt der umgebenden Landschaft gewissermaßen aus dem Bild gekippt. Entweder wurden solche Beziehungen gar nicht erst bemerkt, oder sie wurden bemerkt und als irrelevant verworfen. (Dabei lohnt es sich bekanntermaßen, zweimal hinzuschauen.) Mit einer Art unbewusstem, bloß intellektuell wahrnehmenden Imperialismus wenden wir unsere modernen, nur auf Einzelaspekte trainierten Denk- und Sichtweisen auf die physischen Hinterlassenschaften vorgeschichtlichen Geistes an, die jedoch – wie im ersten Teil besprochen – in vielerlei Hinsicht völlig anderem Denken entsprangen. Glücklicherweise beginnt sich dieses Problem in der Archäologie allmählich zu lösen. In den letzten Jahrzehnten des 20. Jahrhunderts wagten es immer mehr Forscher, der Umgebung eines Heiligtums größere Auf-

Der Blick auf das Ganze

Die Notwendigkeit, Monumente auch hinsichtlich ihrer landschaftlichen Einbettung zu untersuchen, wurde von der Archäologie spätestens im Jahr 1970 erkannt, als Peter Fowler seine archäologischen Forschungen in der südenglischen Grafschaft Dorset durchführte. Er beobachtete damals, dass einige Gruppen der dortigen vorgeschichtlichen Grabhügel (sogenannte Barrows) absichtsvoll so angelegt worden waren, dass »ein komplexes System von untereinander sichtbaren Hügeln entstand«. Der Fairness halber muss hier angemerkt werden, dass die Theorie von Sichtlinien auf die frühe Praxis der *Ley Hunters* (Leylinien-Sucher) – Grenzgänger unter den Heimatforschern – zurückgeht, die sich in Zeitschriften wie *The Ley Hunter* vergeblich beklagten, dass die mit dem Erhalt der alten Monumente betrauten Behörden eigentlich sicherstellen müssten, dass auch in deren Umgebung keine baulichen Veränderungen die Ausblicke verstellen dürften (siehe Woodley 1989). Im Jahr 1974 berichtete der für seine Publikationen über die Mysterien der alten Welt bekannte (und wegen seiner unkonventionellen Ideen in der etablierten Archäologie als schwarzes Schaf verschriene) Autor John Michell von seinen Forschungen im Land's End District in Cornwall, wo er das Phänomen der Sichtverbindung zwischen einzeln stehenden Monolithen und anderen alten Landmarken der Region untersucht hatte. Obwohl die Auswahl der zur Untermauerung seiner These herangezogenen Orte später kritisiert wurde, hatte er mit dieser Veröffentlichung dennoch das Prinzip, die landschaftliche Umgebung eines Monuments in die Untersuchung einzubeziehen, so solide begründet, wie es jede akademisch-archäologische Studie hätte leisten können, und zumindest einige der Visierlinien, die Michell entdeckt hatte, waren so gut belegt wie in der wissenschaftlichen Literatur.

merksamkeit zu widmen, und je mehr sie das taten, desto mehr Beziehungen wurden ihnen offenbar. Zaghaft zwar, doch immerhin, begann man, heilige Stätten in einem größeren Zusammenhang zu sehen.

Erst in den vergangenen Jahren rückte dieser ganzheitlichere Ansatz verstärkt ins Licht. Es gibt nun Archäologen, die das Eingebundensein der Heiligtümer in ihre Umgebung genauer betrachten, nach vorhandenen (oder fehlenden) Sichtverbindungen zwischen den Monumenten oder nach den Beziehungen zwischen solchen Stätten und topografischen Besonderheiten fahnden, wie bereits mehrfach aufgezeigt. Je mehr dieser Ansatz salonfähig wird, umso mehr wachsen die Chancen, dem Geist der frühen Zeit doch ein wenig näher zu kommen und zu lernen, zumindest bis zu einem gewissen Grad mit den Augen unserer Vorfahren zu sehen. Es ist immer die geistige Einstellung, die ein Forscher zu einem alten Ort mitbringt – sozusagen sein inneres Weitwinkelobjektiv –, worauf es ankommt. Dies ist das »kognitive« Element archäologischer Arbeit, und der Grad der Anrüchigkeit, sich als Akademiker damit zu befassen, sinkt kontinuierlich. Das geht inzwischen so weit, dass archäologische Bücher Titel tragen wie *Landscape of the Monuments* (BERGH 1995; sinngemäß »Landschaft der Heiligtümer«), ja sogar *The Phenomenology of Landscape* (TILLEY 1994; »Die Phänomenologie der Landschaft«). Ein solcher Fokus lenkt die Aufmerksamkeit wiederum auf Naturplätze zurück, denn nun gilt es, herauszufinden, worin das Wesen eines sakralen Orts bestand, bevor überhaupt ein Monument darauf errichtet wurde.

Die Entwicklung dieses archäologischen Forschungsstrangs verläuft analog zur Physik, wo ein Wechsel von der Idee harter Teilchen zur Vorstellung von Feldern stattfand. Wenn die Stätten unseres Themas die Teilchen darstellen, dann ist die kognitive Erforschung ihrer Positionierung und ihrer Beziehung zur Umgebung das Feld. Wir unternehmen im Grund den Versuch, die »versteinerte« Präsenz des vorgeschichtlichen Bewusstseins, das neben den physischen Überresten sozusagen als Gedankenfeld in der Landschaft liegt, wieder offenzulegen.

Erinnern wir uns an eine Erkenntnis aus den vorherigen Kapiteln in diesem Buch: Frühere Völker tendierten dazu, ihr Bewusstsein im Außen abzubilden, es dem Land einzuschreiben, so dass es ihre kollektive Stammeserinnerung, ihre Mythen und ihre heiligen Texte bewahrte und als ihr Tempel diente. Das spirituelle Bewusstsein dieser Völker war die heilige Geografie. Ihre Landschaft wurde »kogniziert«, um im Jargon moderner Wissenschaftler zu sprechen. Sie war eine Landschaft des Geistes, die sich in einer Anzahl von Formen ausdrücken konnte, abhängig von den kulturellen, religiösen, sozialen oder geografischen Umständen. Die wichtigsten Kategorien, in denen sich dies äußerte, sind dabei:

- Mythologisierte Landschaften, in denen Landschaftselemente die Schöpfungsgeschichte oder die spirituellen Glaubenssysteme des Stamms zum Ausdruck brachten, wobei die Orte nie oder fast nie verändert oder gar konstruiert wurden. Ein Beispiel ist die Traumzeit-Landschaft der australischen Aborigines.
- Monumente, Tempel oder andere von Menschenhand geschaffene Plätze für Begräbnisse, Rituale, Zeremonien oder Gottesdienste, die in Beziehung zu besonderen, seit alten Zeiten spirituell oder mythisch bedeutenden Orten in der Landschaft standen. Dies scheint etwa im Bodmin Moor der Fall gewesen zu sein (siehe Teil 3). Wir werden auf den folgenden Seiten noch weitere Bekanntschaften mit diesem Phänomen schließen, so etwa mit der Platzierung minoischer Paläste in Beziehung zu heiligen Hügeln und Bergen.
- Monumente, die visuelle Beziehungen zu anderen heiligen Stätten unterhalten. Beispiele sind hier die Barnstone-Maeshowe-Konstellation auf den Orkneys, von der bereits die Rede war, die minoischen Gipfelheiligtümer mit ihren Sichtverbindungen oder auch die neolithischen Monumente Irlands, die später noch behandelt werden.
- Monumente, die mit Landschaftselementen von sakraler Bedeutung und manchmal auch mit anderen Bauwerken in Beziehung stehen, während sie zugleich auf bestimmte Himmelskörper ausgerichtet sind. Ein solches Beispiel ist die alte heilige Stadt Vijayanagara in Indien, deren eine Hauptachse direkt auf den Polarstern zuläuft und dabei in ihrer Verlängerung auch den heiligen, vom Virabhadra-Tempel gekrönten Hügel Matanga schneidet (MALVILLE 1993; CORNELIUS und

DEVEREUX 1996). Einige Stupas im Kathmandu-Tal Nepals sind entweder wechselseitig aufeinander ausgerichtet, oder sie bilden eine Linie in Richtung der Mondaufgangspunkte zu bestimmten Tagen des religiösen Kalenders, während sie gleichzeitig Orte markieren, die schon lange vor ihrer Errichtung von Bedeutung waren (HERDICK 1993).

♣ Schließlich sind in diesem Zusammenhang noch die Anderswelt-Geografien oder mythischen Geografien zu nennen – Landschaften des Geistes, die in großem Maßstab mit Hilfe verschiedener Methoden direkt in die diesseitige Landschaft eingeschrieben wurden. Es gibt verschiedene Arten solcher »Landkarten«, die alle scheinbar unterschiedliche, wahrscheinlich aber verwandte Funktionen haben. Beispiele solcher »schamanischer Landschaften« (wie ich sie nenne) sind die Nazca-Linien in Peru, die riesigen Figurenhügel im Norden der USA oder die Steinmosaike von Manitoba, von denen noch die Rede sein wird.

Während diese unterschiedlichen Kategorien sakraler Geografien oft klar erkennbar sind, gibt es auch Orte, an denen sich einige der beschriebenen Charakteristiken vermischen oder an denen Variationen einiger dieser Themen vorkommen. Die Vorgeschichte ist längst nicht so nett und sauber, wie es unser moderner Verstand gern hätte!

Auf den folgenden Seiten werden wir eine Reihe heiliger Geografien erkunden, die dank der innovativen Herangehensweise einiger Forscher, meine Person eingeschlossen, wiederentdeckt wurden. Einige Beispiele werden auf den ersten Blick vielleicht etwas fremdartig wirken, andere werden in diesem Buch überhaupt erstmals publiziert. Die sakrale Geografie ist aber der entscheidende Kontext für den inneren Zusammenhang eines heiligen Orts, ja sie ist sogar dessen letzte Konsequenz. Ihre Untersuchung vor Ort eröffnet ein neues Forschungsfeld über das archaische Bewusstsein. Man könnte von einer »Feldforschung in vorgeschichtlichen Bewusstseinsfeldern« sprechen, um auf eine schon verwendete Metapher zurückzugreifen. Wir erforschen hier die weitreichende Bedeutung des heiligen Orts, wie ihn archaische Wege des Denkens und der Wahrnehmung in das Land hineinmodelliert haben.

Die heilige Geografie der Steinzeit

Die spirituellen Vorstellungen der europäischen Menschen des Neolithikums und der Bronzezeit sind für uns ein Buch mit sieben Siegeln. Wir haben keinen direkten Zugang zu den Gesellschaften, die die Monumente der Vorgeschichte erschufen, so wie er bei anderen Kulturen, etwa den nordamerikanischen Indianern, durchaus möglich ist. Es gibt keine irgendwo versteckte ethnologische Literatur, die uns einen Anhaltspunkt geben könnte. Die einzigen »Texte«, die uns zur Verfügung stehen, sind die Monumente und die sie umgebende Landschaft selbst. Allein mit den nackten Steinen einer Megalithstätte oder den Überresten vorgeschichtlicher Erdbauten konfrontiert zu sein, kann das Bemühen um einen Kontext, der uns die vorgeschichtliche Denkweise näherbringt, ziemlich frustrieren. Letztlich geht es darum, mit »alten Augen« sehen zu lernen und das Gesehene mit allem relevanten archäologischen Material in Verbindung zu bringen. Trotz großer Anstrengung wird dies in manchen Fällen womöglich nur einen kleinen Fingerzeig darauf bringen, wie sich bestimmte Monumentbaumeister auf die Landschaft bezogen, doch in anderen Fällen eröffnen sich auf diese Weise tiefe Einsichten in die religiösen Vorstellungen jener Völker.

Die Beispiele, die wir im Folgenden betrachten, widerspiegeln diese Bandbreite von kleineren Beobachtungen, die den bekannten Kontext eines Monuments nur geringfügig erweitern, bis hin zu wertvollen Einblicken in eine frühere Denk- und Sichtweise, die aus dem Land entschwunden ist. All das ist jedoch lediglich ein Anfang, und deshalb sollten die folgenden Ausführungen – auch wenn manches bereits plausibel erscheinen mag – als im Prozess befindlich verstanden werden.

GRÄBER MIT PERSPEKTIVE

Beginnen wir mit dem Megalithen-Wunderland Irland. An erster Stelle stehen hier sicherlich die mächtigen Tempelbauten des Boyne-Tals, Newgrange, Knowth und Dowth, doch über die Insel verteilen sich 1400 weitere solche Hei-

Der Knocknarea in der irischen Grafschaft Sligo mit dem großen Cairn Queen Maeve's Bed. (Simant Bostock)

ligtümer, die der breiten Öffentlichkeit weniger bekannt sind. Einige der ältesten Anlagen sind unterschiedliche Ahnentempel-Konstruktionen aus dem Zeitraum zwischen 4000 und 3000 v. Chr.; die wichtigsten bezeichnet man in Anlehnung an ihre architektonischen Eigenschaften als Hofgräber, Portalgräber, Keilgräber und Ganggräber. Der schwedische Archäologe STEFAN BERGH widmete sich in einer großartigen Untersuchung der Cúil-Irra-Halbinsel, die an Irlands nordwestlicher Atlantikküste in die Sligo Bay hineinragt. Dort konzentrierte er sich in erster Linie auf die Ganggräber. Wie der Name andeutet, führt in diesen Megalithbau ein von aufrechtstehenden Steinen gebildeter Gang in eine mehr oder weniger zentral gelegene Kammer. Das klassische Beispiel für eine solche Anlage ist Newgrange, doch die Cúil Irra versammelt die größte Ansammlung dieses Typs in Irland. Ganggräber gibt es in verschiedenen Größen und Formen, doch grundsätzlich handelt es sich um einen von meist länglichen Randsteinen *(kerbstones)* umfassten und abgestützten Cairn: einen Hügel aus Megalithen und Erdreich oder Steinen. Es sind durchaus größere Strukturen, deren Bau Handwerkskunst und einen gewaltigen Arbeitseinsatz erforderte. Wie BERGH (1995) betont, waren sie für ein simples Grabmal viel zu aufwendig; auch sei »Grabmal« *(tomb)* kein angemessener Ausdruck für die Bauwerke. Es gibt zwar durchaus Stätten aus der früheren neolithischen und mesolithischen Epoche, die lediglich als Gräber dienten, doch die Bedeutung der Ganggräber reichte eindeutig weit über einen bloßen Begräbnisort hinaus. Es ist richtig, dass sie einerseits in Beziehung zum Tod standen, aber die Sache ist doch weitaus komplexer. Man hat in den Ganggräbern Schichten von Knochen einzelner, mehrerer und gelegentlich vieler Menschen gefunden. Viele, doch nicht alle Knochen waren vor der Bestattung verbrannt worden. Offenbar sind auch manche Knochen, wie etwa Schädel oder Schenkelknochen, von einer Kultstätte zur anderen weitergegeben worden – eine Zirkulation der sterblichen Überreste der Ahnen, die an den mittelalterlichen Reliquienhandel erinnert. Obwohl die Ganggräber also mit der Bestattung von Verstorbenen in einem gewissen Zusammenhang stehen, waren sie so angelegt, dass sie immer wieder betreten werden konnten, entweder, um dort die Knochen weiterer Clanmitglieder zu bestatten, oder aber um bestimmte Riten oder Zeremonien zu vollziehen, die in Verbindung mit den sterblichen Überresten der Ahnen standen. Das Ganggrab könnte vier verschiedene Grundfunktionen gehabt haben: Begräbnisstätte, Zeremonienort, Landmarke und Machtsymbol – und, wie BERGH beobachtet hat, auch alle diese vier Funktionen in sich vereint haben. Mit den beiden letzteren Möglichkeiten hängt zusammen, dass Ganggräber, anders als andere Grabtypen, grundsätzlich unter dem Aspekt der Visibiliät angelegt wurden; sie machten die Ahnen in der Landschaft sichtbar, wie STEFAN BERGH es ausdrückt.

BERGH wählte die Region der Cúil Irra als Forschungsgegenstand, weil er etwas über die Platzierung der dortigen Ganggräber herausfinden wollte. Das dominierende Landschaftsmerkmal am westlichen Ende der Halbinsel ist der ebenso einsame wie markante Knocknarea (»Königsberg«), ein auffälliger Tafelberg mit steilen Flanken, auf dem sich mehrere Ganggräber befinden. Das am besten sichtbare ist der gewaltige Cairn Queen Maeve's Bed *(Miosgán Meadhbha)*, in dem der Sage nach Medb, die göttliche Herrscherin von Connacht, ruht. Vom Gipfel des Knocknareas aus erschließen sich die natürlichen Gegebenheiten der Region klar und deutlich: Gebirgszüge in drei Richtungen, und in der vierten Richtung das Meer. Das King's-Mountains-Massiv mit dem dramatisch abstürzenden Tafelberg Ben Bulben, dem legendären Feensitz der Region Sligo, bildet eine markante Abgrenzung nach Nordwesten, während im Südwesten die feurigen Ox Mountains liegen. Die Ausläufer dieses Bergrückens, die gerundeten Formen des Slieve Daeane und des Killery Mountains, bilden zusammen mit dem Lough Gill eine unauffällige Abgrenzung nach Südosten und Osten. Weiter südlich erkennt man in der Ferne, bereits außerhalb des von BERGH definierten Forschungsgebiets, die Bricklieve Mountains.

BERGH entschied sich, die Ganggräber nicht als Gräber zu betrachten, sondern vielmehr als »Orte mit Gräbern«. Es gibt Cairns in den Ox Mountains, auf dem Slieve Daeane und dem Carns Hill, und, im Zentrum der Halbinsel in direkter Nachbarschaft zum Knocknarea, den berühmten Megalith-»Friedhof« von Carrowmore, die größte Nekropole in ganz Irland. Diese Ansammlung kleiner und mittelgroßer, mittlerweile zerstörter Ganggräber und Dolmen wurde mit Bedacht und Sorgfalt auf einem leicht erhöht liegenden Plateau in einigermaßen diskusförmiger Verteilung angelegt, wobei das Zentrum der Gruppe frei von Megalithen ist. Zwar werden die Überreste der Cairns von Carrowmore im Westen vom Knocknarea beherrscht, aber dennoch ist der Großteil von ihnen nicht auf den Berg ausgerichtet, sondern weist nach innen zur freien Mitte des kleinen Plateaus. Auf Luftbildern ist in dieser Fläche eine Markierung im Pflanzenbewuchs erkennbar, die darauf schließen lässt, dass es dort ursprünglich eine Art Umfriedung gegeben hat. BERGH kam zu dem Schluss, dass diese heute nur schwer auszumachende Konfiguration das eigentliche heilige Zentrum der Region gewesen sein musste. Es gibt gute Gründe für die Annahme, dass die Cúil Irra bereits lange vor der Errichtung der Megalithen ein Landschaftsraum für Kulthandlungen, also bereits geheiligt war.

In dieser relativ frühen Phase scheint die Siedlergemeinschaft ihre Toten in den bescheideneren Ganggräbern bestattet zu haben – eine egalitäre Gesellschaft. Außerdem hatte man sich keine Mühe gegeben, die Carrowmore-Monumente weithin sichtbar zu platzieren. Im Lauf der Zeit jedoch wurden die Ganggräber im ganzen Land zu immer größeren und weithin sichtbaren einzelnen und gruppierten Bauwerken, und es schien nun immer mehr Einschränkungen bezüglich der Frage zu geben, wer sie nutzen durfte, anders, als es offenbar in Carrowmore ursprünglich Sitte gewesen war. In der – nach STEFAN BERGH – wahrscheinlich letzten Phase der Cúil-Irra-Gesellschaft entstanden schließlich eine Anzahl von stattlichen Ganggräbern, die die Region optisch stark dominierten. Diese Bauwerke, mit Queen Maeve's Bed als dem größten, spielten sich im heiligen Land förmlich als Herren auf. »Kein anderes irisches Megalith-Monument dominiert in ähnlicher Weise eine derart große Region wie *Miosgán Meadhbha*«, schreibt BERGH. Der große Cairn ist so angelegt, dass er von Osten her jeden Blick auf sich lenkt, insbesondere von Carrowmore aus. Andersherum spiegelte seine symbol-

4 Landschaften der Seele | 151

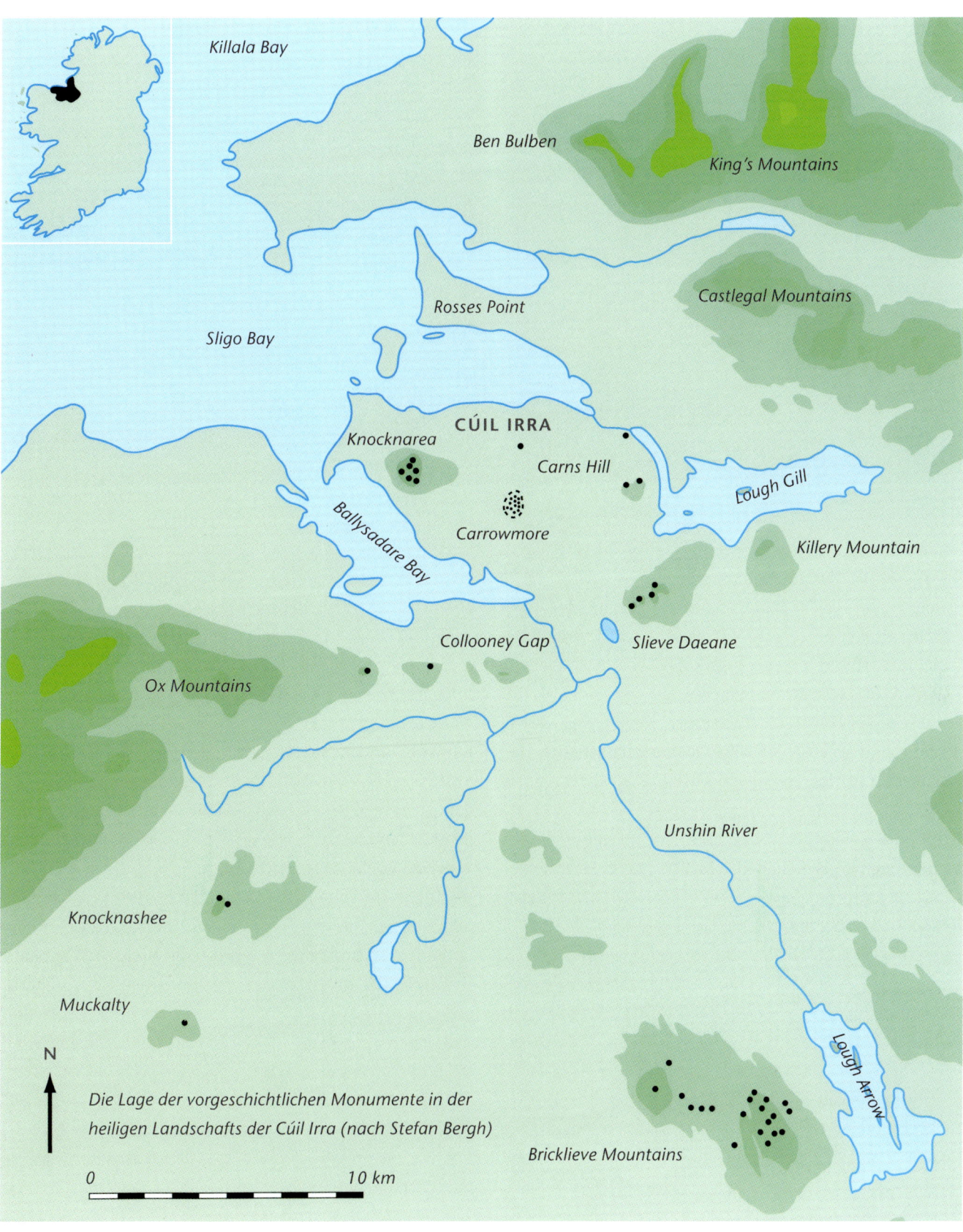

Die Lage der vorgeschichtlichen Monumente in der heiligen Landschafts der Cúil Irra (nach Stefan Bergh)

Blick von Carrowkeel in den Bricklieves über die Ox Mountains zum Knocknarea, links am Horizont. (DolmenTours)

hafte Fassade auf das durch Carrowmore markierte Zentrum der Halbinsel zurück – das Herz durchaus anerkennend, von dem die Heiligkeit der Landschaft ausging.

Queen Maeve's Cairn ist aus vielen Himmelsrichtungen über weite Entfernungen hin sichtbar, vor allem aber, wie gesagt, von Osten her. Die Bevorzugung dieser Richtung ist so auffällig, dass Bergh der Gedanke kam, der Knock-

Die Horizontlinie nordwestlich und nördlich von Carrowkeel: die Hügelgräber in den Ox Mountains (links) und anderen Höhenzügen erscheinen von Carrowkeel aus betrachtet genau auf der Horizontlinie. Der Knocknarea mit seinem dominanten Cairn ist ebenfalls sichtbar. (Nach Stefan Bergh)

narea könnte sogar eine Sichtverbindung zu den 80 Kilometer weiter östlich gelegenen Cairns auf dem Loughcrew-Rücken unterhalten haben: Dort befindet sich ein großer, heute umgestürzter Quarzblock, der, sollte er früher aufgerichtet gewesen sein, im Licht der untergehenden Sonne derart gefunkelt haben müsste, dass man den Widerschein möglicherweise bis zum Knocknarea hätte sehen können, argumentiert Bergh.

Auf den vom Gipfelplateau des Knocknareas am südöstlichen Horizont sichtbaren, bereits außerhalb der Cúil Irra gelegenen Bricklieve Mountains befindet sich mit Carrowkeel eine weitere Nekropole mit Ganggräbern, die in ihrer Ausrichtung wiederum nach Norden, in Richtung Cúil Irra tendieren. Die Ganggräber in den Ox Mountains liegen hingegen eher großräumig auf den Gipfeln verstreut, was Bergh einiges Kopfzerbrechen bereitete, bis er

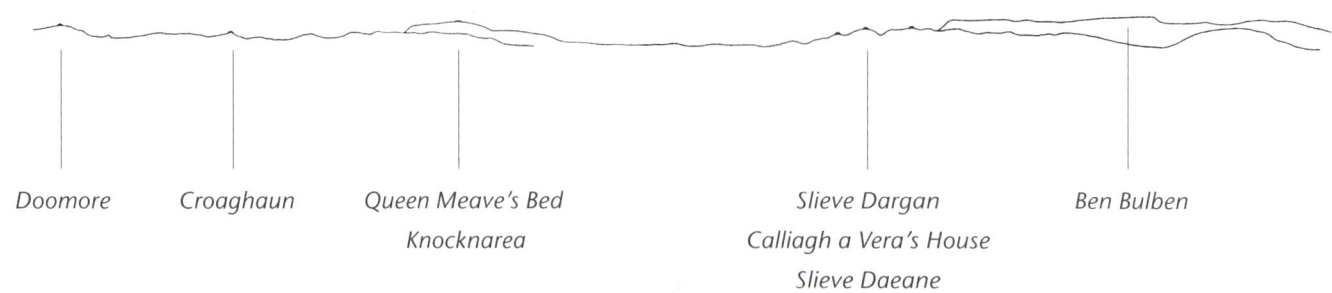

begriff, dass sie, von der Carowkeel-Gruppe aus betrachtet, Markierungen auf der Horizontlinie darstellen – die Bergrücken der Ox Mountains, die jenseits der von Carrowkeel aus sichtbaren Horizontlinie liegen, weisen nämlich keine Monumente auf. In der Cúil-Irra-Halbinsel selbst befindet sich das große Ganggrab von Carns Hill West, von dem man zwar nur einen eingeschränkten Ausblick hat, das jedoch ebenso wie Queen Maeve's Bed vom Zentrum der Gegend aus zu sehen ist. Bergh entdeckte weitere subtile Bezüge wie Sichtverbindungen, Visierlinien oder spezielle Platzierungen bei einer beachtlichen Anzahl von Megalithbauten in der Region, darunter auch ein rechteckiges Monument auf dem Gipfel des Croaghaun in den Ox Mountains, das dort nicht aus Gründen der Sichtbarkeit platziert worden war, sondern um eine Quarzader des Bergs zu markieren. Der strahlend weiße Quarz war »ein essenziell wichtiges Gestein« für die Kulthandlungen der Ganggräbertradition ganz Irlands (siehe auch Teil 3).

Durch Berghs Arbeit offenbart sich uns ein neolithischer (und wahrscheinlich noch älterer) Blick auf den zentralen Bereich der Cúil-Irra-Halbinsel. Wir erkennen, dass die sorgfältige Ausrichtung der Monumente dieses großen Landschaftstempels den Blick des Betrachters zu besonderen Orten und weiteren ausgewählten Kultbauten lenken und leiten konnte, insbesondere sollten die Anlagen auch ihrerseits von bestimmten Plätzen aus sichtbar sein. In der späteren megalithischen Bauphase war hier die gesamte Landschaft in einer Weise umgebaut und gestaltet worden, dass man einen Religions- oder Ideologiewechsel hin zu größerer Dominanz der sozialen und politischen Macht und vielleicht auch die Herausbildung einer elitären Priesterschaft annehmen kann.

»Der Aspekt der Sichtbarkeit spielte für die Monumente eine immer größere und aktivere Rolle. In einem bis dato unbekannten Ausmaß wurden nun Anlagen gebaut, um von der sie umgebenden Welt gesehen und in einer Art verstanden zu werden, wie wir es von den früheren Bauwerken her nicht kennen. Wer solche Ambitionen hegt, nutzt die Landschaft aktiv als Instrument der Beeinflussung ... In früherer Zeit hatte die Landschaft selbst die Platzierung der Monumente vorgegeben, doch nun wird sie, oder zumindest das Landschaftsverständnis der damaligen Menschen, von den Monumenten regiert. Die Landschaft wird somit zu einem Teil der Monumente und damit als Mittel der Autoritäts- und Machtdemonstration in einer zunehmend von einem konkurrenzbetonten sozialen Milieu geprägten Gesellschaft instrumentalisiert.« (Bergh 1995)

Der schwedische Archäologe fand noch eine weitere faszinierende, zweifellos beabsichtigte Ausrichtung in Bezug auf Queen Maeve's Cairn. Im Umkreis des gewaltigen Ahnentempels wurde im exakten Norden eine große, flache Kalksteinplatte gesetzt, und auf der gegenüberliegenden Seite, exakt im Süden, liegt ein massiver Gneisbrocken. Diese beiden Steine bilden eine Nord-Süd-Achse, die genau durch das Zentrum des Cairns verläuft. Zusätzlich schneidet dieser Meridian noch zwei der drei südlicheren Monumente auf dem Gipfel des Knocknareas. Auch müssen noch sechs halbkreisförmige Strukturen rings um den Fuß des Cairns erwähnt werden, die nach Bergh »eine intentionale Anordnung« aufweisen. Vier davon zeigen die Zwischenhimmelsrichtungen an, die anderen beiden befinden sich links und rechts neben dem südlichen Gneisblock. Das mächtige Ganggrab Knowth, der größere Gefährte von Newgrange, besitzt ähnliche Strukturen zu beiden Seiten eines seiner zwei Eingänge. Daher wagte Bergh die Voraussage, dass, falls Queen Maeve's Cairn einen Gang aufweisen sollte (bislang wurden noch keine Ausgrabungen unternommen), der Eingang ebenfalls zwischen den beiden südlichen Halbkreisstrukturen und direkt vor dem südlichen Gneisbrocken zu finden wäre.

Diese Bervorzugung der Kardinalrichtungen ist jedoch nicht unmittelbar mit den visuellen Bezügen zwischen den Monumenten verbunden, die Bergh in der Cúil Irra aufgezeichnet hat. Sie scheint vielmehr auf kosmologischen Überlegungen zu beruhen, vielleicht auch auf einer tiefwurzelnden Symbolik in Bezug auf den Tod. War etwa der Norden ein Symbol für den Tod, für das Reich der Ahnenwesen?

Stefan Berghs Arbeit bedeutet einen großen Erkenntnisgewinn bei unserem Versuch, das soziale und religiöse Leben der Cúil-Irra-Leute vor tausenden von Jahren anhand ihrer Monumente zu verstehen. Sie ermöglicht uns

Stätten in Sicht

Ähnliche, wenn auch weniger umfangreiche Untersuchungen wie diejenigen von Stefan Bergh in der Cúil Irra waren zuvor schon auf den reich mit Megalithbauten ausgestatteten Orkney-Inseln vor der schottischen Nordküste angestellt worden. Im Jahr 1979 erforschte Colin Renfrew die dreizehn Monumente der Insel Rousay und kam dabei zu dem Schluss, dass die von der jeweiligen Megalithanlage aus sichtbare Umgebung das Territorium eines Clans darstellte, zu dem folglich jeweils ein in der betreffenden Region sichtbares Monument gehörte. Auf dieser Theorie fußt die Interpretation der Anlagen als Grenzmarkierungen für die Gebiete bestimmter Gruppen von Inselbewohnern. Im Jahr 1983 berichtete David Fraser von seinen Untersuchungen an bronzezeitlichen Hügelgräbern innerhalb der Orkney-Gruppe. Ihm fielen auf verschiedenen Inseln Sichtverbindungen zwischen den Grabanlagen untereinander sowie auch mit entsprechenden Anlagen auf anderen Inseln auf. »Sichtverbindungen sind nicht einfach eine Folge von Nähe«, beobachtete er, »sie werden von subtilen Veränderungen in der Landschaft beeinflusst.« Fraser fand Sichtverbindungen über Distanzen von bis zu 17,7 Kilometern und folgerte, dass Cairns, die in irgendeiner Weise auffällig erschienen, zumeist auf gut sichtbaren Plätzen positioniert worden waren.

Brailes Hill in Warwickshire, vom Südwesten aus betrachtet.

heute Einsichten, die man vorher nicht für möglich gehalten hat, und bieten wiederum Ansatzpunkte für weitere Forschungen. Das Beste ist: Die wichtigsten Schlüsse zog er allein aus der sorgfältigen und exakten Beobachtung, nicht aus den Ausgrabungen.

Eine ganz ähnliche Situation wie beim Knocknarea und den Monumenten der Cúil-Irra-Halbinsel – wenn auch in einem weniger aufsehenerregenden archäologischen Kontext –, findet sich an einem Hügel im südlichen Warwickshire in England. Brailes Hill ist ein langgezogener Höhenrücken, dessen höchsten Punkt ein neolithisches Langgrab krönt, zusätzlich betont durch eine vermutlich erst in jüngerer Zeit angepflanzte Baumgruppe. Auf den ersten Blick wirkt der Hügel nicht besonders auffällig, er ist jedoch aus verschiedenen Richtungen über weite Entfernungen hin sichtbar. Er ist im wahren Wortsinn eine Landmarke, insbesondere für die dort ansässigen Menschen, die mit der Landschaft vertraut sind. Unverkennbar waren auch diejenigen, die den neolithischen Grabhügel auf den Gipfel des Rückens platziert haben, gute Kenner der kuppigen Landschaft. Ja, mehr als das: Brailes Hill unterhält eine feinsinnig ausgetüftelte Beziehung zum King's-Men-Steinkreis, der zur acht Kilometer südlich des Hügels und rund 30 Kilometer nordwestlich von Oxford gelegenen Rollright-Megalithgruppe gehört. Die King's Men liegen dort auf einem in Ost-West-Richtung verlaufenden Hügelzug, genauer gesagt: ganz knapp südlich des Hügelkamms. Diese Lage ist insofern bemerkenswert, als der Brailes Hill von der Nordseite des Kreises relativ gut, von der Südseite (der ehemaligen Eingangsseite) des 30 Meter großen Kreises aber nur noch ganz knapp zu sehen ist. (Man kann das heute nicht mehr so gut nachvollziehen, weil inzwischen eine Landstraße – ein alter *Ridgeway* – am Kamm des Hügels verläuft und dicht an den Steinen vorbeiführt. Die Hecken zu beiden Seiten der Straße geben den Blick von den King's Men nach Norden nur im Winter frei, wenn das

Luftaufnahme des King's-Men-Steinkreises in Rollright. Der Norden befindet sich in der oberen linken Ecke des Fotos. Der Kreis liegt knapp südlich des Hügelkamms, den eine Landstraße, ein ehemaliger Ridgeway, markiert. Brailes Hill visiert man über diese Straße an.

Laub abgefallen ist.) Wäre der Steinkreis nur um ein Weniges weiter südlich errichtet worden, hätte man Brailes Hill vom ursprünglichen Eingang aus unmöglich sehen können. So aber scheint von dieser Position aus betrachtet das Brailes-Hill-Langgrab direkt auf dem King's-Men-Hügelkamm zu stehen; und wenn man nur wenige Meter den südlichen Abhang hinuntergeht, schlüpft es hinter der nahen Horizontlinie in die Unsichtbarkeit.

Das ist jedoch noch nicht alles. Dem Forscher ROY COOPER fiel auf, dass Brailes Hill genau im Norden des King's-Men-Kreises liegt – oder, um es ganz exakt auszudrücken: Der Steinkreis wurde offensichtlich minutiös auf dem von Brailes Hill nach Süden verlaufenden Meridian errichtet (COOPER 1979). In Anbetracht der Präzision, mit der bereits die optische Beziehung zwischen Kreis und Hügel arrangiert wurde, mag man hier nicht an Zufall denken. Außerdem entdeckte COOPER, dass die Verlängerung dieses Meridians nach Süden den Standort eines weiteren ehemaligen Steinkreises, dann einen stehenden Stein, Erdwerke auf einem Hügel und schließlich noch den White Horse Hill (»Hügel des weißen Pferdes«) in Berkshire schneidet, an dem das überdimensionale Kreidebild des berühmten weißen Pferds von Uffington prangt, dessen Entstehungszeit heute auf die Bronzezeit datiert wird. Mag hierbei vielleicht der Zufall mitgewirkt haben, so scheint doch zumindest die Verbindung zwischen Brailes Hill und den King's Men bewusst konstruiert worden zu sein. Der Hügel muss den Erbauern der Rollright-Anlage ebenso wichtig gewesen zu sein wie denjenigen, die dort oben das Langgrab errichteten. Sollte der King's-Men-Steinkreis an

Schematischer Plan des »linearen Friedhofs« von Kilmartin.

der bewussten Stelle die Bedeutung des Langgrabs auf dem Gipfel des Brailes Hill vielleicht unterstreichen? Vermutlich wurde er aber schon vor dem Grab aufgestellt, was darauf hindeuten würde, dass Brailes Hill schon immer eine immanente sakrale Qualität zugeschrieben wurde. Wie dem auch sei, wir finden hier dieselbe Fixierung auf die Nord-Süd-Achse wie im Zusammenhang mit Queen Maeve's Cairn auf dem Knocknarea und möglicherweise auch eine ähnliche symbolische Assoziation zwischen dem Tod und der Himmelsrichtung Norden.

Interessanterweise existiert im Dorf Brailes am Fuß des Hügels noch die Erinnerung an eine Tradition, nach der die im Dorf Verstorbenen auf einem bestimmten Pfad auf den Bredon Hill getragen und dort bestattet wurden. Bredon Hill ist ebenfalls ein auffälliges, alleinstehendes topografisches Merkmal mit prähistorischen Erdwerken, von Brailes aus in über 30 Kilometern Entfernung am westlichen Horizont als Landmarke sichtbar. Ein verbindender Pfad zwischen den beiden Hügeln ist nicht erhalten, und es scheint angesichts der erheblichen Distanz nicht sehr wahrscheinlich, dass ein solcher Begräbnisweg tatsächlich jemals existiert hat. Vielmehr dürfte die volkstümliche Überlieferung lediglich eine rudimentäre Erinnerung an eine anderweltliche Verbindung zwischen den beiden Orten mit dem Motiv des Todes vermischen. Die Geschichte wurde jedenfalls mündlich überliefert (Woodward 1988 und persönliches Gespräch), bis sie relativ spät von einem Volkskundler schriftlich festgehalten wurde (Bloom 1976).

Material aus der lokalen Folklore enthält bisweilen Kerne einer extrem alten Information – heute keine so abwegige Idee mehr, wo doch die Erbgutforschung inzwischen Hinweise liefert, dass sich die mitochondrische DNS beispielsweise der Bewohner einiger ländlicher Gegenden der Britischen Inseln bis zu den prähistorischen Skeletten ihrer Heimatregionen zurückverfolgen lässt (Barham et al. 1999). Offenbar sind einige Bevölkerungsstränge in ihrem regionalen Landstrich sehr viel tiefer verwurzelt, als bisher angenommen.

Ein weiteres Beispiel für einen Zusammenhang, der die Verbindung zwischen dem Thema Tod, einem prominenten Berg und der Himmelsrichtung Norden nahelegt,

Etwa im Zentrum des durch das Kilmartin-Tal verlaufenden »linearen Friedhofs« liegt der Cairn Nether Largie South. Ausgrabungen an diesem Gangrab förderten zahlreiche Artefakte, wie neolithische Töpferware, und eine große Anzahl gebrochener Quarzsteine zutage.

Blick nach Nordosten entlang der »königlichen Linie« des linearen Friedhofs von Nether Largie. Am Horizont erkennt man den pyramidenförmigen Gipfel des Dun Chonallaich.

ist der »lineare Friedhof« in der vorgeschichtlichen Kultlandschaft des Kilmartin Glen in der Grafschaft Argyll in Schottland, einem Ort mit einer reichen Bandbreite an Heiligtümern, den wir auf den Seiten dieses Buchs bereits des öfteren besucht haben. Der lineare Friedhof ist eines der Elemente jener rituellen Landschaft: Eine Reihe bronzezeitlicher Grabhügel ist ziemlich genau auf einer geraden Linie entlang der Talsohle in einer von Südwest nach Nordost verlaufenden Richtung angeordnet. Das *Alignment* beginnt an zwei verfallenen Stätten im Süden, dem Bruach an Druimein, wo man neben neun Steinzisten eine Halskette aus Jet-Perlen (Jet oder Lignit ist zu Stein mineralisiertes Holz) gefunden hat, und den Zisten von Rowanfield-Crinian Moss, die wie andere Anlagen möglicherweise einmal Teil eines Cairns waren. Als nächstes schließt sich das wesentlich besser erhaltene Ru-Cruin-Hügelgrab an (siehe Teil 2), gefolgt von den großen Haupt-Cairns von Nether Largie South, Mid und North. Den Abschluss bildet der Glebe Cairn (Butter 1999, Carr 1998). Man nimmt an, dass der südliche Nether-Largie-Grabhügel den Fokuspunkt für das etwa 3 Kilometer lange *Alignment* gebildet hat (RCAHMS 1999). Die Cairns des linearen Friedhofs dienten vermutlich als Ruhestätten für die sterblichen Überreste von Stammesfürsten oder -königen, was der Name *Ri Cruin* nahegelegt, der »Königskreis« oder »Königsversammlung« bedeutet. Waren die hier bestatteten Verstorbenen ganz offensichtlich Führungspersönlichkeiten, so sollte man nicht vergessen, dass zu einer solchen Rolle in der Regel auch religiöse Funktionen gehört haben, so dass sie wohl eher Priesterkönige oder Schamanenhäuptlinge waren. Der Gedanke liegt schon deshalb nahe, weil in Schottland zu keltischer Zeit eine starke Tradition des sakralen Königtums existierte – möglicherweise geht sie auf eine frühere und vielleicht ursprünglichere Variante dieser Herrschaftsform zurück.

Wenn man die Achse dieser »königlichen Linie« in nördlicher Richtung verlängert, schneidet sie zunächst den Dun na Nighinn, einem mit einer eisenzeitlichen Hügelburg gekrönten Felsrücken, und bald darauf Dun Chonallaich, ein Felsmassiv, das gleichfalls von einer (heute zerstörten) Burg aus derselben Epoche überragt wird. Dieser Felsengipfel ist insofern von Interesse, als er, vom Grund des Kilmartin-Tals aus betrachtet, als regelmäßig geformte Pyramide erscheint. Er ist zumindest ab Ri Cruin von jedem Punkt der »königlichen Linie« aus sichtbar. Wenn man auf der Linie steht und die Reihe der Nether Largie Cairns entlangschaut, tut man sich schwer bei der Vorstellung, die großen Monumente seien womöglich nur zufällig auf diese dominante Landmarke am Horizont hin ausgerichtet.

BERGE DER MUTTER

Das Studium sakraler Monumente in ihrer Landschaft kann gelegentlich eine unerwartete Wendung nehmen, die uns den Ideen, aus denen sich die Steinzeit-Mythologie speist, ein Stück näherbringt. Das ist nichts weniger als eine »Archäologie der vorgeschichtlichen Träume«.

Ein lebendiges Beispiel dafür führt uns an die südwestliche Küste Schottlands, genauer zur Halbinsel Kintyre und zwei vorgelagerten Inseln der Inneren Hebriden namens Islay und Jura, die beide fast 30 Kilometer vom Land entfernt im Nordkanal, dem Ausläufer der Irischen See,

Die schneebedeckten Paps of Jura, aufgenommen im Licht der Morgendämmerung eines Spätwintertags.

liegen. Wir beginnen mit der Steinreihe von Ballochroy, drei stehenden Steinen auf einem Hügelrücken über der westlichen Küstenlinie von Kintyre. Der mittlere Stein gehört zur Sorte der bereits erwähnten Spielkarten-Steine, seine schmale Seite deutet auf die See in Richtung der Insel Jura. Wer an der breiten, flachen Seite des Steins entlangvisiert, schaut genau auf den Ben Corra, einen Gipfel der als Paps of Jura bekannten Bergkette. Der Archäoastronom ALEXANDER THOM konnte die Orientierung dieser Visierlinie auf den Sonnenuntergang der Sommersonnenwende nachweisen (THOM 1967). An diesem Tag des Jahres versinkt die Sonne, von Ballochroy aus betrachtet, genau zwischen den Paps. Im ersten Teil wurde bereits erläutert, dass der Name *Paps* in den ehemals keltischen Ländern die weiblichen Brüste meint. Die Paps of Jura sind allesamt weich gerundet, und vor allem die beiden mittleren, eng benachbarten Hügel tun sich hier besonders hervor. Wie wir wissen, halten sich solche Namen oft über sehr lange Zeit. Wir können also ableiten, dass die Erbauer und Nutzer der Ballochroy-Anlage die Jura-Berge als Verkörperung der Erdmutter sahen, die an Mittsommer die Sonne in ihrem Busen aufnimmt. Doch hätten wir damit recht? Könnte es sich bei dieser vermeintlichen Verbindung von Bergkette, Megalithstätte und Namensrelikt nicht ebensogut um einen bloßen Zufall handeln? – Nein, in diesem Fall können wir sicher sein, dass wir es tatsächlich mit einer authentischen mythischen Information aus der Steinzeit zu tun haben, denn dieser Mythos kann durch eine einfache Triangulation belegt werden.

Zu diesem Zweck müssen wir uns auf die Insel Islay begeben, die in südlicher Nachbarschaft zu Jura liegt, und dort zum Loch Finlaggan, einem heiligen See. Woher wissen wir, dass er heilig war? Erstens, weil an seinem Ufer ein mächtiger Monolith steht. Zweitens, weil, vom See aus betrachtet, zwei Gipfel der Paps-of-Jura-Kette einsam und erhaben hinter einem vorgelagerten Kamm im Nordosten zu sehen sind – es ist schwer, den visuellen Eindruck auf den Betrachter angemessen in Worte zu fassen. Und drittens durch die Ausgrabungen am nordöstlichen Seeufer im Zusammenhang mit der archäologischen Dokumentarfilmserie Channel Four Television's Time Team.

Eine der ersten Untersuchungen im Rahmen dieses Projekts galt der Spitze eines Hügelchens namens Cnoc Seanndda. Dieser liegt zufällig genau auf einer Linie, die zwei Inselchen im Loch Finlaggan und die Paps of Jura ver-

Die Ballochroy-Steine: Zur Sommersonnenwende geht die Sonne hinter den Paps of Jura unter. (John Glover)

bindet. Die Grabung förderte Feuersteinknollen und -klingen zutage, die auf eine Nutzung des Orts während des Mesolithikums vor wenigstens 7000 Jahren hinweisen. Einige Steine ließen auch auf die Existenz einer mittlerweile eingestürzten, in den Hügel gebauten Kammer schließen. Die dort gefundenen Tierknochen dürften die Überreste eines rituellen Gründungsopfers sein.

An einer weiteren aufschlussreichen Untersuchung beteiligten sich einige von den Archäologen auf den Plan gerufene Experten für Geophysik, die mit ihren Geomagnetometern eine Reihe von Gruben oder Steinlöchern im Bereich des einzelnenstehenden Steins entdeckten, was auf eine ehemalige Steinreihe an diesem Ort schließen lässt. Dem abschließenden Befund des Forschungsteams zufolge war die Gegend um den Cnoc Seanndda eine »rituelle prähistorische Landschaft« gewesen, mit der Steinkammer im Zentrum sowie einer Steinreihe, die mit den Inselchen im See zur einen und den Paps of Jura zur anderen Seite ein *Alignment* bildete.

Es war daher gewiss kein Zufall, dass sehr viel später der See mit seinen kleinen Eilanden zum Sitz des Rats der Inselhäuptlinge wurde. Man hielt große Treffen auf den Inselchen ab, auf denen eine Festhalle und andere Gebäude errichtet wurden. Als südlichste Insel der Inneren Hebriden hatte Islay vermutlich eine Schlüsselstellung für die Seeverbindung zwischen Schottland und Irland inne; hier siedelten norwegische und gälische Stämme. Etwa ab dem elften Jahrhundert etablierte sich auf der Insel eine streitlustige Herrschaftslinie auf ihre Unabhängigkeit bedachter Fürsten, und seit dem 14. Jahrhundert war Islay das Zentrum eines praktisch autonomen gälischen Königreichs, der *Lordship of the Western Isles*. Finlaggan war Regierungssitz. Im Jahr 1493 setzte James IV. von Schottland dem ein Ende.

Es ist schon ein seltsames Gefühl, zwischen den Ruinen auf den Inselchen im Loch Finlaggan zu stehen, den Blick zu den Paps of Jura im Meer schweifen zu lassen und sich bewusst zu werden, dass dieser Ort schon seit mehr als sechs Jahrtausenden als wichtig und heilig gegolten hat. Zwei der natürlichsten sakralen Elemente der Landschaft – heilige Seen und heilige Berge – haben hier eine schrittweise Monumentalisierung erfahren. Das Zusammenspiel

Loch Finlaggan, seit 7000 Jahren sakrales Zentrum.

Oben: Der stehende Stein am Ufer von Loch Finlaggan.

Unten: Der spektakuläre Ausblick vom Cnoc Seanndda. Es waren die Brüste der Erdmutter von Jura, weswegen dieser Ort schon seit mesolithischen Zeiten als heilig galt. Der stehende Stein befindet sich rechts unten auf dem Feld.

der Naturschauplätze mit den sakralen Sichtverbindungen und den Monumentalbauten bildet eine Art Fossil einer steinzeitlich-mythischen Vision in der wunderbaren Landschaft der Inneren Hebriden.

VERLORENE HORIZONTE

Spätestens an dieser Stelle dürfte endgültig klar geworden sein, dass man als Besucher einer vorgeschichtlichen Anlage seine Augen – und seinen Geist – offen halten sollte, um auf unerwartete Einsichten gefasst zu sein. Doch Vorsicht: Wenn man seine Aufmerksamkeit zu sehr auf das nicht sofort Offensichtliche richtet, läuft man manchmal auch Gefahr, das Offensichtliche zu übersehen. Denn gerade die größten Geheimnisse liegen oft im Offensichtlichen verborgen.

Diese Lektion hat der Autor selbst Schritt für Schritt im Avebury-Komplex gelernt, einer Anlage etwas mehr als 30 Kilometer nördlich von Stonehenge. Dabei führte mich eine einfache Horizontlinie, die ich zufällig bemerkte, zu tieferen Einsichten.

Der Hauptkomplex der Megalithstätten von Avebury erstreckt sich über mehrere Quadratkilometer in der Landschaft von Wiltshire. Dazu gehört der große, umwallte

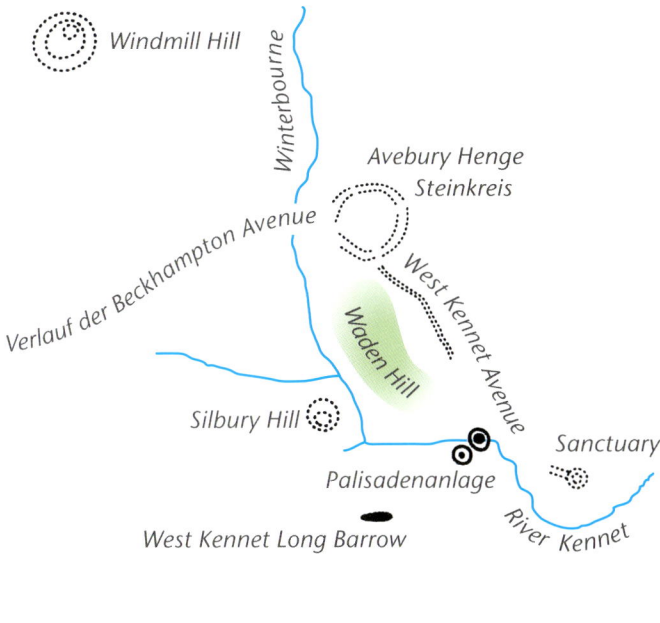

Vereinfachte Skizze der wichtigsten Stätten im Avebury-Komplex. Silbury Hill ist von sämtlichen verzeichneten Orten aus sichtbar, nicht jedoch von den meisten Abschnitten der Stein-Avenues. Moderne Straßen sind nicht eingetragen.

Steinkreis von Avebury, der größte Steinkreis weltweit. An den beiden gegenüberliegenden Eingängen durch den Wall schließen sich jeweils sogenannte Avenues an, »Steinalleen« von parallel aufgerichteten, knapp mannshohen Steinen. (Die östliche Kennet Avenue ist noch zum Teil erhalten, während die westliche Beckhampton Avenue erst durch jüngste archäologische Untersuchungen bestätigt wurde.) Die Kennet Avenue verband einst den Steinkreis mit dem sogenannten Sanctuary, einer Art rundem Tempelchen aus konzentrischen Holz- und später Steinkreisen. Wenige hundert Meter südlich der gigantischen Kreisanlage liegt die ebenso gigantische künstliche Stein- und Erdpyramide Silbury Hill, Europas größtes vorgeschichtliches Erdwerk. Weitere Überreste von megalithischen Steinsetzungen sowie eine Anzahl von Langgräbern, die allerdings kaum alle nur zu Bestattungszwecken oder für Begräbnisrituale gedient haben dürften (BARRETT 1994), liegen in dem großen Landschaftstempel verstreut. Ausgrabungen förderten auch die Fundamente einer größeren Umfriedung aus Baumstämmen zutage, die als Tempelbau interpretiert wird. Den gesamten Avebury-Komplex kann man vom Windmill Hill aus überblicken, der schon Schauplatz ritueller Zusammenkünfte war, lange bevor das erste Monument errichtet worden war. Der Bau der Anlage vollzog sich in vielen einzelnen Schritten über mehr als ein Jahrtausend, von etwa 3700 v. Chr. (als man die Langgräber wie den West Kennet Long Barrow errichtete) bis etwa 2500 v. Chr., als zuletzt der Wall und der große Steinkreis angelegt und womöglich die letzten Arbeiten am Silbury Hill abgeschlossen wurden.

Für das Verständnis des Avebury-Komplexes darf man freilich nicht dem *Single Site Syndrome* (siehe Einführung zu diesem Teil) verfallen und die einzeln über die Landschaft verteilten Monumente als voneinander separierte Stätten betrachten. Die Bauwerke sind vielmehr ganz bewusst in die natürliche Topografie der Gegend eingefügt worden. Und es wäre ein großer Fehler, den Wall und den großen Steinkreis als das Zentrum der Rituallandschaft Aveburys zu sehen. Viele Besucher erliegen diesem Eindruck, weil an dieser Stelle das Dorf mit seinen Läden, Museen und Restaurants liegt. In Wahrheit jedoch ist Silbury

Südwestlicher Bereich des Avebury-Henges. Man sieht den äußeren Wall, den Graben und einige Steine des Steinkreises, der um den inneren Rand des Grabens verläuft. Wall und Graben ergeben den eigentlichen »Henge«.

Blick vom West Kennet Long Barrow auf den Silbury Hill (links) und den benachbarten Waden Hill (rechts).

Hill das Herz der Anlage, und ich selbst habe einige Zeit gebraucht, um diese simple Tatsache zu akzeptieren. Der künstliche Hügel ist wahrhaftig ein faszinierendes Werk: Er wurde in mehreren Phasen auf dem Fundament einer flachen, natürlichen Erhebung bis zu seiner jetzigen Höhe von 40 Metern aufgeschichtet. Sein Gipfel ist flach und ähnelt einer Plattform; etwa fünf Meter unterhalb des Gipfelplateaus umläuft eine erodierte Stufe die ansonsten ungegliederten und gleichförmigen Seiten des Hügels. Lange Zeit hatte man ihn für einen besonders großen bronzezeitlichen Grabhügel gehalten, doch bei Ausgrabungen kam keine zentrale Grabkammer zum Vorschein, und seine Entstehungszeit musste auf die neolithische Periode zurückdatiert werden. Was man im Zentrum des Hügels hingegen fand, waren Grassoden, die zu Baubeginn umgedreht worden waren – nach fast fünftausend Jahren war das Gras noch immer grün. Zwischen den Grashalmen fanden sich Überreste fliegender Ameisen, woraus sich schließen lässt, dass die Arbeiten an Silbury eines fernen Sommers im Juli oder August begonnen worden waren. Ich habe an früherer Stelle schon angemerkt, dass diese Jahreszeit im keltisch-heidnischen Kalender als Lughnasad und im christlichen als Lammas bekannt war. Der Sinn des Hügels ist unbekannt, und seine Platzierung direkt neben Waden Hill, einem natürlichen Hügelrücken von praktisch gleicher Höhe, scheint zunächst widersinnig. Nach heutigem Denken würde jeder, der sich die Mühe machte, eine derart riesige Struktur zu errichten, Wert darauf legen, dass sie weithin sichtbar ist – wahrscheinlich würde er ohnehin einen erhöhten Ort wählen. Doch Silbury ist auf einem tiefliegenden Platz in der Landschaft angelegt und springt nur von bestimmten Orten des Avebury-Komplexes aus ins Auge, weil er im Osten von Waden Hill abgeschirmt wird.

Ich habe ziemlich lange gebraucht, um die so offensichtliche Beziehung zwischen dem Profil von Silbury Hill mit der dahinterliegenden Horizontlinie zu bemerken. Die Einsicht kam ganz plötzlich beim Blick nach Silbury vom West-Kennet-Langgrab aus. Von dieser Position betrachtet, bildet Windmill Hill die nördliche Horizontlinie, und diese schneidet das Profil des davorliegenden künstlichen Hügels genau in der Höhe der erodierten, umlaufenden Stufe unterhalb des Gipfelplateaus. Diese Beobachtung ist nur von der westlichen Spitze des Langgrabs aus möglich. Dazu muss erwähnt werden, dass eben dieser Teil des

Die Megalithfassade des West Kennet Long Barrows, Avebury.

Langgrabs eine Erweiterung darstellt, möglicherweise zur selben Zeit angelegt wie Silbury Hill.

Haben wir es wieder mit einer bewusst konstruierten Sichtlinie zu tun? Sie hätte eine visuelle Verbindung zwischen einem der ältesten Heiligtümer, dem West-Kennet-Langgrab, und dem bereits lange zuvor genutzten Windmill Hill betont und beide Stätten mit dem ehrfurchtgebietenden »neuen« Silbury-Monument verknüpft. Nach dieser Entdeckung wurden weitere Sichtverbindungen zur Erdpyramide von anderen wichtigen Orten in Avebury überprüft, vom East-Kennet-Langgrab, vom Sanctuary, vom Steinkreis und von einem weiteren Langgrab im Westen. Silbury war von all diesen Orten aus sichtbar, und jedesmal verlief die Horizontlinie durch das Profil des künstlichen Hügels, genauer gesagt, etwa in der Höhe zwischen Gipfelplateau und darunterliegender Stufe. Schaut man aus dem Avebury Henge von der Stelle, an der einstmals der größte, mittlerweile jedoch leider zerstörte Stein des Kreises – der sogenannte Obelisk – gestanden hatte, auf Silbury, so ist auch von dort aus nur das oberste Segment sichtbar, genau an der Stelle, wo der ferne Horizont und der im Vordergrund liegende Ausläufer des Waden Hills sich schneiden. Diese äußerst präzise Sichtverbindung ist so knapp kalkuliert, dass schon das Getreide kurz vor der Erntezeit oben auf dem Waden Hill ausreicht, sie zu blockieren. Das muss schon immer so gewesen sein, denn man weiß heute, dass auf diesem Hügel bereits in neolithischer Zeit Getreide angebaut wurde. Hier kann man eine Parallele ziehen zu der Tatsache, dass die Arbeit an Silbury Hill offenbar zur Erntezeit begonnen wurde. Womöglich stand die Erdpyramide in irgendeiner Verbindung zu Erntedankfeierlichkeiten und -ritualen – die Vorläufer von Lughnasad und Lammas? – oder vielleicht generell mit der Fruchtbarkeit der Erde.

Das oberste Segment von Silbury Hill musste demnach irgendeine besondere Bedeutung haben. Weitere Untersuchungen zeigten dann auch dessen Bewandtnis: Wenn man vom Gipfel des Silbury Hills ostwärts blickt, ist die ferne Horizontlinie nur knapp über dem höchsten Punkt der Kuppe des nahen Waden Hills sichtbar. Zur Zeit von Lughnasad und Beltane (die denselben Aufgangspunkt haben) sieht man die Sonne genau dort aufgehen. Wenn man sei-

Teleaufnahme des Silbury Hills von der westlichen Spitze des West Kennet Long Barrows aus: Der Windmill Hill bildet im Hintergrund die Horizontlinie. Diese Linie schneidet das Profil von Silbury Hill genau in Höhe der erodierten Stufe, die um die Spitze der großen Erdpyramide verläuft.

Blick Richtung Silbury Hill vom Standpunkt des Obelisken innerhalb des Avebury Henges: Die oberste Spitze Silburys ist zwischen Vorder- und Hintergrund gerade eben sichtbar.

IN AVEBURY GEHT DIE SONNE ZWEIMAL AUF

Oben: Blick nach Osten zu Lughnasad/Lammas vom Gipfelplateau des Silbury Hills. Der erste Schimmer der aufgehenden Sonne ist am fernen Horizont zu sehen, der als schwacher, dünner Streifen über der dunklen Masse des Waden Hills, der den Vordergrund einnimmt, liegt.

Unten: Wir sind auf die Stufe ca. 5 Meter unterhalb des Gipfelplateaus hinabgestiegen und haben wenige Minuten gewartet. Die Sonne scheint nun ein zweites Mal aufzugehen, diesmal direkt über dem Waden Hill. Der ferne Horizont ist bei unserem Abstieg hinter Waden Hill gerade genug verschwunden, um dieses Schauspiel zu ermöglichen.

nen Standort sofort danach etwas nach unten auf den östlichen Teil der umlaufenden Stufe verlegt, verschwindet der ferne Horizont hinter dem Rückens des Waden Hills, über dem nun wenige Minuten später die Sonne ein zweites Mal aufgeht. Silbury Hill wurde exakt bis zur richtigen Höhe aufgebaut, um den nahen und fernen östlichen Horizont so zu unterteilen, dass zu zeremoniell wichtigen Zeiten des Jahres ein symbolischer Doppel-Sonnenaufgang möglich wurde. Und noch ein weiteres, sogar noch eindrucksvolleres Meisterstück der rituellen »Show«-Dramaturgie lässt sich zu dieser Jahreszeit vom Gipfel Silburys aus beobachten: Ein Lichtschein strahlt von der Spitze des Schattens, den Silbury zu Sonnenaufgang wirft, in Richtung des westlichen Horizonts. Diesen Lichtbrechungseffekt kennt man als »Glorie«, er wird von den Tautropfen in den Feldern am Fuß des Hügels verursacht. Der psychologische Effekt dieses Phänomens weckt das Gefühl, als segne Silbury Hill das Getreide und das ganze Land.

Es scheint also, als ob Silbury genau am richtigen Ort, in exakt der richtigen Höhe errichtet wurde, um eine visuelle Nord-Süd-Verbindung zwischen dem West Kennet Long Barrow und Windmill Hill zu ermöglichen, den doppelten Sonnenaufgangseffekt im Osten zu inszenieren und, von den umliegenden wichtigen Stätten aus betrachtet, jeweils dieselbe Horizontlinien-Assoziation zu erwecken. Ein erstaunliches Beispiel sakraler Geografie. Interpretationen sind immer eine riskante Angelegenheit, aber in diesem Fall ist es wohl nicht allzu weit hergeholt, die Rolle von Silbury Hill als Vermittler zwischen der Fruchtbarkeit der Erde und dem Quell allen Lebens, der Sonne, zu begreifen – letztere verehrte man im alten Nordeuropa als Göttin Sunna. Vielleicht begriff man Silbury Hill auch als die Erdmutter selbst. Diese naheliegenden femininen Assoziationen werden von weiteren Symboliken innerhalb des Avebury-Komplexes gestützt, wie zum Beispiel von dem Vulva-Stein (siehe Teil 3) oder dem kleinen River Kennet, der nur etwa sechshundert Schritte südlich von Silbury verläuft. Dieser Bach speist sich aus der Swallowhead Spring, einer heiligen Quelle, die im Winter versiegt und von Frühling bis Herbst in Richtung Osten abläuft, dem Sonnenaufgang entgegen. Ihr Wasser galt noch im 17. Jahrhundert als etwas ganz Besonderes und wurde für lebens-

gen an den Tag legten. Das in den vergangenen Jahrzehnten gestiegene wissenschaftliche Interesse an der vorgeschichtlichen heiligen Geografie bezieht jedoch Scullys Werk mehr und mehr ein. Ein jüngerer Kollege hat diese neue Wertschätzung freundlich zum Ausdruck gebracht:

> *»Der Landschaftsarchitekt Vincent Scully besuchte die minoischen Paläste, stand in ihren zentralen Innenhöfen und schaute suchend in die Umgebung. Erst als er den Palast aus dieser Perspektive betrachtete, gelang es ihm in einem einzigen visionären Moment, gleichsam tiefe Schächte des Verstehens in das Bewusstsein und die Gesellschaft der Menschen, die die Anlagen 4000 Jahre vorher erbaut hatten, hinabzusenken.«* (Favaloro 1988)

Es kann eben lange dauern, bis die Menschen visionäre Momente zu integrieren beginnen.

Die erste Welle minoischer Paläste wurde in der Zeit zwischen 2000 und 1700 vor unserer Zeitrechnung gebaut. In den Jahrhunderten der Vorpalastzeit kamen Völker nach Kreta, die Kenntnisse in der Bronzeverarbeitung hatten, und beflügelten die Entwicklung einer gegenüber dem vorherigen neolithischen Standard deutlich fortgeschrittenen materiellen Kultur, die seit Arthur Evans den Namen »minoisch« trägt. Deren »alte Paläste« (wie sie akademisch klassifiziert werden), beispielsweise in Knossos, Phaistos und Mallia, waren Brennpunkte des Wohlstands, der ästhetischen Kultur und der Religion. Um das Jahr 1700 vor unserer Zeitrechnung zerstörte ein schweres Erdbeben die Bauten der Altpalastzeit, doch die Minoer errichteten auf den Ruinen rasch neue Anlagen. Abgesehen von einigen Fragmenten der alten Paläste sehen heutige Kreta-Besucher in erster Linie die Überreste jener Neupalastzeit genannten Epoche. Auch diese Orte bildeten wiederum Zentren des spirituellen und kulturellen Lebens der offenbar friedliebenden Minoer. Ihre Kultur währte bis etwa 1450 v. Chr., als auf rätselhafte Weise praktisch die gesamte Architektur der Insel vernichtet wurde. Eine der möglichen Ursachen könnte eine Naturkatastrophe wie die verheerende Explosion der nördlich von Kreta gelegenen Vulkaninsel Thera (heute Santorin) gewesen sein. Die mykenischen Griechen zogen ihren Vorteil aus der darauffolgenden Orientierungslosigkeit und etablierten sich auf Kreta. Nur Knossos wurde wiederaufgebaut und avancierte schließlich zum Sitz der mykenischen Macht. Die Kultur der Insel erhielt einen neuen, eher militärischen Anstrich, und die minoische Zivilisation erlosch in kürzester Zeit. Allerdings integrierten die Mykener gewisse kulturelle und religiöse Vorstellungen der minoischen Kultur, so dass diese Einflüsse schließlich ihren Weg auf das griechische Festland fanden.

Wir wissen wenig Genaues über die minoische Hochkultur, wobei wir das meiste Wissen aus den archäologischen Überresten jener Zivilisation abgeleitet haben, in erster Linie von Funden an den Palästen. Die Hinweise deuten auf einen Kult der großen Göttin; ein minoisches Siegel zeigt die Darstellung der Göttin, wie ihr in Begleitung von wilden Tieren auf einer Bergspitze gehuldigt wird: der Herrin der Berge, der Gebieterin über die wilden Kreaturen. In der Bildersprache lag ein Schwergewicht auf dem Motiv des Stiers; vor allem seine Hörner scheinen von besonderer Bedeutung gewesen zu sein. Nicht nur das berühmte Wandgemälde von Knossos, das eine Stiersprung-Zeremonie oder -Vorführung zeigt, deutet darauf hin. Auch überall sonst auf der Insel haben die Archäologen steinerne

Die berühmten Weihehörner von Knossos auf Kreta.

Kreta: Von den zahllosen Figurinen mit erhobenen Armen ist diese von besonderem Interesse: Wegen der Mohnschoten an ihrem Stirnband ist sie als Mohn-Göttin bekannt. Gefunden wurde sie in einer Art bronzezeitlicher »Opiumhöhle«. Heute steht sie im Museum von Heraklion.

»Weihehörner« in verschiedenen Größen und Ausformungen gefunden. Offenbar wurden diese Hörner auf Mauern und andere gut sichtbare Stellen der Paläste gesetzt. Auch auf dem besagten Siegelabdruck sehen wir im Hintergrund einen von Weihehörnern gekrönten Wall. Wie ein allem zugrundeliegender Rhythmus taucht das Hornmotiv in verschiedensten Variationen in der minoischen Kunst auf. Unzählige Figurinen zeigen Göttinnen oder Priesterinnen in einer Pose mit erhobenen Armen. Diese Form wird unterstrichen durch den Schnitt der Mieder der barbusigen Darstellungen, durch die Schlangen, die sich in ihren Händen in entsprechenden Formen winden, oder auch durch das Doppelaxt-Symbol, das Markenzeichen der minoischen Kultur. Die Doppelaxt, auch als *Labry* bezeichnet, kommt im gesamten Einflussbereich der minoischen Kultur sowohl in Form konkreter steinerner oder metallener Werkzeuge, als auch in Darstellungen auf Figurinen, getöpferten Gefäßen und anderen handgefertigten Gegenständen sowie hochstilisiert als Element in der Architektur vor. Stierhörner, Brustausschnitte, Gestik, Labrys – worum ging es bei dieser Grundform? Was hatte sie zu bedeuten?

Die an den minoischen Weiheorten vollzogenen Riten scheinen sich aus den heiligen Naturplätzen, die man auf Kreta seit unzähligen Generationen aufgesucht hatte, entwickelt zu haben. Auf Gipfelheiligtümern und in heiligen Höhlen finden wir minoische Bauwerke. Als logische Konsequenz wurden architektonische Nachbildungen der Höhlen und Tropfsteine in den Säulenkrypten der Paläste wiedergegeben, was wir im zweiten Teil bereits diskutiert haben. Es scheint, als sei die Religion der Minoer ein lediglich ausgeschmückter und formalisierter Strang sakraler Tradition gewesen, der weit in die ferne Vorgeschichte der Insel reichte. Es war SCULLY, der als erster den Ausdruck dieser Verbindung mit der Vergangenheit in der Platzierung und Ausrichtung der Paläste erkannte. Die Form des Gehörns, so bemerkte er, war seit allen Zeiten in der Landschaft präsent: in den Zwillings-, Sattel- und Felsgipfeln

Eine der größeren Bronze-Doppeläxte, die bei Knossos gefunden wurden. (Heute im Museum von Heraklion)

der kretischen Berge – den heiligen Gipfeln der Inseln, wo man Kulthandlungen vollführte, und deren Abhänge die heiligen Höhlen beherbergten, in denen wiederum Stalaktiten und Stalagmiten die natürlichen Vorbilder des minoischen Kalksteinsäulenkults abgaben. SCULLY erschien es offensichtlich, dass die Paläste zu den heiligen Gipfeln in Beziehung standen, in einigen Fällen auch zu niedrigeren Hügeln, deren konische oder runde Formen an weibliche Brüste denken ließ – eine Assoziation, die, wie wir gesehen haben, nicht auf Kreta beschränkt war.

Die weitere Forschung bekräftigte seine These, denn Ausgrabungen enthüllten an den Standorten der Paläste bereinigte und manchmal gepflasterte Bereiche, die dort vielleicht schon ein Jahrhundert vor den Tempeln angelegt worden waren. SCULLY bemerkte, dass die späteren Bauwerke oft auf die zerklüfteten, hornähnlichen Felsgipfel ausgerichtet waren. In Knossos etwa öffnet sich der zentrale Innenhof in südlicher Richtung zum Berg Juktas mit seinem konischen und schroffen Felsengipfel. Blickt man zur südlichen Seite des Hofs, scheint es, als würden die dort platzierten großen Weihehörner den heiligen Berggipfel einrahmen. Ähnlich ist auch der Innenhof des Palasts von Phaistos auf den Sattel des Ida (Psiloritis) mit seiner riesigen, heiligen Kamares-Höhle ausgerichtet. In Mallia steht der Palast direkt am Fuß des Dikti-Massivs, das die Geburtshöhle des Zeus beherbergt. Die im Osten

Der zentrale Hof des minoischen Palasts Phaistos blickt direkt auf den wolkenverhangenen Doppelgipfel des Ida (Psiloritis).

der Insel gelegene minoische Stadt Gournia erstreckt sich über einen im Tal gelegenen Hügelrücken. Der dortige kleine Palast blickt auf ein Hügelpaar, das deutlich an Brüste erinnert. Ihr Anblick brachte SCULLY zu der Bemerkung, man könne sich in Gournia »des Eindrucks nicht verwehren, dass man hier die Menschen als Kinder, die auf dem Leib ihrer Mutter liegen, begriffen haben muss. Dort liegen sie eingeschlossen von ihren Armen im dunklen Schatten ihrer Brüste.« Auf der anderen Seite des Tals, weit entfernt im Nordwesten, ist der gespaltene Gipfel des Dikti zu erkennen.

Bemerkenswerte Beispiele ähnlicher Tempel-Berg-Beziehungen auf dem griechischen Festland umfassen die Tempel auf den heiligen Höhen der Akropolis in Athen sowie den Tempel der eleusischen Mysterien. Von der Akropolis aus, auf der man das Bildnis der Erdgöttin Gaia sowie die Überreste einer mykenischen Zitadelle gefunden hat, blicken die klassischen Tempel des Parthenons und ihre Begleiter nach Osten auf den hornförmigen Sattel des Hymettos, von dem SCULLY annahm, er sei der erstrangige Berg der attischen Region gewesen. Die frühen Versionen der Tempelbauten für die Göttin von Athen, Athene Polias, waren direkt auf den Hymettos orientiert. In Eleusis erhebt sich die markante, steile Felsspitze des Kerata (»Hörner«)

In eine Säule graviertes Labry in der Säulenkrypta von Mallia.

Auf diese wie Brüste geformten Hügel unmittelbar südöstlich von Gournia ist der Palast der mionischen Stadt orientiert.

über den Horizont, während die Querachse des Telesterions, des Haupttempels der eleusischen Initiationsriten, auf einen Sattel im Hügelzug der Insel Salamis, kurz vor der Küste, zuläuft.

Insgesamt hat SCULLY rund 150 griechische und kretische Tempelanlagen untersucht und bei den meisten die in den genannten Beispielen anklingenden Landschaftsbeziehungen in der einen oder anderen Form finden können. Dass es hier Unterschiede und Variationen gab, passt in den Rahmen des Götterkonzepts, wie es in klassischen Zeiten und sicherlich bereits früher die Norm war: Obwohl eine ganze Kultur eine Gottheit mit dem gleichen Namen nannte, manifestierte sie sich doch konkret als Ortsgottheit. Es gab einerseits ein universales Prinzip, beispielsweise von Athene, und an jedem Ort prägte sich das Prinzip in einer konkreten lokalen Form aus, wie die erwähnte Athene Polias als Stadtgöttin Athens. Analog dazu mag zwar die Architektur eines Tempels grundsätzlich auf universale Themen zurückzuführen sein, am gegebenen Ort jedoch befindet er sich immer im intimen Dialog mit der ihn umgebenden Landschaft. Stets bestimmte die Landschaft letztlich die Form und Ausrichtung eines Tempels.

Mit Blick auf die zerklüfteten, hornförmigen Gipfel hatte SCULLY den Eindruck, dass

»... ihr Profil im Wesentlichen dem eines Hörnerpaars gleicht, manchmal jedoch auch an erhobene Arme, das weibliche Organ oder sogar an manchen Orten an Brüste denken lässt.« (SCULLY 1979)

Somit war es auch hier die Landschaft, die das Bewusstsein der Minoer formte und die Symbolwelt ihrer Religion hervorbrachte.

GEBAUTE BERGE

Obgleich weit entfernt und in einer ganz anderen Zeit als die alten Griechen lebend, haben auch die Tempelbaumeister Mittel- und Südamerikas ihre Architektur in Resonanz zur Landschaft geschaffen. Sie errichteten symbolische Abbilder der Höhlen, Gewässer und insbesondere der Berge in der bereits geheiligten natürlichen Landschaft ihrer Heimat. In dem für Kulthandlungen vorbehaltenen Zentrum der uralten Stadt Tiahuanaco, hoch in den Anden des modernen Boliviens, befindet sich die Akapana, eine von einem Wassergraben umgebene Stufenpyramide. Wir haben bereits im zweiten Teil erfahren, dass sie eine Nachbildung der heiligen Sonneninsel, dem mythischen Ursprungsort des Volks der Inkas im nahen Titicacasee ist. Doch die Symbolik reicht noch weiter. Der zur Akapana-Pyramide gehörige zeremonielle Komplex ist deutlich an einer Ost-West-Achse ausgerichtet; damit würdigt sie an den Äquinoktien den Sonnenaufgang über den drei Gipfeln des Illamani im Osten sowie den Sonnenuntergang über dem Titicacasee im Westen. Nur von der Spitze der

Dieses Ornament fand man auf einer mykenischen Vase. Es vereint das Motiv der Stierhörner, der Weihehörner und der Doppelaxt (Labry). (Arthur Evans, 1901)

siebzehn Meter hohen Akapana-Pyramide sind sowohl die Berge als auch der See zugleich sichtbar. Die ursprüngliche Außenhaut der Stufenpyramide bestand aus grünen Flusskieseln, die man aus den Bächen der Quimsachata-Berge im Süden herangeschafft hatte. Der Archäologe ALAN KOLATA begriff, dass dieses Material sowohl das Wasser als auch die Berge symbolisierte und somit die Akapana selbst ein Modell für einen Berg war – für einen heiligen Berg. KOLATA entdeckte auch ein Regenwassersystem: Einst sammelte sich das Regenwasser auf der heute eingefallenen Gipfelplattform der Pyramide und floss im Inneren des Bauwerks durch ein sorgfältig angelegtes Entwässerungssystem sowie auch außerhalb über seine Terassen ab – wie Wasser einen echten Berg herabfließt. Bei außergewöhnlich heftigen Regenfällen könnte dies ein dunkles, grollendes Geräusch erzeugt haben, das den Widerhall des Donners in den fernen heiligen Bergen nachahmte.

Das Volk der Olmeken war die älteste bekannte Zivilisation des prähistorischen Mexikos, es erreichte den Höhepunkt seiner Macht zwischen den Jahren 1000 und 600 vor unserer Zeitrechnung. Ihr heiliger Berg, ihr mythischer Schöpfungsort, war der mächtige Vulkan von San Martin Pajapan im Tuxtla-Gebirge an der Golfküste von Veracruz. Dieser Vulkankegel erhebt sich über die umliegenden Gipfel und dominiert die gesamte Gegend um den heiligen See von Catemaco. Im Jahr 1897 fand man zwischen zwei Gipfeln auf dem Vulkankrater die lebensgroße Statue eines Olmekenfürsten, der kniend den Stamm des Weltenbaums umfasst. In La Venta, einem ihrer größeren Siedlungszentren, bauten die Olmeken aus lokalem Lehm ein riesiges Abbild des Vulkans. Für ein möglichst realistisches Ebenbild riffelten sie selbst seine Flanken. Genau genommen war dieser Modellberg die erste mittelamerikanische Pyramide. Sie war Teil eines Ritualkomplexes, der in Analogie zu einer natürlichen sakralen Landschaft angelegt war.

Eine andere frühe mittelamerikanische Zivilisation errichtete vor rund 2000 Jahren die große Zeremonialstadt Teotihuacan im Tal von Mexiko. Wir wissen heute wenig über diese Menschen, aber ihre Architektur beweist, dass auch sie Berge nachgebaut haben. Die in Nord-Süd-Richtung verlaufende Hauptachse von Teotihuacan wird von einem schnurgeraden Zeremonialweg markiert, der heute

Die breite, axiale »Straße der Toten« von Teotihuacan in Mexiko läuft auf die Mondpyramide zu, die vom Cerro Gordo eingerahmt wird, dem heiligen Berg der Stadtbewohner.

als »Straße der Toten« bekannt ist. Der Weg läuft direkt auf die Mondpyramide zu, deren Profil die Kontur des hinter ihr liegenden heiligen Bergs Cerro Gordo verdichtet. Wenn man von der Spitze dieser Pyramide zu der noch größeren Sonnenpyramide der Stadt zurückblickt, scheint diese ebenfalls die Kulisse eines hinter ihr liegenden Bergs nachzuahmen (siehe Abbildung gegenüber dem Innentitel des Buchs). Aus der Gestalt ihrer gewaltigen Symbole, die sie hinterlassen haben, können wir ablesen, wie wichtig Berg und Höhle für die Schöpfer und Bewohner von Teotihuacan gewesen sein müssen.

Die Mayakultur etablierte sich in den letzten vorchristlichen Jahrhunderten und erreichte ihren Höhepunkt in der Zeit zwischen 300 und 900 nach Christus. Wie die Olmeken bauten auch die Mayas Pyramiden als Abbilder von heiligen Bergen und verehrten sie als solche. Den Mayapyramiden sind jeweils sogenannte *Plazas* zugeordnet, große freie Plätze, die symbolisch für einen See stehen; das alte Wort *nab* bedeutete in der Mayasprache sowohl »Platz« als auch »große Wasserfläche«. Die Stufenpyramiden auf den Hauptplätzen der Zeremonialstädte der Mayas repräsentieren daher den »ersten wahren Berg«, der sich aus den Urgewässern erhebt – den Ort, an dem sich die Schöpfung vollzogen hat (FREIDEL et al. 1993). Das Innere einer Stufenpyramide wurde als symbolische Höhle gedacht, als Eingang in die Unterwelt; gleiches gilt auch für die Tempel auf den Pyramidengipfeln (BRADY und ASHMORE 1999).

Auch die Azteken, die sich bei der Ankunft der Spanier auf dem Höhepunkt ihrer Macht befanden, führten die alte mittelamerikanische Tradition der künstlichen heiligen Berge fort. Ihre Hauptstadt Tenochtitlan, die heute unter dem modernen Mexico City liegt, errichteten sie auf einer Insel im Sumpfgelände des Texcocosees im Tal von Mexiko. Im Herzen der alten Stadt lag ein Sakralbezirk mit einem ehrfurchtgebietenden Tempelkomplex, der heute zum Teil ausgegraben ist. Man kann seine Ruinen neben dem zentralen Marktplatz von Mexico City sehen. Die große Pyramide innerhalb des ehemaligen Tempelkomplexes beherbergte auf ihrer obersten Plattform zwei Schreine, von denen einer dem Regengott Tlaloc und der andere dem Kriegsgott Huitzilopochtli geweiht war. Um Tlaloc zu huldigen und anzurufen, musste man einen Berggipfel besteigen. Diese Assoziation rührt aus der Beobachtung her, dass sich an Bergen Wolken sammeln und der Berg gewissermaßen den Regen »macht«. Im Bewusstsein der Azteken waren Berge verkleidete Regenbehälter. Die große Pyramide von Tenochtitlan, der Templo Mayor, verkörperte den *atl-tepetl*, den »Wasser-Berg«. Der Aztekenforscher RICHARD TOWNSEND hat im Detail herausgearbeitet, dass die Pyramide mit ihren Schreinen modellhaft den Tlaloc-Berg und den Tetzcotzingo darstellte, beide in relativer Nähe östlich von Mexico City gelegen, in aztekischer Zeit also nahe Tenochtitlan. Wie schon an früherer Stelle bemerkt, finden wir auf jenen Gipfeln Petroglyphen, Überreste von Tempelumfriedungen und Zeremonialwegen, in den Fels gehauene Wasserbassins und weitere Indizien, die

Das sogenannte Castillo in Chichen Itza. Die mächtige Stufenpyramide, deren Ecken auf die Auf- und Untergangspositionen der Sonne zu den Sonnenwenden weisen, ist ein Tempel-Berg – genauer: der »Schöpfungsberg«. Der große, ebene Platz, auf dem er steht, symbolisiert die Urgewässer der Schöpfung.

sie als Schauplätze wichtiger Zeremonien ausweisen. Tatsächlich standen die Rituale im Tempelbezirk von Tenochtitlan in Zusammenhang mit zeitgleich ausgeführten Kulthandlungen auf dem Tlaloc-Berg (TOWNSEND 1993).

DAS REINE LAND

Auch die frühen Buddhisten lebten inmitten ihrer heiligen Geografien. In diesem Buch war bereits die Rede von Himalaya-Landschaften, in denen Simulakra – Formen, die an Menschen oder Tiere erinnern – einen bedeutenden Aspekt der sakralen Geografie bilden. TONI HUBER schreibt darüber: »Ein Pilger, der auf den ersten Blick nur auf eine Felsgruppe zu starren scheint, befindet sich möglicherweise mitten im Prozess einer anspruchsvollen Landschafts-Interpretationsübung« (HUBER 1994). Und ELISABETH STUTCHBURY schreibt:

> *»Die Landschaft von Karzha [Lahul, Himachal Pradesh] hält man zugleich für machtvoll als auch für ermächtigend. Wir könnten dies vielleicht anhand der Vorstellung von einer ›sakralen‹ Geografie, die durch die profanen geografischen Bestandteile der Landschaft hindurchdringt, interpretieren. Außerdem sieht man den Prozess der Heiligung der Landschaft unmittelbar in Zusammenhang mit den in der Meditation freigesetzten Kräften der praktizierenden Yogis. …*
> *Dieser Vorstellung zufolge verwandelten die Yogis von Karzha mit Hilfe tantrischer Praktiken des tibetischen Buddhismus gewöhnliche geografische Formen wie Flüsse, Höhlen, Felsen und Berge, den Makrokosmos, in ›heilige‹ Orte, die gemeinsam eine begrifflich als Mandala erfasste ›heilige‹ Geografie ergeben.«* (STUTCHBURY 1994)

Kurz: Hier wurde eine *Mindscape* (»Bewusstseins-Landschaft«) auf die physische Landschaft projiziert; das himmlische »reine Land« der buddhistischen Theologie hat sich hier auf Erden verwirklicht.

Es gab allerdings im frühen Buddhismus kein singuläres, eindeutiges Konzept für eine heilige Geografie, und so finden wir an den einzelnen Orten jeweils unterschiedliche Ausformungen. Dennoch ist GINA BARNES insbesondere auf einen bestimmten signifikanten Aspekt aufmerksam geworden: die von Afghanistan über Nordchina und bis nach Korea verbreiteten großformatigen Steinskulpturen und Halbreliefs an Klippenwänden und Felsblöcken in den Bergen. Diese aus dem Fels geschnittenen Bildnisse haben »die sichtbare natürliche Landschaft für immer verändert; ab diesem Zeitpunkt wandelte sie sich von einer natürlichen in eine anthropogene Landschaft mit bestimmten symbolischen Inhalten« (BARNES 1999). Die größeren unter ihnen, wie etwa die gewaltigen Buddhastatuen von Bamiyan in Afghanistan (im März 2001 von radikalen Taliban zerstört), waren über eine Entfernung von mehreren Kilometern sichtbar. Indem man Anlagen mit vielen solcher Skulpturen errichtete, wurden ganze Gegenden für heilig erklärt, und wenn deren Standorte untereinander Sichtverbindungen hatten, verwandelte sich auch der dazwischenliegende Bereich in ein heiliges Land. BARNES hat zwei besonders charakteristische buddhistische Landschaften im östlichen Asien untersucht, zum einen die Region Haitangshan bei Fuxin in der nordostchinesischen Provinz Lianing, zum anderen die Namsan-Bergregion in Südostkorea. Bei beiden handelt es sich um Tempelkomplexe in einer Berglandschaft, in denen eine Reihe buddhistischer Skulpturen stehen. Sie sieht beide Beispiele als Resultat der Vermischung des Konzepts eines axialen Weltenbergs aus der buddhistischen Kosmologie mit dem chinesischen Volksglauben über heilige Berge.

Der erste heilige Platz auf dem Haitangshan war eine Höhle, die von einem tantrischen Mönch aufgesucht worden war. Aus diesem Anfangsimpuls erwuchs mit der Zeit auf dem Berg eine ganze buddhistische Geografie. Einer Legende zufolge sollen in der frühen Qing-Dynastie (1644–1912) die Repräsentanten eines Prinzen, angeführt von dem Einsiedlermönch und anderen Ortskundigen, den Standort für den zweitgrößten Tempel der Region bestimmt haben, wobei sie verschiedene Divinationstechniken wie Feng Shui und die Interpretation bestimmter Felsformen anwendeten. Dies war der Pu'an-Tempel, der heute nicht mehr existiert. Im Umkreis des Tempels finden sich Felsbrocken, aus denen Buddhastatuen herausgearbeitet wurden, ebenso Bildwerke von Bodhisattvas, Schutzgottheiten und heiligen Kriegerheroen. Zwischen ihnen stehen unbehauene Steine, deren Form an Tiere oder Gegenstände erinnert – es gibt einen »Schildkrötenstein«, einen »Bergadlerstein« und den »Felsen des zusammengerollten Drachen«. Der gesamte Komplex, der über den Zeitraum von zwei Jahrhunderten beständig wuchs, nimmt einige Hektar der Berghänge in Anspruch und besteht aus insgesamt 26 größeren Gebäuden, acht Kilometern Gebetspfaden und 200 behauenen Felsbrocken.

Eine noch viel weiträumigere heilige Landschaft ist um die geheiligten Gipfel von Namsan (»Südberg«) an der südlichen Grenze der Kyongju-Ebene angelegt. Namsan ist ein stark gegliedertes Bergmassiv mit vielen Tälern und Hängen. Seit dem sechsten Jahrhundert zählt es zu den heiligen Orten der Buddhisten, doch war es bereits zuvor eine sakrale Landschaft. Hier haben Schamanen Regentänze aufgeführt. Man findet Megalithbauten wie Dolmen aus dem ersten Jahrhundert vor unserer Zeitrechnung. Einige Funde lassen vermuten, dass es auf dem Namsan diverse Opferplätze für Naturgeister gab, und so überrascht es nicht, dass die Buddhisten die Region als Heimstatt vieler Buddhas und Bodhisattvas ansahen. GINA BARNES sieht einen Grund für die Anziehungskraft des Bergs und seine epochenumspannende Funktion als spirituelles Zentrum in den vielen Granitblöcken auf seinen Hängen, die »an Tiere und Gegenstände denken lassen«:

> »Besonders im Yongjang-Tal wimmelt es geradezu von diesen figürlichen Felsen, die dort Namen tragen wie wilder Tiger, Löwe, großer Bär, alter Mann, Eber, Katze, Python. Es gibt sogar einen Kot-Felsen – benannt nach dem natürlichen Produkt all dieser Lebewesen.« (BARNES 1999)

Nach besonderen Felsen Ausschau zu halten, gehörte zu einer Standort-Divinationsmethode, die man in Haitangshan praktizierte. Solche Praktiken waren im Altertum wesentlich verbreiteter als der Buddhismus. Das Namsan-Massiv beherbergt mehr als 100 Tempel, von denen die meisten bereits archäologisch erforscht wurden, außerdem 63 Pagoden und etwa 90 Felsskulpturen, deren Bandbreite von Hoch- und Tiefreliefs bis zu stehenden und liegenden Buddhastatuen reicht. Das größte dieser Kunstwerke ist der sieben Meter hohe, sitzende Buddha Sakyamuni im Smaneung-Tal.

Von Schamanen und Königen

Auch Gesellschaften, in denen der Schamanismus oder seine strukturiertere Variante, das sakrale Königtum, eine wesentliche Rolle spielten, projizierten ihre *Mindscapes*, die innere Landschaft ihres Bewusstseins, auf die physische Landschaft.

EINE LANDSCHAFT FÜR DEN KÖNIG

Die Landschaft des alten Ägyptens war geradezu prädestiniert für die Entwicklung einer symbolischen oder sakralen Landschaft. Der Nil hat auf seinem Lauf durch die Wüste zum Mittelmeer eine Flussoase entstehen lassen, eine fruchtbare Flutebene, in der die Zivilisation wachsen und gedeihen konnte. Doch der plötzliche Übergang zwischen dem fruchtbaren Boden – *kmt*, dem »schwarzen Land« – und der immerwährenden Wüste – *dsrt*, dem »roten Land« – war damals wie heute dramatisch. Im Osten wie im Westen türmte sich die Wüstenlandschaft zu Hügeln, Klippen und fernen Bergzügen auf – ein wildes, unbezähmbares Reich. In der westlichen Wüste starb jede Nacht die Sonne, und so galt diese Region bei den alten Ägyptern als Reich der Toten. Das oberste Prinzip des ägyptischen Lebens bestand in der Aufrechterhaltung der natürlichen Ordnung. Die Forscherin JANET RICHARDS sieht dies vor allem »in der Entwicklung, der Bedeutung und der Nutzung von ausdrücklich heiligen Landschaften« verwirklicht. Diese Haltung ist seit dem dritten vorchristlichen Jahrtausend in den Schriften der dort ansässigen Völker dokumentiert.

Die Ägypter hatten, genau genommen, kein Konzept, ja nicht einmal ein Wort für »Landschaft«, vielmehr integrierten sie die besonderen Orte, die sie in der Landschaft erkannten, in ihre wichtigsten religiösen Überzeugungen. Ein Beispiel gibt uns die markante Bergspitze gegenüber von Luxor, dem ehemaligen Theben, die das Tal der Könige überragt. Sie trug verschiedene Namen, darunter »Gebieterin des Westens«. In ägyptischen Papyrusschriften erscheint der Berg mit der Symbolik der Kuh-Göttin Hathor

Der Berg von Theben, die »Gebieterin des Westens«, erhebt sich über die große Nekropole (Totenstadt) im Tal der Könige.

belegt. Der Berggipfel von Theben war die Proto-Pyramide, sie galt, wie die später nach ihrem Vorbild erbauten Monumente, als primordialer Berg der Schöpfung, der sich aus den Urfluten erhob – ein Schöpfungsmythos, der demjenigen der Mayas durchaus ähnlich ist, vermutlich aufgrund seiner archetypischen Natur. Diese Integration von Naturelementen in ihre Kosmologie war für die alten Ägypter einer der Wege, die Ordnung in das Chaos der Wildnis zu bringen versprachen. Ein anderer war der Bau von architektonischen sakralen Landschaften, die auf die natürliche Umwelt und auf die kosmologischen Prinzipien, die wiederum die Wahrnehmung der Natur prägten, verwiesen. JANET RICHARDS bemerkt, dass vor der Periode des Neuen Reichs großer Aufwand mit der »Schaffung wirkmächtiger Ideenlandschaften in der Wüstenebene« getrieben wurde, insbesondere wandte man seine Aufmerksamkeit nach Westen, um »die wasserlose, unberechenbare Sahara zu zähmen«. Die heiligen Orte, die sich in der Wüste etablierten, seien »zum größten Teil Totenlandschaften« gewesen, »entsprechend den Glaubensvorstellungen und Praktiken in Bezug auf die Bestattung von Toten angelegt. ... Diese Landschaften waren in ihrer Funktion gleichbedeutend mit den Tempeln« (RICHARDS 1999).

RICHARDS kommt zu dem Schluss, es seien die topografischen Eigenschaften gewesen, die dazu führten, dass Orte in der Wüste als »konzeptuelle Landschaft« ausgesucht und gepflegt wurden. Als Beispiel zieht sie Abydos heran, eine riesige Anlage aus Tempeln, Friedhöfen und königlichen Einrichtungen westlich des Nils in einem flachen, halbkreisförmigen Wüstenausläufer, der sich von der Grenze der fruchtbaren Flutebene bis zu einer weiten, von steil aufragenden Klippen eingefassten Bucht hinzieht. Die Steilwand wird von einem seichten Wadi (ein Trockental in der Wüste) durchbrochen, so dass mit dieser Lücke ein zeremonieller Zugang in die Ebene entsteht: ein Tor zur Anderswelt. »Etwa um 3100 v. Chr. beanspruchten die ersten Könige des politisch geeinten Ägyptens die Kontrolle über dieses ›Anderswelt-Tor‹, indem sie ihre eigenen Grabmäler am südlichen Ende eines bereits bestehenden Elitefriedhofs anlegten«, schreibt RICHARDS.

Diese Grabmäler hatten eine Art Hintertürchen, die auf die Lücke in den Klippen, das Tor zur Anderswelt, ausgerichtet waren. Für die Könige war diese majestätische und theatralische Kulisse ideal für die Inszenierung ihrer »politisch-rituellen Veranstaltungen«, wie RICHARDS es ausdrückt. Ihre kontinuierliche Anwesenheit als Lebende wie als Tote machte sie zu symbolischen Torwächtern des Totenreichs. Sieben Jahrhunderte lang diente der Komplex auf diese Weise, bis die königlichen Totenstätten nach Sakkara verlegt wurden. Dennoch währte die Nutzung jener heiligen Landschaft noch weitere tausend Jahre.

Das seltsame Osireion von Abydos, angeblich erbaut von Seti I., liegt hinter dem Seti-Tempel. Die massive Granitstruktur der Anlage ragt heute nur zur Hälfte aus dem Sand und dem steigenden Grundwasserspiegel.

Um ein weiteres, ganz anders Beispiel für königliche Landschaften heranzuziehen, verlegen wir uns in das heidnisch-keltische Irland. Ein Fokus der keltischen Kultur war Navan Fort, das alte Emain Macha bei Armagh in Nordirland. Es handelt sich hier um einen eher unscheinbaren Hügel, der dennoch eine weite Aussicht bietet. Die Wallanlage, die die Hügelkuppe umgibt, datiert ungefähr aus dem Jahr 700 v. Chr., doch bereits zur Bronzezeit waren hier Erdwerke angelegt worden. Von diesem Platz war bereits im zweiten Teil des Buchs die Rede: Hier haben die Archäologen die Fundamente eines großen, aus Baumstämmen rund um einen massiven zentralen Pfosten errichteten Gebäudes aus dem ersten vorchristlichen Jahrhundert freigelegt. Die alten keltischen Schriften weisen den Ort als Thronsitz von Ulster aus, die Festung von König Conchobar mac Nessa. Zu dieser Stätte existieren zwei Gründungsmythen. Die eine berichtet von einer großen Krieger-Königin, Herrscherin über das ganze Irland, die die Anlage von Kriegsgefangenen errichten ließ, nachdem sie zuvor den Plan mit der Nadel ihrer Brosche in die Erde gekratzt hatte. Die andere erzählt von der Ankunft der Göttin Macha in Emain, die in einem Wettrennen die Pferde des Königs schlagen musste, um das Leben ihres sterblichen Mannes zu retten. Nachdem sie diese Aufgabe mit Erfolg bestanden hatte, gebar sie Zwillinge (*emain* ist das altirische Wort für »Zwilling«). Der alte Text, der sogenannte Ulster-Zyklus, bringt den Ort zudem mit dem großen Helden Cuchulainn in Verbindung. Dieser war einem Tabu in Bezug auf Hunde unterworfen: Er müsse sterben, wenn er je durch eine List dazu gebracht würde, Hundefleisch zu kosten; sein Name bedeutet übersetzt »Culanns Hund«. Interessanterweise wurde in dem großen Holzgebäude auch ein Hundeschädel gefunden.

Bei den archäologischen Untersuchungen stellte sich heraus, dass die gesamte Landschaft rund um den Hügel rituell-symbolisch aufgeladen gewesen sein muss. Im Westen des Hügels befindet sich ein künstlicher Teich, genannt King's Stables (»die Pferdeställe des Königs«), der zur Bronzezeit ausgehoben worden war. Darin fand man Tierknochen, vor allem solche von Rotwild und von – Hunden. Auch die Vorderseite eines menschlichen Schädels, der vom hinteren Teil abgetrennt worden war, als hätte man eine furchterregende Maske schaffen wollen, wurde ans Licht gebracht. Im Osten des Hügels liegt Loughnashade, ein weiterer Kultteich, in dem vier lange, hornförmig gebogene Bronzetrompeten, menschliche Schädel und Tierknochen gefunden wurden. Es scheint, als sei die gesamte Anlage um Navan Fort von heidnisch-keltischen Stämmen aus einer bereits in der Bronzezeit oder noch früher geschaffenen rituellen Landschaft heraus entwickelt worden.

PARALLELWELTEN

Caroline Humphrey forschte in der Mongolei über schamanische Landschaften und Häuptlings-Landschaften und fand, dass beide *Mindscapes* miteinander koexistieren konnten. Was in der physischen Topografie jeweils dem einen oder dem anderen Bewusstseinsraum zugeordnet wurde, war abhängig von den angewandten Kriterien. In der mongolischen Kultur ging es eher um Interaktion mit der Landschaft als um ihre kontemplative Betrachtung. Das Land besaß größere Kräfte als der Mensch.

> *»Bei den Mongolen ist es nicht üblich, sich irgendwelches benachbartes Land anzueignen und in ›Eigentum‹ zu transformieren. Sie bewegen sich stattdessen in einem Raum und einer Umgebung, in der ihr nomadisches Hirtenleben möglich ist, und ›be-wohnen‹ dieses Gebiet. Man könnte sagen, dass sie und ihre Herden sich von der Landschaft durchfluten lassen, und das beeinflusst, wo sie sich niederlassen, wann sie weiterziehen und welche Art von Tieren sie halten.«* (Humphrey 1995)

Allen mongolischen Völkern gemeinsam ist ein Landschaftsverständnis, in dem das Land »vor Wesenheiten nur so zu wimmeln scheint«. Manchmal werden diese Wesenheiten als unspezifische Kräfte begriffen, meist sind es jedoch spezifische, lokalisierbare Geister. Es gilt der allgemeine Konsens, dass das Land nicht abgesteckt, beeinflusst oder verschmutzt werden darf. Also holt man sein Waschwasser aus dem Fluss, statt direkt im Fluss zu waschen. Wie man es von einer nomadischen Kultur erwartet, leben die mongolischen Hirten in einer sanften Weise mit dem Land, ohne einen allzu großen Fußabdruck zu hinterlassen.

Obgleich es vorkam, dass Schamanen und Clanführer die Funktionen des jeweils anderen bis zu einem bestimmten Grad übernahmen, bestand doch in der Regel eine Spannung zwischen beiden. Es gibt Beispiele dafür, dass Häuptlinge zuweilen den Schamanismus unterdrückten. Dort, wo die gesellschaftlichen Führungsstrukturen schwächer wurden, wandten sich die Menschen verstärkt dem Schamanismus zu.

Häuptlingslandschaften beruhen auf der Vorstellung, dass der Häuptling das Zentrum darstellt. Im Verlauf der jährlichen zyklischen Wanderungen eines Stamms etablieren die Menschen dieses Zentrum jedesmal neu, wenn sie für eine Weile haltmachen und ihr Lager aufschlagen. Die Zeit, in der die Hirten von einem Rastplatz zum nächsten ziehen, verstehen sie als eine besondere Zeit außerhalb des üblichen Rahmens der Dinge. Man richtet sich dabei nach astrologischen Kriterien und trägt spezielle Kleidung. Die Vorstellung von einer Fortbewegung im Raum ist in der Häuptlingstradition im Grund nicht vorhanden. Sie basiert vielmehr auf vertikalen als auf horizontalen Konzepten. Die Verbindung zum Himmel gilt als das machtvollste strukturgebende Element in ihrem Umfeld. Diese Vertikalität kann durch physische Manifestation zum Ausdruck gebracht werden, etwa durch eine aus dem Feuer aufsteigende Rauchsäule. Da Fortbewegung als Konzept nicht existiert, werden die Landschaftsformationen häufig nur mit wiederkehrenden Begriffen benannt, so dass es viele »rote Berge«, »schwarze Quellen«, »reiche Täler« etc. gibt. Die Geistwesen, die diese Häuptlingslandschaft bevölkern, bezeichnet man als »Meister« oder »Herrscher«. Man denkt und beschreibt die Landschaft in vom Körper abgeleiteten Metaphern – jedes Landschaftselement besitzt eine Vorder- und eine Rückseite, Backen, Brauen, Schenkel etc. Berge bringen in der Häuptlingslandschaft die Idee der vertikalen Achse zum Ausdruck und gelten als Orte, aus denen einem Häuptling die Kraft des Landes zufließt. Der Häuptling ist dann Vermittler dieser Kräfte an die soziale Welt. (Diese »Berge« sind mitunter lediglich moderate Hügelchen oder schlichte Bodenerhebungen, doch das schmälert nicht ihre symbolische Bedeutung.) Die gängigste Version eines Häuptlingsaltars ist ein um einen Pfosten herum aufgetürmter Steinhaufen auf einem Berggipfel. Durch Hinzufügen neuer Steine, Fahnen oder Zweige wird ein solcher Ort regelmäßig rituell erneuert. Dort finden rituelle Umgänge statt, indem man den Altar mehrmals umrundet und in jeder Runde die Kräfte und Geister des Umlands herbeiwinkt. Wie Humphrey berichtet, sind die Häuptlingstraditionen stark durch buddhistische Einflüsse verändert und standardisiert worden. In mehreren historischen Phasen war der Buddhismus in die Mongolei vorgestoßen, bis er schließlich praktisch die gesamte Steppenregion durchdrungen hatte. Er ging eine Verbindung mit dem Konzept der häuptlingsorientierten sakralen Geografie ein. »Lamas wurden letztlich die Priester der politischen Führer«, schreibt Humphrey.

Die schamanischen Landschaften der Mongolei basieren hingegen auf weiter gefassten, mehr erdzentrierten und auf das Land bezogenen Konzepten als die Häuptlingslandschaften. Sie sind, um im Bild zu bleiben, eher horizontal als vertikal. Man führt Rituale in Höhlen und an anderen Naturplätzen durch und sieht in bestimmen Felsbrocken, Klippen und anderen besonderen Orten Geistwesen wohnen. Die buddhistischen Lamas verabscheuten die Schamanen und betrachteten diese Geisterorte als Orte der Macht, die entweder verschwinden oder in buddhistische Plätze umgewandelt werden mussten. Anders als bei den Häuptlingslandschaften ist Bewegung ein wichtiger Aspekt der schamanischen Weltsicht, so dass man zusätzlich zu einzelnen Plätzen auch ganze Landstriche findet, die von einem Geist bewohnt werden. Die Geister der Häuptlingstradition sind immanente, unveränderliche Faktoren der Landschaft. Im Gegensatz dazu haben die Geister der schamanischen Weltsicht eine Biografie: Man glaubt, dass bemerkenswerte Persönlichkeiten oder Menschen, die auf seltsame Weise ums Leben gekommen sind, nach ihrem Tod die Rolle eines Ortsgeists annehmen. Dies gilt vor allem für einen verstorbenen Schamanen, dessen Geist mit einem besonderen Ort in der Landschaft, zum Beispiel einer bestimmten Felswand, verschmilzt oder die Fürsorge über ein Gebiet übernimmt, das er sich bereits zu Lebzeiten ausgesucht hat und durch das er sich dann auf ganz bestimmten Bahnen bewegt. Ein lebender Schamane findet den Zugang zur Anderswelt in seinen Trancezuständen auf »Wegen« und »Pfaden« in der Landschaft, die für gewöhnliche Menschen unsichtbar sind. Dass Schamanen solche unsichtbaren Pfade durch die physische Landschaft kennen, scheint ein universales Konzept zu sein. Man findet es in unterschiedlichen Ausformungen in verschiedensten Traditionen überall auf der Welt.

LANDKARTEN DES UNSICHTBAREN

Heilige schamanische Landschaften wurden in der Regel direkt in den Erdboden eingeschrieben, wobei sie die physischen Gegebenheiten des Geländes meist völlig ignorierten. Sie entsprangen der Erfahrung erweiterter Bewusstseinszustände und setzten sich über mehr oder weniger stil- und strukturprägende Kultureinflüsse hinweg. In dieser Hinsicht unterscheiden sie sich von allen anderen Arten heiliger Landschaften, denen wir in diesem Buch begegnet sind. Sie sind eine direkte Kartierung von *Mindscapes*. (Am nächsten damit verwandt ist die Bildersprache schamanischer Felskunst, wenn auch in viel kleinerem Maßstab.) Es gibt drei Grundtypen schamanischer Landschaften: erstens in den Boden eingearbeite, geometrische, nicht-gegenständliche Strichzeichnungen, zweitens Erdfiguren und geradlinige Markierungen, drittens Pfade oder »Straßen«. Sie kommen einzeln, an manchen Orten aber auch gemeinsam vor. Die Methoden, mit denen sie in den Erdboden eingebracht wurden, variieren entsprechend den lokalen Gegebenheiten. In Wüstengegenden wurden sie häufig in den Boden gekratzt und geschabt. Man bezeichnet sie als *Intaglios* (ein Begriff aus der Tiefdrucktechnik) oder Scharrbilder. Die Formen können aber auch mit kleineren und großen Steinen auf der Erde ausgelegt bzw. in den Boden gepresst sein, so dass sogenannte Steinmosaiken entstehen. Eine weitere Variante stellen die Erdhügelfiguren dar.

In Nord- und Südamerika sind einige schamanische Landschaften relativ gut erhalten. Zu den bekanntesten gehören die unzähligen Scharrbilder auf der trockenen Hochebene der peruanischen Nazca-Region: die sogenannten Nazca-Linien. Am berühmtesten sind die viele Kilometer langen, absolut schnurgeraden, parallelen oder sich verbreiternden »Linien«, doch gibt es auch abstrakte geometrische Zeichen und Bildnisse von Tieren und Vögeln, fachlich korrekt Geoglyphen genannt. Über die Entstehungszeit der Nazca-Linien kursieren unterschiedliche Hypothesen, aber es scheint, dass die Mehrzahl irgendwann zwischen 200 v. Chr. und dem Jahr 800 n. Chr. angelegt wurde. Ähnliche Erdzeichnungen existieren auch in einigen anderen Gebieten der Anden, wobei die geradlinigen Ritualpfade des bolivianischen Altiplanos wesentlich längere Entfernungen durchmessen als alle Nazca-Linien. In den Tieflandgebieten Südamerikas gibt es geradlinige, auf Dämmen verlaufende Fußwege, die bislang kaum archäologisch erforscht sind. In Ethnologenkreisen kursieren auch Gerüchte über eine Art von »Traumpfaden« im Amazonasgebiet.

Eines der bedeutendsten Beispiele für sakrale Geografien in Mittelamerika sind die schnurgeraden Dammwege, die von den alten Mayas durch ihre Regenwaldgebiete angelegt wurden. Bei den modernen Mayas heißen sie *Sacbeob*, die »weißen Wege«. Die Mayas waren und sind noch immer ein schamanisches Volk. Ihre typische Ausprägung des Schamanismus fand jedoch während der Blütezeit der klassischen Mayakultur zu einer strukturierten, hierarchischen Organisationsform mit einer differenziert gegliederten Priesterschaft. Die *Sacbeob* dienten in erster

Die Nazca-Linien in Peru: Mysteriös und schnurgerade laufen sie hier über den Pan-American-Highway hinweg – nicht weniger exakt als die moderne Straße.

über den bergigen Regenwald zu Begräbnisstätten. All diese Völker pflegten eine lange Tradition im Gebrauch von halluzinogenen Pflanzen für schamanische Zwecke. Im Amazonas-Gebiet ist sie noch heute lebendig.

Als Beispiel aus den heutigen Vereinigten Staaten ziehe ich wieder die bereits mehrmals erwähnten Anasazi heran. Sie erbauten zwischen ihren großen *Kivas* im San-Juan-Becken schnurgerade Zeremonialwege, die vermutlich in dieselbe Kategorie wie die *Sacbeob* der Mayas fallen und ein Alter von 800 bis 1000 Jahren aufweisen.

Im Tal des Gila Rivers bei Sears Point in Südwest-Arizona, ebenfalls im Gebiet der alten Anasazi-Kultur, kennen wir neben tausenden von Petroglyphen etwa fünfzig verschiedenartige Erdzeichnungen von mäandernden Mustern bis zu geraden Linien, ausgeführt als Scharrbilder und als Steinmosaiken. In dem Gebiet war ein auf *Datura*-Kon-

Ein alter Dammweg oder Sacbe der Mayas bei Kabah auf der Halbinsel Yukatan führt auf einen »Spitzbogen« zu.

Linie als erhöhte zeremonielle Fußwege, doch ihre makellose Geradlinigkeit legt nahe, dass ihr Ursprung in schamanischen Zusammenhängen gesucht werden muss. Sie dienten zur Kommunikation und sind mit bislang unbekannten religiösen Zwecken assoziiert. Letzteres belegen Altäre und weitere architektonische Hinterlassenschaften auf jenen Dämmen. Verschiedene Überlieferungen im Kulturkreis der Mayas sprechen von unsichtbaren, mythischen *Sacbeob*, die unterirdisch und durch die Luft verlaufen. Es ist auch denkbar, dass einige der tatsächlichen Dammwege astronomisch ausgerichtet waren oder sogar Himmelskonfigurationen großflächig nachbilden (FOLAN 1991). So wie es *Sacbeob* für staatliche Zeremonien gab, existierten auch kleinere, die zu bestimmten Familiengruppen gehörten. Selbst Einzelpersonen konnten ihren individuellen *Sacbe* haben (FOLAN, im persönlichen Gespräch).

Im nördlichen Mexiko gibt es die (vermutlich von den Tolteken errichtete) Zitadelle von La Quemada, von der strahlenförmig ähnliche Dammwege ausgehen. In Costa Rica führen Jahrtausende alte, »nahezu gerade« Pfade

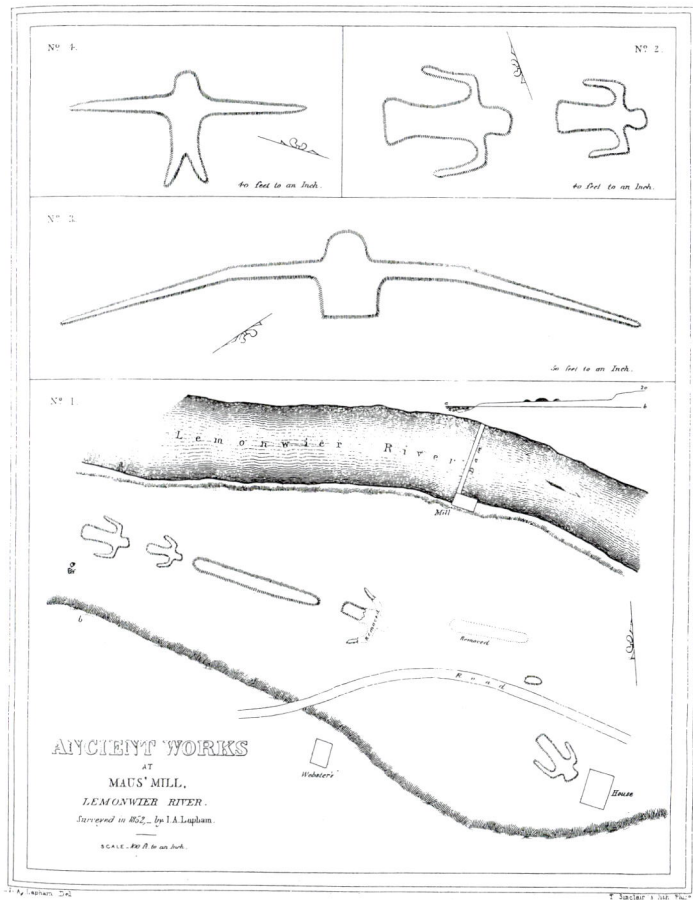

Beispiele für Erdbilder in Wisconsin, USA. (Aus einem Forschungsbericht des 19. Jahrhunderts von I. A. Lapham)

sum basierender Schamanismus verbreitet. In der Region zwischen dem Death Valley und den Chocolate Mountains in Südkalifornien finden sich ebenfalls großformatige Steinmosaiken, insbesondere mäandernde Linien, Gitterformen und einfache Umfriedungen. In direkter Nachbarschaft zu diesen Zeichen wurden Schamanen-Feuerstellen als Orte für die Visionssuche identifiziert (WERLHOF 1987). Weiter nördlich hinterließen die Miwok-Indianer im rauhen Gelände der kalifornischen Sierras kilometerlange Pfade von luftliniengleicher Geradlinigkeit.

In den nördlichen Teilen des Mittleren Westens ebenso wie längs des Mississippi-Tals und besonders in Iowa, Wisconsin und Ohio gab es einstmals eine wahre Fülle von motivischen Erdhügeln, erbaut von den Mississippi-Indianern und der frühen Hopewell-Kultur. Unter letzterem Begriff werden die Traditionen mehrerer indianischer Völker zusammengefasst, die ein schamanisches Religionssystem teilten. Die aus dieser Kultur noch erhaltenen Erdwerke reichen von großen, geometrisch exakten Strukturen und Erdbildern wie dem berühmten Serpent Mound in Ohio oder dem Bear Mound in Iowa bis hin zu relativ kleinen Erdbildnissen, die unterschiedliche Tiere, meist Eidechsen, Vögel oder Panther oder geometrische Formen darstellen. Einige der Erdwerke, aber bei weitem nicht alle, wurden für Beisetzungen genutzt.

Im Süden von Manitoba in Kanada liegen verteilt über die waldige Wildnis des Whiteshell Provincial Parks eine ganze Reihe heiliger Steinmosaik-Landschaften; die wichtigsten sind Tie Creek und Bannock Point. Von beiden Orten ist Tie Creek der besser erhaltene, denn er liegt etwas abgelegener und darf nur in Begleitung eines vom ansässigen Volk der Anishinabe (Ojibway) autorisierten Führers aufgesucht werden. Das Gelände dieser Steinmosaiken liegt in einem Waldgebiet und erstreckt sich über weitläufige Areale freiliegender Tafelfelsen, auf die ein unbekanntes Volk vor langer Zeit mit größeren und kleineren Steinen

GÖTTERSITZE

Steinmosaiken und -figuren im Whiteshell Park in Manitoba. Die zeitgenössischen Indianer erklären die von den Steinen eingefassten Bereiche als Orte, auf denen »die Götter auf der Erde sitzen«.

Links: Steinfigur auf einem Tafelfelsen in Tie Creek.

Links unten: 500 Jahre alte »Schildkröten«-Formation in Bannock Point.

Unten: »Bärentatze« in Bannock Point.

abstrakte und figürliche Darstellungen ausgelegt hat. Ihr hohes Alter lässt sich am dichten Flechtenbewuchs um die Steine herum ablesen, doch eine genaue Altersbestimmung ist schwierig. Eine alte Lagerstätte in ihrer Nähe wurde von Archäologen auf das Jahr 500 n. Chr. datiert. Die Überlieferung der heutigen Anishinabe schreibt die Steinmosaiken den »ersten Menschen« zu – viele ihrer Geschichten ranken sich um die Bedeutung der Steinbilder. Ob diese Legenden noch Fragmente der ursprünglichen Information enthalten oder ob es sich lediglich um Vorstellungen eines später in diese Gegend eingewanderten Volks handelt, lässt sich derzeit nicht erschließen. Zu den Mosaik-Formen zählen großformatige abstrakte und geometrische Muster und Umfriedungen sowie kleinere Bildnisse von Schildkröten und Schlangen. Auch überdimensionale »Abdrücke« von Wolfs- und Bärentatzen sind auf den Felsen ausgelegt.

Bedeutung und Zweck all dieser Erdzeichen auf beiden amerikanischen Kontinenten müssen in den religiösen und spirituellen Glaubensvorstellungen der Ureinwohner gesucht werden, in einem archaischen Bewusstseinsfeld, das den vorgeschichtlichen Kontinent umgab. All diese sakralen Geografien liegen in Regionen, die von schamanischen Völkern bewohnt wurden (und in Teilen noch heute bewohnt werden). Das verstärkt die Vermutung über einen gemeinsamen Ursprung, wobei sich die einzelnen Varianten der Erdzeichen auf unterschiedliche Aspekte schamanischer Aktivität bezogen haben. Die Mäander, die sich durchs Land ziehenden geraden Linien und vermutlich auch die Umfriedungen repräsentierten vermutlich magisch-symbolische Landschaften, die im Wettstreit rivalisierender Schamanen eine Rolle gespielt haben könnten. Aus der Ethnologie geht hervor, dass Schamanen einen Kraftberg »emporwachsen« lassen konnten, indem sie am Boden eine Linie zogen. Damit installierten sie eine Barriere, die andere Schamanen nicht überschreiten konnten (HOSKINSON 1992). Zusätzlich könnte der Schamane um sich selbst herum eine weitere Linie gezogen haben, die einen magischen Ring von Bergen darstellen sollte.

Die motivischen Erdhügel und die Geoglyphen bezogen sich vermutlich auf »Krafttiere«, jene Geistgefährten, die den Schamanen auf seinen Trancereisen in die Anderswelt begleiten, in manchen Zusammenhängen vielleicht auch auf Totem-Wesen. Die geometrischen Muster und Formen vieler Erdzeichen gehen vermutlich auf die während Trancezuständen erfahrenen entoptischen Erscheinungen zurück, die dann mit unterschiedlichen kulturellen Bedeutungen aufgeladen wurden, wie es auch bei mancher Felskunst der Fall war (siehe Teil 2). Die geradezu obsessive Vorliebe für gerade Linien mag ebenfalls in entoptischen Mustern begründet sein, möglicherweise als archaische Variante der »Tunnel«-Vision, von der in zeitgenössischen Berichten über Nahtod- und außerkörperliche Erfahrungen so oft die Rede ist (DOBKIN DE RIOS 1977; DEVEREUX 1992, 2000). Aus der Felskunst ist bekannt, dass man mit einer Linie die schamanische »Seelenflug«-Erfahrung ausdrückte. Insofern sind diese Erdzeichen womöglich lediglich ins Riesenhafte vergrößerte, horizontale Versionen dieser Ikonografie. Die technisch aufwendigeren und strukturierteren Bauwerke, wie etwa die zeremoniellen Dammwege, sind schlicht Weiterentwicklungen dieser Konzepte durch komplexere, staatenbildende Gesellschaften. Auch wenn die Erdzeichen in der Wüste lagen, wie etwa diejenigen in Nazca, wurden sie intensiv zu rituellen Zwecken, für deren Enträtselung wir nicht den geringsten Anhaltspunkt haben, begangen. Die kolumbianischen Kogi sagen sogar, dass ein religiöses Gebot ihnen auferlege, bestimmte Pfade, von denen einige als physische Spuren der Geistwege ihrer Schamanen in die Anderswelt-Dimension gelten, regelmäßig zu begehen.

Es gibt für uns noch viel über diese rätselhaften Landschaften zu lernen, da sie, ähnlich wie die Cursus-Monumente auf den Britischen Inseln, allzu lange von der Archäologie ignoriert wurden. Ein Hauptgrund dafür könnte darin liegen, dass sie nur selten als Spektrum miteinander in Beziehung stehender Phänomene begriffen werden. Der Zahn der Zeit nagt an diesen Kulturzeugnissen ebenso wie der Einfluss der heutigen Zivilisation, so dass es dringend geboten erscheint, sie angemessen zu würdigen und zu erforschen, bevor sie ganz aus dem Land verschwinden. Wir hätten einen schweren Verlust zu verantworten, wenn wir sie sehenden Auges für immer ins Unsichtbare entschlüpfen ließen, denn sie sind wahrscheinlich das tiefgründigste, geheimnisvollste und zugleich vielsagendste archäologische Erbe, das uns die frühen Völker hinterlassen haben.

Epilog

Der heilige Ort in seinen historischen Spielarten, als Naturplatz oder als Bauwerk, ist die sichtbare Spur der Reise der Menschenseele durch die natürliche Welt und vielleicht Ausdruck der tiefstmöglichen Resonanz zwischen dem menschlichem Bewusstsein und der Natur, die wir noch kaum verstehen oder zu artikulieren vermögen. Indem wir zu den heiligen Orten der Vorzeit zurückkehren und begreifen, dass die Landschaft für unsere Ahnen voll mythischer Bilder, Erinnerungen, Geister und Kräfte war, verbinden wir uns mit den elementaren Ursprüngen des menschlichen Bewusstseins. Vielleicht lernen wir dadurch, unseren eigenen Sinn für die spirituelle Kraft der natürlichen Welt wiederzubeleben. Schließlich war es das Land selbst, das sich unserer bewussten Wahrnehmung vor langer Zeit als erstes zu erkennen gab und uns flüsternd sein heiliges Wesen verriet. Alle unsere Religionen und Weiheorte entspringen dieser frühen Kommunikation. Das Urbild des Heiligen ist der Landschaft seit aller Zeit eingeschrieben – und es war die Landschaft, die unseren Geist und unser Herz mit dieser Idee erfüllt hat.

Heiliger Berg, heiliger Kreis. Der Swinside-Steinkreis in Kumbrien, England. (John Glover)

Literaturverzeichnis

Alcock, S. und Osborne, R. (Hg.): *Placing the Gods – Sanctuaries and Sacred Space in Ancient Greece,* Oxford: Clarendon Press,1994

Allen, N.: »*The Thulung Myth of the Bhume Sites and some Indo-Tibetan Comparisons*«, in Fürer-Haimendorf, a.a.O., 1981

Alves, L. B.: »Rock Art and ›Enchanted Moors‹: the Significance of Rock Carvings in the Folklore of Northwest Iberia«, Vortrag zur Konferenz *A Permeability of Boundaries?,* University of Southampton, Dezember 1999

Ashmore, W. und Knapp, A. (Hg.): *Archaeologies of Landscape,* Oxford: Blackwell, 1999

Bäckman, L. und Hultkrantz, A. (Hg.): *Saami Pre-Christian Religion,* Stockholm: Almqvist Et Wiskell International, 1983

Bahn, P.: »Palaeolithic Art«, in Fagan, a.a.O.,1996

– (Hg.): *Wonderful Things,* London: Weidenfeld & Nicolson, 1999

Barclay, A. und Harding, J. (Hg.): *Pathways and Ceremonies,* Oxford: Oxbow,1999

Barclay, A. und Hey, G.: »Cattle, cursus monuments and the river: the development of ritual and domestic landscapes in the Upper Thames Valley«, in Barclay und Harding, a.a.O., 1999

Barham, L., Priestley, P. und Targett, A.: *In Search of Cheddar Man,* Stroud: Tempus, 1999

Barnes, G.: »Buddhist Landscapes of East Asia«, in Ashmore und Knapp, a.a.O., 1999

Barrett, J. C.: *Fragments of Antiquity,* Oxford: Blackwell, 1994

Basso, K.: »Wisdom Sits in Places: Notes on a Western Apache Landscape«, in Feld und Basso, a.a.O., 1996a

– *Wisdom Sits in Places,* Albuquerque: University of New Mexico Press, l996b

Beckensall, S.: *Prehistoric Rock Motifs of Northumberland,* vol. 2, Hexham: Eigendruck, 1992

Bender, B. (Hg.): *Landscape: Politics and Perspectives,* Providence/Oxford: Berg, 1993

Bergh, S.: *Landscape of the Monuments,* Stockholm: University of Stockholm, 1995

Berrin, K. und Pasztory, E. (Hg.): *Teotihuacán,* London: Thames and Hudson, 1993

Birge, D.: »Trees in the Landscape of Pausanias' Periegesis«, in Alcock und Osborne, a.a.O., 1994

Blair, J.: *Anglo-Saxon Oxfordshire,* Stroud: Sutton Publishing, 1994

Blofeld, J.: *The Wheel of Life,* London: Rider, 1972 (Erstausgabe 1959)

Bloom, J. Harvey: *Folk Lore, Old Customs and Superstitions in Shakespeare Land,* East Ardsley: EP Publishing, 1976 (Erstausgabe 1930)

Boyd, C.: »Pictographic evidence of peyotism in the Lower Pecos, Texas Archaic«, in Chippindale und Taçon, a.a.O., 1998

Brady, J. und Ashmore, W.: »Mountains, Caves, Water: Ideational Landscapes of the Ancient Maya«, in Ashmore und Knapp, a.a.O., 1999

Bradley, R.: »Deaths and Entrances: A Contextual Analysis of Megalithic Art«, *Current Anthropology,* Band 30, Nr. 1, Februar 1989

– Foreword to Beckensall, a.a.O., 1992

– *Altering the Earth,* Edinburgh: Society of Antiquaries of Scotland, 1993

– »Symbols and signposts – understanding the prehistoric petroglyphs of the British Isles«, in Renfrew, a.a.O., 1994

– »Daggers drawn: depictions of Bronze Age weapons in Atlantic Europe«, in Chippindale und Taçon, a.a.O., 1998

– *An Archaeology of Natural Places,* London: Routledge, 2000

Brecon Beacons National Park Committee: *Field Monuments in the National Park,*1983

Brennan, M.: *The Stars and the Stones,* London: Thames and Hudson, 1983

Burl, A.: *The Stone Circles of the British Isles,* New Haven: Yale University Press, 1976

– *Prehistoric Avebury,* New Haven: Yale University Press, 1979

– *Megalithic Brittany,* London: Thames and Hudson, 1985

– *From Carnac to Callanish,* New Haven: Yale University Press, 1993

Butter, R.: *Kilmartin – Scotland's Richest Prehistoric Landscape,* Kilmartin: Kilmartin House Trust, 1999

Cadogan, G.: *Palaces of Minoan Crete,* London: Methuen, 1976

Campbell, J. (Hg.): *Spirit and Nature,* Princeton: Bollingen edition, Princeton University Press, 1954

Carmichael, D.: »Places of Power: Mescalero Apache sacred sites and sensitive areas«, in Carmichael et al., a.a.O., 1994

Carmichael, D., Hubert, J., Reeves, B. und Schanche, A. (Hg.): *Sacred Sites, Sacred Places,* London: Routledge, 1994

Carr, I.: »In the Wake of Dead Leys«, *The Ley Hunter,* Nr. 131, 1998

Casey, F.: »How to get from Space to Place in a Fairly Short Stretch of Time: Phenomenological Prolegomena«, in Feld und Basso, a.a.O., 1996

Channel Four Television: *The Time Team Reports,* London, 1995

Chauvet, J.-M., Deschamps, E. B. und Hillaire, C.: *Dawn of Art: The Chauvet Cave,* New York: Harry N. Abrams, 1996 (Erstausgabe 1995)

Chippindale, C. und Taçon, P. S. C.: »The many ways of dating Arnhem Land rock art, north Australia«, in Chippindale und Taçon, a.a.O., 1998

– (Hg.), *The Archaeology of Rock Art,* Cambridge: Cambridge University Press, 1998

Clarke, D.: »The Hag's House«, *The Ley Hunter,* Nr. 120, 1994

Clottes, J.: »The ›Three Cs‹: fresh avenues towards European palaeolithic art«, in Chippindale und Taçon, a.a.O., 1998

Cooper, R.: »Some Oxfordshire Leys«, *The Ley Hunter,* Nr. 86., 1979

Corbin, H.: *Spiritual Body and Celestial Earth,* London: I. B. Taurus, 1990 (Erstausgabe 1976)

Cornelius, G. und Devereux, P.: *The Secret Language of the Stars and Planets,* London: Pavilion, 1996

Joussaume, R.: *Dolmens for the Dead,* London: Batsford, 1987 (Erstausgabe 1985)
Jung, C. G.: »Der Geist der Psychologie«, *Eranos-Jahrbuch,* Band XIV, 1946
– »Geist und Natur«, Zürich, 1947
– »The Spirit of Psychology«, in Campbell, a.a.O., 1954
Kahn, M.: »Your Place and Mine: Sharing Emotional Landscapes in Wamira, Papua New Guinea«, in Feld und Basso, a.a.O., 1996
Kant, I.: »Von dem ersten Grunde des Unterschiedes der Gegenden im Raume« in: Weischedel, W. (Hg.): *Immanuel Kant. Werke in sechs Bänden.* Band 1, Darmstadt: Wissenschaftliche Buchgesellschaft 1966
Kaplan, R.: »The Sacred Mushrooms in Scandinavia«, *Man,* Band 10, 1975
Kelly, J.: *An Archaeological Guide to Mexico's Yucatan Peninsula,* Norman: University of Oklahoma Press, 1993
Kerenyi, C.: *Eleusis,* Princeton: Princeton University Press, 1967
Kinnes, I.: »Longtemps ignoreés: Passy-Rots, linear monuments in northern France«, in Barclay und Harding, a.a.O., 1999
Kitigawa, J.: »Three Types of Pilgrimage in Japan«, in Twiss und Conser, a.a.O., 1992
Kjellström, R.: »Piles of bones, cult-places or something else?, in Bäckman und Hultkrantz, a.a.O., 1983
Kolata, A.: *Valley of the Spirits,* New York: John Wiley, 1996
Law, B. C.: *Geography of Early Buddhism,* New Delhi: Oriental Books Reprints, 1979 (Erstausgabe 1932)
Levy-Brühl, L.: *Primitive Mythology,* St. Lucia: University of Queensland Press, 1983 (Erstausgabe 1935)
Lewis-Williams, J. D.: »Upper palaeolithic art in the 1990s: a southern African perspective«, *South African Journal of Science,* Band 87, September 1991
– »Rock Art and Ritual: Southern Africa and Beyond«, *Complutum,* Nr. 5, 1994
Lewis-Williams, J. D. und Dowson, T.: »The Signs of All Times«, *Current Anthropology,* Band 29, Nr. 2, April 1988
– *Images of Power,* Johannesburg: Southern Book Publishers, 1989
– »Through the Veil: San Rock Paintings and the Rock Face«, *South African Archaeological Bulletin,* 45, 1990
Loveday, R.: »Dorchester-on-Thames – ritual complex or ritual landscape?«, in Barclay und Harding, a.a.O. 1999
Malone, C.: *Avebury,* London: Batsford, 1989

Malville, J. McKim: »Astronomy at Vijayanagara: Sacred Geography Confronts the Cosmos«, in Singh, a.a.O., 1993
Marshack, A.: The Roots of Civilization, New York: McGraw-Hill, 1972
Matunga, H.: »Waahi tapu: Maori sacred sites«, in Carmichael et al., a.a.O., 1994
McCafferty, G.: »The Sacred Cenote of Chichén Itzá«, in Bahn, a.a.O., 1999
McKenna, P. und Truell, M.: *Small Site Architecture of Chaco Canyon,* New Mexico, Santa Fe: US Park Service, US Department of the Interior, 1986
Meaden, T.: *The Stonehenge Solution,* London: Souvenir Press, 1992
Mercer, H.: *The Hill-Caves of Yucatan,* Norman: University of Oklahoma Press,1975 (Erstausgabe 1896)
Michell, J.: *The Old Stones of Land's End,* London: Garnstone Press, 1974
– *Simulacra,* London: Thames and Hudson, 1979
Miller, M. und Taube, K.: *The Gods and Symbols of Ancient Mexico and the Maya,* London: Thames and Hudson, 1993
Millon, R.: »The Place Where Time Began: An Archaeologist's Interpretation of What Happened in Teotihuacán History«, in Berrin und Pasztory, a.a.O., 1993
Mohen, J.-P.: *The World of Megaliths,* London: Cassell, 1989
Mohs, G.: »Stolo sacred ground«, in Carmichael et al., a.a.O., 1994
Moore, T.: »Animus mundi, or the bull at the center of the world«, *Spring,* 14, 1987
Mountford, C.: *Winbarahu and the Myth of Jarapiri,* Adelaide: Rigby, 1968
Mulk, I.-M.: »Sacrificial places and their meaning in Saami society«, in Carmichael et al., a.a.O., 1994
Mumah, M.: »Sacred sites in the Bamenda Grassfields of Cameroon: a study of sacred sites of the Nso' Fondom«, in Carmichael et al., a.a.O., 1994
Mylonas, G.: *Eleusis and the Eleusian Mysteries,* Princeton: Princeton University Press, 1972 (Erstausgabe 1961)
Nash, G.: »The landscape brought within: a re-evaluation of the rock painting site at Tumlehed, Torslanda, West Sweden«, *The Ley Hunter,* Nr. 129, 1998
Neihardt, J.: *Black Elk Speaks,* New York: Pocket Books, 1972 (Erstausgabe 1932)
Newman, C.: »Notes on four cursus-like monuments in County Meath, Ireland«, in Barclay und Harding, a.a.O., 1999

O'Keefe, J. und Nadel, L.: *The Hippocampus as a Cognitive Map,* Oxford: Clarendon Press, 1978
O'Kelly, C.: *Concise Guide to Newgrange,* Cork: Eigendruck, 1996
Otto, R.: *The Idea of the Holy,* Oxford: Oxford University Press, 1924
Ouzman, S.: »Towards a mindscape of landscape: rock art as expression of worldunderstanding«, in Chippindale und Taçon, a.a.O., 1998
Ovsyannikov, O. und Terebikhin, N.: »Sacred space in the culture of the Arctic regions«, in Carmichael et al., a.a.O., 1994
Panagiotakis, G.: *The Dictaean Cave,* Lasithi: Eigendruck, 1988
Patterson, A.: *Rock Art Symbols of the Greater Southwest,* Boulder: Johnson Books, 1992
Patton, M.: »On Entoptic Images in Context: Art, Monuments and Society in Neolithic Brittany«, *Current Anthropology,* Band 31, Nr. 5, December 1990
– *Statements in Stone,* London: Routledge, 1993
Peatfield, A.: »After the ›Big Bang‹ – What? Or: Minoan Symbols and Shrines beyond Palatial Collapse«, in Alcock und Osborne, a.a.O., 1994
Pennick, N.: *Celtic Sacred Landscapes,* London: Thames and Hudson, 1996
Pennick, N. und Devereux, P.: *Lines on the Landscape,* London: Robert Hale, 1989
Radimilahy, C.: »Sacred sites in Madagascar«, in Carmichael et al., a.a.O., 1994
Rajnovich, G.: *Reading Rock Art,* Toronto: Natural Heritage/Natural History Inc., 1994
Ramble, C. und Brauen, M. (Hg.): *Anthropology of Tibet and the Himalaya,* Zürich: Ethnologisches Museum d. Univ. Zürich, 1993
Ray, H. P.: »Kanheri: the archaeology of an early Buddhist pilgrimage centre in western India«, *World Archaeology,* Band 26, Nr. 1, Juni 1994
RCAHMS: *Kilmartin – Prehistoric and Early Historic Monuments,* Edinburgh, 1999
Reichel-Dolmatoff, G.: »Drug-induced Optical Sensations and their Relationship to Applied Art among some Colombian Indians«, in Greenhalgh und McGraw, a.a.O., 1978
Renfrew, C.: »Investigations in Orkney«, *Reports of the Research Committee of the Society of Antiquaries,* Nr. 38, 1979
– *The Ancient Mind – Elements of Cognitive Archaeology,* Cambridge: Cambridge University Press, 1994

Richards, C.: »Monuments as landscape: creating the centre of the world in late Neolithic Orkney«, *World Archaeology,* Band 28, Nr. 2, October 1996

Richards, J.: »Conceptual Landscapes in the Egyptian Nile Valley«, in Ashmore und Knapp, a.a.O., 1999

Ross, A.: *The Pagan Celts,* London: Batsford, 1986 (Erstausgabe 1970)

Sack, R. D.: »Magic and Space«, *Annals, Association of American Geographers,* Band 66, Nr. 2, Juni 1976

Sales, K.: »Ascent to the sky: A shamanic initiatory engraving from the Burrup Peninsula, northwest Western Australia«, *Archaeol. Oceania,* Nr. 27, 1992

Sanmiguel, I.: »A ceremony in the ›cave of idolatry‹: an eighteenth-century document from the Diocesan Hist. Archive, Chiapas, Mexico«, in Carmichael et al., a.a.O., 1994

Saunders, N.: »At the mouth of the obsidian cave: deity and place in Aztec religion«, in Carmichael et al., a.a.O., 1994

Schaafsma, P.: *Indian Rock Art of the Southwest,* Santa Fe/Albuquerque: School of American Research/ University of New Mexico Press, 1980

– »North American Rock Art«, in Fagan, a.a.O., 1996

Scully, V.: *The Earth, the Temple and the Gods,* New Haven: Yale University Press, 1979 (Erstausgabe 1962)

Sherratt, A.: »Sacred and Profane Substances: The Ritual Use of Narcotics in Later Neolithic Europe«, in Garwood et al., a.a.O., 1991

Silko, L.: »Landscape, History and the Pueblo Imagination«, in Halpern, a.a.O., 1987

Singh, R. P. B. (Hg.): *The Spirit and Power of Place,* Varanasi: National Geographic Society of India/Benares Hindu University,1993

Smith, J.: »The Experience of the Holy and the Idea of God«, in Twiss und Conser, a.a.O.,1992

Sognnes, K.: »Symbols in a changing world: rock art and the transition from hunting to farming in mid-Norway«, in Chippindale und Taçon, a.a.O., 1998

Stone, A. J.: *Images from the Underworld,* Austin: University of Texas Press, 1995

Straffon, C.: *The Earth Mysteries Guide to Mid-Cornwall and the Lizard,* Penzance: Meyn Mamvro Publications, 1994

Stutchbury, E.: »Perceptions of Landscape in Karzha: ›Sacred‹ Geography aid the Tibetan System of ›Geomancy‹«, *The Tibet Journal,* Band 19, Nr. 4, 1994

Thackeray, F. und Knox-Shaw, P.: »Astronomical and Entoptic Phenomena«, *MNASSA,* Band 51, 1992

Theodoratus, D. und Lapena, F.: »Wintu sacred geography of northern California«, in Carmichael et al., a.a.O., 1994

Thom, A.: *Megalithic Sites in Britain,* Oxford: Clarendon Press, 1967

Thomas, J.: *Time, Culture and Identity,* London: Routledge, 1996

Thompson, J. E. S.: *The Rise and Fall of Maya Civilization,* Norman: University of Oklahoma Press, 1964

– in der Einführung zu Mercer, a.a.O., 1975

Tilley, C. (Hg.): *Interpretative Archaeology,* Providence/Oxford: Berg, 1993a

– »Art, Architecture, Landscape [Neolithic Sweden]«, in Bender, a.a.O., 1993b

– *A Phenomenology of Landscape,* Providence/Oxford: Berg, 1994

– »The powers of rocks: topography and monument construction on Bodmin Moor«, *World Archaeology,* Band 28, Nr. 2, Oktober 1996

Toren, C.: »Seeing the Ancestral Sites: Transformations in Fijian Notions of the Land«, in Hirsch und O'Hanlon, a.a.O., 1995

Townsend, R. (Hg.): *The Ancient Americas – Art from Sacred Landscapes,* Chicago: Art Institute of Chicago, 1992

– *The Aztecs,* London: Thames and Hudson, 1993 (Erstausgabe 1992)

Trombold, C. (Hg.): *Ancient Road Networks and Settlement Hierarchies in the New World,* Cambridge: Cambridge University Press, 1991

Tuan, Y.-F.: *Passing Strange and Wonderful,* New York: Kodansha International, 1995 (Erstausgabe 1993)

Twiss, S. und Conser, W. (Hg.): *Experience of the Sacred,* Hanover, NH: Brown University Press, 1992

Tyler, H.: *Pueblo Gods and Myths,* Norman: University of Oklahoma Press, 1964

Vorren, O.: »Circular sacrificial sites and their function«, in Bäckman und Hultkrantz, a.a.O., 1983

Walderhaug, E.: »Changing art in a changing society: the hunters' rock art of western Norway«, in Chippindale und Taçon, a.a.O., 1998

Walker, J.: *Lakota Belief and Ritual,* Lincoln: University of Nebraska Press, 1991 (Erstausgabe 1980)

Walter, D.: *Closed Mouths and Empty Voices: Categories of Shamanic Experience and the Presence of Place in the Nepal Himalayas,* University of London: unveröffentlichte Dissertation, 1995

Walter, E. V.: *Placeways,* Chapel Hill: University of North Carolina Press, 1988

Wandibba, S.: »Bukusu sacred sites«, in Carmichael et al., a.a.O., 1994

Weatherhill, C.: *Cornovia – Ancient Sites of Cornwall and Scilly,* Newmill: Alison Hodge, 1985

Werbner, R.: *Ritual Passage, Sacred Journey,* Washington, D. C.: Smithsonian Institution Press, 1989

Werlhof, J. von: *Spirits of the Earth,* El Centro: Imperial Valley College Museum, 1987

Whitley, D.: »By the Hunter, for the Gatherer: Art, Social Relations and Subsistence Change in the Prehistoric Great Basin«, *World Archaeology,* Band 25, Nr. 3, Februar 1994

Whitley, D.: *A Guide to Rock Art Sites,* Missoula: Mountain Press, 1996

– »Finding rain in the desert: landscape, gender and far western North American rock art«, in Chippindale und Taçon, a.a.O., 1998

Whitley, D., Dorn, R. I., Simon, J. M., Rechtman, R. und Whitley, T. K.: »Sally's Rockshelter and the Archaeology of the Vision Quest«, *Cambridge Archaeological Journal,* Band 9, Nr. 2, 1999

Williamson, R. und Farrer, C. (Hg.): *Earth and Sky,* Albuquerque: University of New Mexico Press, 1992

Woodley, H.: »Prehistoric Sites in their Landscape Context«, *The Ley Hunter,* Nr. 108, 1989

Woodward, A.: *Memories of Brailes,* Shipston-on-Stour: Peter Drinkwater, 1988

Zachrisson, I.: »New archaeological finds from the territory of the Southern Saami«, in Bäckman und Hultkrantz, a.a.O., 1983

Register

Seitenverweise auf Abbildungen sind *kursiv und grau* gedruckt.

Abbo-Monument, Arizona 68
Aberdeenshire *120, 126,* 127, 130
Aborigines 15, 25, 27, 29, *30,* 45–46, 69–72, *70,* 87, 102, 129, 147
Abydos, Ägypten 177
Achilpa-Indianer 34
Afghanistan 175
Afrika 28, 74, 115
Ägypten 28, 31, 101, 176, *177*
Ahnenseelen 110
Ahnenwege 67
Ajanta (Indien) 88
Ajumawi-Indianer 97
Akapana-Pyramide 172
Akropolis *13,* 171
Algerien 115
Algonkin-Indianer 65, 96
Alignment 133, 139, 141, 157, 159
Allenberg 136
Alta-Fjord 76, *77*
Altamira 60, 72
Altiplano 180
Amerika 74, 91
Anasazi 30, 58, *59,* 67–68, 92–93, *93,* 181
Anderswelt 37, 63, 80, 129, 148, 167, 177, 179, 183
Anima Mundi 20
Animismus 20, 37, 105
Anishinabe-Indianer 182–183
Apachen siehe Mescalero-Apachen
Aranda-Indianer 34
Archäoastronomie 83, 133, 136, 140
Archäologie, kognitive 48
Archetyp 33, 36, 38, 39, 88, 96
Arch Canyon 92
Argyll 54, 82–83, 98, 157
Arizona 15, 67, 68, 92, 181
Armagh 104, 178

Arnemetia (keltische Göttin) 51
Arnhemland 69, 70, 72
Ashinanabe 30
Asklepion 111
Athen 90, 171
Athene Polias 171
Äthiopien 115
Ätna 45
Australien 14, 29, 60, 69, *70,* 71, 74, *102*
Avalon, Insel von 107
Avebury 50, 103, 119, 122, 127, *128, 143,* 160–164, *161,* 185–187
Avikwa'ame 97
Axis Mundi 33–35, *35, 36, 38,* 43, 95–96, 101–103
Axtklingen *53,* 54, 56, 97, 122, 123, 124
gravierte *54,* 119
Ayers Rock 102
Azteken 35, 92, 97–98, *98,* 174

Balankanche *43,* 94, *95,* 96, 105, *109,* 142
Ballochroy 133, 158
Bamiyan Buddhas 175
Bannock Point 182
Barnakille 82
Barnstone, Maeshowe 138
Barrows 146
Bath (Thermen) 20
Baum, heiliger *105, 107, 108*
Beacon Hill 167
Bear Mound 182
Beckhampton Avenue 161
Beilklingen 53
  siehe Axt und Steinbeile
Beltane 126, 137, 138, 163, *165*
Bergkristall 128
Bile (heiliger Baum) 102–104, *104*
Birke 106
Blackfoot-Indianer 96

Black Mountains 135
Blickkontakt 99
  siehe Sichtverbindung
Blitzsteine 131
Bluestones 55, *114,* 117–119, *118,* 134
Bodmin Moor 57, 135, 136
Bohuslän 76, *78,* 80, 81
Bolivien *111*
Boote (Felskunst in Schweden) 77, 78, 80
Borneo 116
Boscawen-un 129
Botswana 28
Boyne-Tal, Irland 82, 119, 140, 148
Brailes Hill *154,* 154–156, *155*
Brecon Beacons 133
Bretagne 20, 55, 76, 84, *122, 123,* 142, 166
Bricklieve Mountains 150–152, *152*
Britisch-Kolumbien 27
Britische Inseln 18, 20, 28, 76, 81, 82, 116, 126, 130, 156, 167, 183
Bronzezeit 48
Brüste, weibliche 30, 32, 123, 142–143, 143, 158, *160,* 168, 171–172, *172*
Buddhismus 30, 87, 88, 101, 175–176, 179
Buffalo Rock *32*
Bulgarien 116
Burjatien 87
Buschmann-Volk (San) 59–62, 86
Busuku 28
Butler Wash 92, *93*

Cailliche 126–127, *127*
Cairns 29, 57, 82, 83, 98, 122, 124, 126, 129, 130, 150, 152, 153, 154, 157
Cairn de Barnenez 116
Cairn L 124, *140*
Cairn T *41, 125,* 129
Cannabis 124
Canyon de Chelly 92
Carns Hill 153
Carn Brae *44*
Carn Ingli *134*
Carrowkeel 129, *152,* 152–153
Carrowmore 150–152

Casas Grandes 58
Castlerigg, Steinkreis *132,* 132–133, 140–141, *141*
Castle Frazer 130
Catemaco 173
Ceiba-Baum 96
Cerro Gordo 173
Chaco Canyon 58, *59, 67,* 67–68
Chalcatzingo 97
Che-pin-shan 116
Cheesewring 57, *135*
Cheyenne-Indianer 108
Chiapas 92
Chichen Itza 92, 94, *110,* 142, *174*
Chihuahuan-Wüste 64
Chimären *62,* 64, *66,* 73–75
China *108*
Chisos Mountains 30
Chocolate Mountains 182
Chora 19–20
Chosto Nero 90
Christentum 25, 51, 108
Chumash-Indianer 65
Cibecue 15
Clava Cairn *121*
Cleaven Dyke 165
Cnoc Seanndda 159, *160*
Côa-Tal 76
Colorado 30, 67, 92
Connacht 103
Cork 82, 122, 187
Cornwall *44, 109,* 122, 129
Corn Springs 131
Corrimony 130
Coso-Berge 65
Costa Rica 181
Creevykeel 116, *117*
Croaghaun 153
Croagh Patrick 98
Croft Moraig 130
Cuchulainn 178
Cúil Irra 149–154
Cursus *165,* 165–168, *166, 168,* 183, 186

Dal Riata 98
Datierung *64,* 70, 72, 74, 95, 104, 116
  Jahresring- 104
  Radiokarbon- 70
Datura 65, 110, 181
Dayan Derke 87
Deir el-Bahri 32

Dekkan 88, 116
Delos 33
Delphi 33, 111
Depots 52–57, 69, 72, 93, 95, 103, 130–131, 167
Deutschland 116
Dickhornschaf 65
Dikteon-Grotte 89
Dikti-Gebirge 89, 171
Divination 31, 37, 52, 92, 105, 176
Dodona 102, 111
Dodrup Chen, Tempel 31
Dolerit 117, 118
Dolmen *9,* 29, 115, 129, *134,* 135, 142, 150, 176
Doppel-Sonnenaufgang *164*
Doppelaxt 89, 170, *172*
Dorchester-on-Thames-Cursus 167, *168*
Dordogne 72
Dozmary Pool 57
Drei-Welten-Modell 35, 72, 96
Drilburi, Berg 30
Druiden 103–104
Duloe, Steinkreis 129
Dunadd, Kilmartin Glen 98–99, *99*
Dun Chonallaich 157
Dun na Nighinn 157
Durga-Kali 108

Easter Aquorthies *120,* 127
Eiche 103–105, 107, 111
Eileithyia 105–106
Einzelortsyndrom 146
Eisenzeit 48
Eleusis 90, *91,* 171, 187
Emain Macha 104, 178
England *121, 143, 184*
entoptische Erscheinungen 60–62, *61, 63,* 72, *73,* 74, 77, 83, 124, *125,* 183
Epopteia (Offenbarung) 90
Erdbilder *181*
Erdnabel 34, 35
Erfahrung
  außerkörperliche 37
  egozentrische 36
Erfahrungsraum 37, 38
Erinnerung
  Erinnerungsräume 14
  Erinnerungstheater 14
  Orte des Erinnerns 132

Er Lannic, Steinkreis *55*, 125
Esche 107
Eskimo 91
Europa 60, 66, 74, 76, 82, 103, 106, 107, 117, 125

Fajada Butte 68
Farben (Steine) 119, *120*
Felskunst *19*, 25, 26, 29, 40, 45, 46, 51, 58–70, *63*, *64*, *65*, *67*, *68*, *70*, 72, 74, *75*, 76–78, *77*, 80–87, *84*, 97, *119*, 121, *122*, *123*, 123–125, *125*, 130, 131, 167, 180, 183
  Felsmalerei *71*, *61*, *86*
Felsoberflächen 51, 63, 70, 83, 109, 121
Fengxian-Grotte 88
Feng Shui 31, 175
Fernacre, Steinkreis *135*, 136
Fidschi-Inseln 107
Finistère 116, 142
Frankreich 51, 60, 72, *73*, 107
Friedhof, linearer 139, *156*, 157
Frühgeschichte 48
Fujijama 102
Fußabdrücke 78, 80, *81*, 98–99, *99*, 167

Gabbra 46
Galizien 86
Gällivare-See 52
Gambia 115
Ganggräber *41*, *119*, 136, 140, 142, 149, 150, 152
Garn Turne Dolmen 134
Gavrinis (Bretagne) 55, *123*, 123–125, 129
Gedenkpfosten 28
Gehirn 12
  Gedächtnis 14
  Hippocampus 11
  mentale Muster 60
  Neurophysiologie 63
Geister 17, 22, 25, 33, 49, 63, 71, 81, 86, 87, 96, 101, 107, *108*, 111, 126, 167, 178, 179, 184
Geisterlöcher 116
Geistersteine *126*, *128*
Geisterstraßen 167

Geisthelfer 65
Genius Loci 20, 22, 41
Geoglyphen 180, 183
Geografie
  buddhistische 175
  der Toten 81
  Häuptlings- 179
  sakrale 50, 148–158, 164, 175, 180, 183
  schamanische 180
  spirituelle 28
Gesteinsoberfläche 70, 78, 121
Gesteinstypen 118
Ggantija *115*
Ghana 115
Gipfelheiligtümer 28, 41, 99, *100*, 147
Glastonbury *10*, 107, 186
Glebe Cairn 157
Glen Lyon 126, *127*
Glen Urquart 130
gnas (Tibet) 20, 22
Golf von Morbihan 55, 123
Gospel Oaks 107
Gotland *78*
Gournia 171, *172*
Grabbeigabe 129
Grabmäler 17, 28, 114, 149, 177
Gral, heiliger 107
Grapevine-Canyon 97
Griechenland 28, 33, 41, 81, 88, 105, 111, 168, 169
Großbritannien 52, 54, 81, 82
Großes Becken (Great Basin) 65, 130
Grotte Chauvet 72, 75
Guernsey, Insel *143*

Hain, heiliger 29, 45, 50, 51, 105, 108
Haitangshan 175
Halluzinogene 92, 98, 110, 124
Handabdrücke 68, 73, 82, 94
Harney Peak 35
Hathor (Ägypten) 176
Hatschepsut-Tempel 32
Häuptlingslandschaften 179
Heathrow, Cursus 166
Heel Stone (Stonehenge) 140, *141*

Hieroglyphen (Mayas) 93
Hierophanie 22
Himalaya 35, 101, 175
Himmelsrichtungen 33, 34, 38, 40, 97, 133, 152
Hinduismus 39, 45
Hippocampus
  siehe Gehirn
höhernatürlich 23, 62
Höhlenmalerei *30*, 72, *73*, 74, 87, 93, *94*
  Akustik 75
Höhlenmund 87, 90
Hohokam-Indianer 68
Holzbauten 103–104, *114*
Hopewell-Kultur *27*, 182
Hopi-Indianer 68
Hovenweep (Anasazi) 67
huaca (Inkas) 45
Huichol-Indianer 27, 69
Huitzilopochtli (Mexiko) 174
Hurlers, Steinkreis *135*
Hymettos 171

Iberische Halbinsel 76, 86
Ida, Berg 90, *91*, 171
Idol 52, 103, 105, *122*, 123
Ilkley Moor *84*
Illamani, Berg 172
Inarisee (Finnland) 111
Indien 88, 116
Initiation 92, 110, 128, 172
Inkas 45, 111, 172
Innere Hebriden 157, *158*
Intaglio (Scharrbild) 180
Iowa 182
Irland 20, 32, *33*, *41*, 56, 59, 60, 76, 82, 86, 98, 102, 107, *117*, 129, 137, 142, 148–151, 159, *166*, 178
Islay, Insel 157–159
Israel 116
Italien 20, 72
itiwanna (Pueblo) 34

Jagdzauber 58, 65, 74
Jäger und Sammler 46, 74–76, 84, 134
Jahwe 101
Japan 29, 45, 101, 116, 187
Jarapiri (Schlangenmann) 71–72
Järrestad 80
Jersey, Insel 56

Jerusalem 33, 101
Jila-Reisen (Gabbra) 46
Jivaro-Indianer 110
Jokkmokk (Lappland) 52
Jordanien 116
Joseph von Arimathäa 107
Jukiuta-Höhle 71
Juktas, Berg *100*, 101
Jura, Insel 157–160, *160*, 168

!Kung 60
Kachinas 97
Kailash, Berg 35, 101
Kalifornien *65*, *66*
Kamares, Höhle 90, *91*
Kamerun 28
Kanadischer Schild 64
Kanin Nos, Halbinsel 117
Kantabrien 72
Kartierung 11, 13, 14, 38, 77, 180
Karzha (Tibet) 31, 175
Kassotis, Quelle 111
Kastalia, Nymphe 111
Kathedralen 44, 87
Kathmandu 108
Kaukasus 116
Kawaiisu-Indianer 65
Kelten 15, 20, 50, 105, 137
Kenia 28
Kerata, Berg 171
Kerbstones 149
Kerry 82, 122
Khumbo 101
Kilmartin Glen *53*, 82, 98–99, *113*, 122, *133*, 139, *156*, 185
Kilmichael Glassery 133
King's Men, Rollright-Steinkreis 154, 155
King's Stables, Kultteich 178
Kintyre, Halbinsel 157, 158
Kirche 11, 25, 44, 137
Kiva 92, *93*, 181
Knocknarea *149*
Knossos 99, 105, 106, 111, *169*, 169–171
Knowth 82, 121–125, *125*, 129, 148, 153
Kohlebecken 125
Kokainvergiftung 124
Kokopelli (Hopi) 68
Kolumbien 27, 110, 116
Korea 88, 116, 175

Körperwahrnehmung 14, 74
Korsika 115
Kosmogonie 111
Koteino, Höhle 90
Kozmin Copse (Hain) 106
Kreta *25*, 28, 44, 88, 89, *90*, 99, *100*, 105, *106*, 111, 168–171, *169*, *170*
Kukulcan 110
Kumbrien 122, 132, 140, *184*
Kyongju-Ebene 176

Labry 170, *171*, *172*
Lahul-Region 30
Lakota-Indianer 107, 188
Landkarte
  des Körpers 14
  mentale 11
Landmarke 27, 31, 40, 44, 46, 57, 66, 70, 77, 84, 86, 96, 98, 104, 133, 136, 146, 150, 154, 156, 157
Landmeister (sibirisch) 22
Landschaft
  - elemente 26, 27, 30, 147
  sprechende 15
Landschreine, Afrika 28
Langdale Fells 55–56
Lanyon-Quoit-Dolmen 9
Lappland 35, 45, 51, 52, 58
Larzha 30
Lascaux, Höhle 60, 72, 75
La Quemada, Zitadelle 181
La Venta (Olmeken) 173
Leskernick, Steinkreis 136
Les Trois Frères, Höhle 72
Leunje Jauvre, See 111
Leylinien 146
Le Pinacle *56*
Lia Fail (Tara) 142
Libanon 116
Linear-A-Schrift 89
Loch Finlaggan 158–159, *159*, *160*
Loci-Methode 14
Loci Consecrati 44
Locmariaquer 55
Loltun, Höhle *46*, *86*, 93–94, *94*
Longmen-Grotten 88
Loughcrew *41*, 82, 121–125, *125*, 129, 140, 152, 165

Loughnashade, Kultteich 178
Loukatos, Höhle 90
Luftschnüre 72
Lughnasad 137, 162, 163, *164*
Luxor 176

Macha (irisch-keltische Göttin) 178
Madagaskar 28, 108, 111, 115
Maen-Llia-Monolith 133
Maen-Llwyd-Monolith 133
Maeshowe 138, 147
Maibaum 34, *36*
Maisstaude (Mayas) 107
Malaysia 116
Mallia, Minoerpalast *106*, 169, *171*
Malta *29*, 115
Mana 23
manan-kasina (Madagaskar) 28
Mandala 31, 175
Mandschurei 116
Manitoba 30, 32, *145*, 148, 182
Manitus 64, 96
Männer, kluge 72
Maori 24, 29
Mapa Raja (Thulung-Held) 127
Marokko 115
masina (Madagaskar) 28
Mastamho 97
Mauri-Steine (Maori) 29
Mayakreuze 107
Mayas 26, 34, 40, *46*, 64, *86*, 92–96, *94*, 105, 107–110, 110, 141, 173, 177, 180–181, *181*
McDonnell-Massiv 71
Medb (irisch-keltische Göttin) 103, 150
Menhir *123*, 124, *143*
Menorca 115
Mensch-Tier-Hybride siehe Chimäre
Menschenopfer 110
Meru (Weltenberg) 35, 40, 101
Mesa Verde 67
Mescalero-Apachen 23, 27, 108
Meskalin 124

Mesolithikum 48, 76, 136
Mexico City *39*, 40, 92, 97, 174
Mexiko *46*, 68, 92, *98*, *109*, *142*, 173, 181
  Tal von Mexiko 35, 97, 98, 173, 174
Migräne 124
mimi, (San-Geister) 72
Mindmap 11
Mindscapes 175–176, 178, 180
Minerva (römische Göttin) 20
Minoer 88–90, 94, 99, 105–106, 111, 147, 168–171, *170*
Miosgán Meadhbha 150
Mississippi-Indianer 182
mixik' balamil 34
  siehe auch Weltnabel
Mnemotechnik 14
Mogao, Tausend-Buddha-Höhlen 87
Mojave-Wüste 130–131
Mondauf- und -untergang 34, 140, 158
Mondwende 137, 139
Mongolei 87, 178–179
Monks Mound, Erdpyramide 40
Montana 96
Morbihan, Golf von 55
Moriah, Tempelberg 101
Moschee 11, 44
Mount Shasta, Berg 97
Muang-On-Höhle *38*, *88*
Mundus 33
Mwali-Kult 28
Mykener 169
Mystai 90–91
Mysterientempel 90

n/um, Lebenskraft 62
nab (Mayas) 173
Nagelstern 35, 147, 187
Namensforschung siehe Ortsnamen
Nämforsen, Felskunst 76
Namsan, Berg 175–176
nan sipu (Erdnabel) 34
Nasenbluten 63
Natal Drakensberg 62
Navan Fort 104, 178
Nazca-Linien 180, 183
nemeton 50

Nenets (Samoyeden) 106
Neolithikum 48
Nepal 101, 108, 127, 188
Nether Largie Stones *113*, 139, *156*, 157
Neuplatoniker 14
Neuseeland 26
Nevada 65, *97*
Nevern-Tal 135
Newgrange 82, 119, 121–124, 129, 140, 148, 149, 153, 165, 187
New Mexico 27, 34, 58, *59*, 67, 68, 97, 185
Ngama Hills 71
Nigeria 115
Nil 176
Ninaistakis, Berg 96
Norfolk 103
Northumbrien 82, 84
Norwegen *51*, 76, *77*, 78
Nso' 28
Numen 22, *23*
Nympsfield, Langgrab 130

Obelisk (Avebury) 163
Ogham-Zeichen 98
Ohio 182
Ojibway-Indianer 182
Olary, Felskunst Australien 70
Olmeken 97, 173
Omaha 107
Omphalos 33
Onomastik siehe Ortsnamen
Oolith-Kalk 119
Opfergaben 26, 28, 30, 40, 43, 52–54, 58, 89, 90, 92, 95, 99, *100*, 101, 106, 109, 110, 117, 167
Opferplatz *51*, *52*, 58, 110–111, 111
Opium 125, *170*
Orakel 28, 33, 102, 111
Oregon 65
Orkney-Inseln 122, 138, 154
Ortsbewusstsein 11, 17, 36
Ortsnamen 15, 20, 26, 49–51, 50, 86
Ortswahrnehmung 16, 26
Osage-Indianer 34
Oslo-Fjord 76
Ostbengalen 108
Ostergötland 76

Osteuropa 72
Ox Mountains 150–153, *152*

Paiute-Indianer 65
Pakistan 116
Paläolithikum 48
Pantheon 25, 44, 96
Paps of Anu *33*, 168
Paps of Jura 158, 168
Parthenon *13*
Pausanias 105
Pawnee-Indianer 34
Pech Merle, Höhle *73*
Peco-Fluss 68–69
Pentre Ifan, Dolmen *134*, 134–135
Perthshire 130, 165
Peru 180
Peterborough-Keramik 167
Peterborough-Petroglyphen 65
petriform 32
Petroglyphen 58, 60, 62, 64, 65, *78*, 81–83, 93, 97, 174, 181
Peyote 27, 69
Phaistos, Palast 169, 171
Phallus 38, 106, 140–142, *142*
Piezoelektrizität *131*
Pike O' Stickle 55, 82
Pikten 82
Piktogramme 55, 58, 60, 64, 131
Plonéour Lanvern, Menhir 142
Plutonion 91
poha (höhernatürliche Kraft) 65
Polarstern 35, 147
Polen 116
Ponape 29
Popocatepetl 97–98, *98*
Portugal 54, 60, 72, 76, 86
Pouézoch 116
Prajou-Menhir 142
Preseli-Berge 55, 118–119, *134*, 134–135
Proto-Sphinx *32*
Psilocybin 124
Psychopomp 81
Psychro-Höhle 90
Pu'an-Tempel 175
Pueblo 34, 68, 97, 188–189
Pueblo Alto *59*

Pyramide 40, 92, 96, 98, 111, 157, 172–174, 177
  Akapana- 111
  Mond- *173*
  Sonnen- 92, 173
  Stufen- 174, *174*
Pyrenäen 72
Pythia 111

Qing-Dynastie 175
Qorcin 87
Quarz 52, 119, *120*, 121, 128–131, *129*, *131*, 152–153, *156*
Quaternität 38, 40
Queensland 70
Queen Maeve's Bed (Cairn) *149*, 150, 153, 156
Quelle, heilige *109*
Quimsachata-Berge 173
Quintana Roo 109

Rajagaha 88
Räuchergefäße 93, *95*
Raum
  heiliger 38, 57
  symbolischer 38
Raumwahrnehmung 37
Ravuravu (Fidschi-Göttin) 107
Regenmachen 63, 65, 131, 174
Regenstier 63
Reich der Toten 80, 87, 176
Richtungen, vier bzw. sechs 34, 38, 107, 153
Ridgeway 154
Ring of Brogar 122, 138
Ritual 50, 56, 66, 69, 86–87, 105, 107, 127, 167
Ri Cruin Cairn, Kilmartin *53*, 157
Rogation Day 107
Rollright Meghalithen 155
Rombalds Moor *19*
Römer 20, 33
Röntgen-Stil 70
Rough Tor *135*, 136
Rousay, Insel 154
Rundblick 18, 84
Russland 28, 72

Sacbe (Sacbeob) 180, *181*
Saivo, Insel 52
Sally's Rockshelter 130–131, 188

Samhain 140
Sami 35, 45, *51*, 51–52, *52*, 58, 104, 111, 117, 126
Samoyeden 106, 117
San-Augustin-Region 116
San-Juan-Becken 67
Sancreed-Brunnen *50*
Sanctuary (Avebury) 143, 161, 163
Sanktuarien 99
Santa Barbara 65
Santorin 169
San (Buschmann-Volk) 59, 60, 62
San Luis Potosi 69
San Martin Pajapan 173
Sardinien 115
Sarsen *54*, 103, 117, 118
Satalegpa 31
Sattapani 88
Savanne 28
Scania 80
Schälchenstein 76, 80, 82, *83*, 84, 86, *113*, *121*, 126, 139
Schamanismus 35, 37, 46, *52*, 60, *62*, 62–66, *66*, 69, 71–76, *75*, 81, *86*, 91–92, 97, 102, 105, 106, 126, 128, 131, 176, 179, 180, 182–183
Scharrbilder 180–181
Schattenpfad 140, *141*
Schildkröten 111, *182*, 183
Schottland 32, 49, *53*, 60, 82–84, *83*, 98, *121*, 126, *127*, 130, *133*, *138*, 157, 159, 165
Schuhsohlen 77
Schweden 49, 52, 76, 78, *81*, 136
Seahenge 103–105, *104*
Seelenflug 37, *62*, 75, 183
Seite-Steine (Sami) 52, 126
Serpent Mound 182
Shintoismus 101
Shinto-Tore (torii) 45
Shoshone-Indianer 65
Showery Tor *57*
Shugendo 101
Sibirien 22, 35
Sichtverbindung 99, 135, 146, 152, 163
siejdde (Sami) 45, *51*
Sierra Nevada 131
Signal-Altäre 58

Silbury Hill (Avebury) 161–165, *162*, *163*
Glorie *165*
Simbabwe 28
Simloki, Berg 97
Simulakra 30–32, 90, 93, 96, 126, *128*, 175
Sinai 101
Single Site Syndrome 146, 161
Sinoden Hills 167
Sioux-Indianer 35, 107
Skandinavien 76, 81, 116
Smaneung 176
Soddo-Region 115
Sokkuram, Höhlen 88
Sommersonnenwende 34, 140, 158
Songlines 29, 46, 70, 71
siehe auch Aborigines
Sonnenaufgang 34, *119*, 140, *141*, 158
Doppel- 164
Sonneninsel *111*, 172
Sonnenpriester 34, 65
Sonnentanz 107
Sonnenuntergang 34, 126, *138*, 140, 158
Spanien 54, 60, 72, 76, 86
Spiralen 60, 68, 82, 94, 121
Stalagmiten *38*
Stalagnat, Stalaktiten siehe Tropfstein
Stanton Drew 103
Stechapfel, weißer 65, 68
Steinaxt, -beil 52, 53
Steinbeilklingen 55
Steinbeilwerkstatt 56, 125
Steingravuren siehe Felskunst
Steinmosaiken *145*, 180–181
Steinreihe 58, 116, 167
stl'itl'aqem 27
Sto:lo-Indianer 27
Stonehenge 12, 29, *54*, 54–55, 103, 114, 117–119, *118*, *134*, 136, 140–141, *141*, 146, 160, 165–167, 186–187
Stoney Littleton 121
Stone of Divisions 102
Straße der Toten 173
Strath Tay 84
Stripple Stones 136

Stroboskoplicht 124
Styx 45
Südafrika 58–62, *61*, *63*, *64*
Sugar Loaf Mountain 133
Sulis (keltische Göttin) 20
Sumeru, Weltenberg 35, 101
supernatural siehe höhernatürlich
Supernova 59, 68
Swastika-Stein 82
Swinside, Steinkreis *184*
Syrien 116

Table des Marchands *122*, 123–124, 142
tadibeis (Schamane) 106
Tal der Könige 32, 176–177, *177*
Tara 142, 165–166, *166*
Tatetsuki-Hügelgrab 116
Taufe 108–109, 109
Taunton 107
Tavola-Baum 107
Telesterion 90–91, *91*
Temenos 105
Templo Mayor *39*, 174
Tenochtitlan 175
Teotihuacan 92, 173
Tewa-Indianer 34, 68
Texcocosee 174
Thera, Insel 169
Therme, siehe Bath
Thulung 127
Tiahuanaco 111, 172
Tibet 20, 22, 29
Tiergeister 33, 108
Tie Creek *145*, 182
Tigh nam Bodach 126
Tirtha 24, 27, 45
Titicacasee 111, 172
Tlaloc 35, 95, 97, 174–175
Tod 24, 40, 45, 78, 87, 97, 149, 153, 156, 177, 179, 183
tomb (Grabstätte) 149
Tongariro-Nationalpark 26
Tongatabu 29
Topos 19
tori, siehe Shinto-Tore
Tor (gälisch) 57, 136
Totemismus 27, 37, 183
Totenreich 80
Trance 33, 36–37, 37, 60–63, *62*, 65, *66*, 72, 74–76, 81, 92, 97

Traumpfade 29, 70, 71, 180
Traumzeit 30, 32, 71, 147
Tregiffian, Schälchenstein 122
Trilithon 29, *118*
Tropfsteine 43, 89, 90, *94*, 94–95, 95, 105–106, 170
Tundra 117
Tuxtla-Gebirge 173

Uffington 155
Uisneach 102
Ukonsaari (Finnland) 111
Uluru (Ayers Rock) 102
umai (Mongolei) 87
Unterwasserarchäologie 110
Utah 65–68, *68*, 92–93, *93*
Ute Mountains 30
Uxmal *35*, 142

Vairocana-Buddha 88
Varanger 111
Västergötland 136
Vatikan 25
Vaxak-Menschen (Maya) 34
Vazimbas (Ahnengeister) 111
Veracruz 173
Verstorbene 28, 35, 80–81, 129, 150, 156–157
Vidjakuoika 52
Vijayanagara 35, 147, 187
Vingen 76
Viracocha 111
Visierlinien 83, 129, 136, *138*, 139, 146, 153, 158
Visionssuche 27, 40, 65, 97, 110, 130, 131, 133, 182
Vitruv 14
Vorgeschichte 48
Votivgaben 26, 28, 52, 89, 93, 101, 110
Vulkan 96–98, *98*, 173
Vulva 66, 143, 164
Vuojatätno-Fluss 52

waahi tapu (Maori) 24
Waden Hill 161–164, *162*
Waghora-Fluss 88
Wahrnehmung 31, 48
haptische 14
Wahrnehmungsmodus 30
wakah-chan, Weltenbaum 107

Wales 118, 133, *134*
Wandern als topografische Sprache 46
Wasserfall *16*, 45, 63, 110
Watchstone (Maeshowe) 138
Weihehörner *169*, 170, 171, *172*
Weißdorn 107
Weltenachse 33, 35, 36, 39
Weltenbaum 34, *35*, *95*, 96, 102, 107
Weltenesche 34
Weltnabel 33, 102
siehe auch Omphalos
West Kennet (Avebury) 103, 119, 143, 161–164
Avenue 143, 161
Long Barrow *162*, *163*
Weyrall Hill 107
White Horse Hill 155
Wicklow-Berge 119
winbaraku, Berg 71
Windmill Hill 161–164, *163*
Wintersonnenwende 34, 126, 138
Wintu-Indianer 45, 97
Wirikuta-Plateau 27, 69
Wisconsin 126, *181*
Wittenham Clumps 167, *168*
Woodhenge 103
Wüstenlack *64*, 65, 70, 97

Xochipilli (Azteken) 97

Ya'axche Cab, Weltenbaum *35*
Yazilikaya 29
Yggdrasil 34, 107
siehe Weltenbaum
Yongjang-Tal 176
Yorkshire 82, *84*, 165
Yukatan 41, *43*, 64, 92–94, 107–108, *109*, 141–142, *181*
Yuman-Indianer 97

zavatra, Madagaskar 28
Zenote 110
Zeus 44, 89–90, *90*, 171
Ziste *53*, 80, 115, 156
Zoroaster 96
zuhuy ha (Mayas) 109
Zuni-Indianer 68

COTTERELL, A.: *The Bull of Minos,* London: Pan Books, 1963 (Erstausgabe 1953)
– *The Minoan World,* London: Michael Joseph, 1979
CRITCHLOW, K.: *Time Stands Still,* London: Gordon Fraser, 1979
CRUMLEY, C.: »Sacred Landscapes: Constructed and Conceptualized«, in Ashmore und Knapp, a.a.O., 1999
DAVIDSON, HR. ELLIS: *Pagan Scandinavia,* London: Thames and Hudson, 1967
DAYTON, L.: »Rock art evokes beastly echoes of the past«, *New Scientist,* 28. November 1992
DEACON, J.: »The power of place in understanding southern San rock engravings«, *World Archaeology,* Band. 20, Nr. 1, 1988
DEVEREUX, P.: »Three-dimensional aspects of apparent relationships between selected natural and artificial features within the topography of the Avebury Complex«, *Antiquity,* Band 65, Nr. 249, Dezember 1991
– *Symbolic Landscapes,* Glastonbury: Gothic Image, 1992
– *Shamanism and the Mystery Lines,* London: Quantum, 1992b
– *Re-Visioning the Earth,* New York: Fireside/Simon and Schuster, 1996
– *The Long Trip,* New York: Penguin Arkana, 1997
– *The Illustrated Encyclopedia of Ancient Earth Mysteries,* London: Cassell, 2000
DEVEREUX, P. und JAHN, R. G.: »Preliminary investigations and cognitive considerations of the acoustical resonances of selected archaeological sites«, *Antiquity,* Band 70, Nr. 269, September 1996
DOBKIN DE RIOS, M.: »Plant Hallucinogens, Out-of-Body Experiences and New World Monumental Earthworks«, in Du Toit, a.a.O., 1977
DONOHUE, V. A.: »The Goddess of the Theban Mountain«, *Antiquity,* Band 66, Nr. 253, Dezember 1992
DOWSON, T.: *Rock Engravings of Southern Africa,* Johannesburg: Witwatersrand University Press, 1992
DRONFIELD, J.: »Migraine, Light and Hallucinogens: The Neurocognitive Basis of Irish Megalithic Art«, Oxford, *Journal of Archaeology,* Band 14, Nr. 3, 1995
DU TOIT, B. (Hg.): *Drugs, Rituals and Altered States of Consciousness,* Rotterdam: A. A. Balkema, 1977
DYER, J.: *The Penguin Guide to Prehistoric England and Wales,* London: Allen Lane, 1981

ECK, D.: »India's Tirthas: ›Crossings‹ in Sacred Geography«, *History of Religions,* Band 20, Nr. 4, 1981
ELIADE, M.: *Schamanismus und archaische Ekstasetechnik,* Frankfurt a. M.: Suhrkamp 1974 (Erstausgabe 1951)
– *Kosmos und Geschichte,* Frankfurt a. M.: Insel Verlag, 1984
– *Yoga,* London: Penguin Arkana, 1988 (Erstausgabe 1958)
– *The Myth of the Eternal Return,* Harmondsworth: Arkana, 1989 (Erstausgabe 1954)
– »The World, the City, the House«, in Twiss und Conser, a.a.O., 1992 (Erstausgabe 1976)
EVANS, A. J.: *The Mycenaean Tree and Pillar Cult,* London: Macmillan, 1901
FAGAN, B.: *The Oxford Companion to Archaeology,* Oxford University Press, 1996
FAVALORO, C.: »Cretan Geomancy«, *The Ley Hunter,* Nr. 105, 1988
FELD, S.: »Waterfalls of Song«, in Feld und Basso, a.a.O., 1996
FELD, S. und BASSO, K. (Hg.): *Senses of Place,* Santa Fe: School of American Research Press, 1996
FERGUSSON, J.: *Rude Stone Monuments in All Countries,* London: John Murray, 1872
FJELLSTRÖM, P.: »Sacrifices, burial gifts and buried treasures: function and material«, in Bäckman und Hultkrantz, a.a.O., 1983
FLOOD, G. (Hg.): *Mapping Invisible Worlds,* Edinburgh: Edinburgh University Press, 1993
FOLAN, W.: »Sacbes of the northern Maya«, in Trombold, a.a.O., 1991
FRANKEL, D.: »Australian Rock Art«, in Fagan, a.a.O., 1996
FRASER, D.: »Land and Society in Neolithic Orkney«, *B. A. R.* Nr. 117, Teil 2, 1983
FREIDEL, D., SCHELE, L. und PARKER J.: *Maya Cosmos,* New York: William Morrow, 1993
FRIAR, S.: *The Batsford Companion to Local History,* London: Batsford, 1991
FÜRER-HAIMENDORF, C. VON (Hg.): *Asian Highland Societies in Anthropological Perspective,* New Delhi: Sterling Publishers, 1981
FURST, P.: *Hallucinogens and Culture,* Novato: Chandler and Sharp, 1976
GARWOOD, P., JENNINGS, D., SKEATES, R. und TOMS, J. (Hg.): *Sacred and Profane,* Oxford: Oxford University Committee for Archaeology, 1991
GELLING, M.: *The Place-Names of Berkshire,* Nottingham: English Place-Name Society, 1974

GIBSON, A.: »Stonehenge and Timber Circles«, *3rd Stone,* Nr. 34, April/Juni 1999
GOULSTONE, J.: *The Summer Solstice Games,* Eigendruck, 1985
GREEN, M. J.: *Dictionary of Celtic Myth and Legend,* London: Thames and Hudson, 1992
– »On the Road«, *British Archaeology,* Nr. 52, April 2000
GREENHAIGH, M. und MCGRAW, V. (Hg.): *Art in Society,* London: Duckworth, 1978
GUCHTE, M. VAN DE: »The Inca Cognition of Landscape«, in Ashmore und Knapp, a.a.O., 1999
HADINGHAM, E.: *Ancient Carvings in Britain: A Mystery,* London: Garnstone Press, 1974
HALL, R.: *An Archaeology of the Soul,* Urbana: University of Illinois Press, 1997
HALPERN, D. (Hg.): *On Nature,* San Francisco: North Point Press, 1987 (Erstausgabe 1986)
HARBISON, P.: *Pre-Christian Ireland,* London: Thames and Hudson, 1988
HARNER, M.: *The Jivaro – People of the Sacred Waterfalls,* Berkeley: University of California Press, 1984 (Erstausgabe 1972)
HARTLEY, R. und WOLLEY VAWSER, A.: »Spatial behaviour and learning in the prehistoric environment of the Colorado River drainage, western North America«, in Chippindale und Taçon, a.a.O., 1998
HERDICK, R.: »Remarks on the Orientation of the Large Stupas in the Kathmandu Valley: A Discussion of Principles of Lunar Ordering«, in Ramble und Brauen, a.a.O., 1993
HIRSCH, F. und O'HANLON, M. (Hg.): *The Anthropology of Landscape,* Oxford: Clarendon Press, 1995
HOOKE, D.: *Anglo-Saxon England,* London, Leicester University Press, 1998
HOSKINSON, T.: »Saguaro Wine, Ground Figures and Power Mountains: Investigations at Sears Point, Arizona«, in Williamson und Farrer, a.a.O., 1992
HUBER, T.: »Putting the gnas back into gnaskor: Rethinking Tibetan Buddhist Pilgrimage Practice«, *The Tibet Journal,* Band 19, Nr. 2, 1994
HUBERT, J.: »Sacred beliefs and beliefs of sacredness«, in Carmichael et al., a.a.O., 1994
HUMPHREY, C.: »Chiefly and Shamanist Landscapes in Mongolia«, in Hirsch und O'Hanlon, a.a.O., 1995
JOHNSTON, R.: »An empty path? Processions, memories and the Dorset Cursus«, in Barclay und Harding, a.a.O., 1999